感天动地雪域史诗

刘金桐 著

西藏人民出版社

图书在版编目(CIP)数据

感天动地雪域史诗 / 刘金桐编著. -- 拉萨 ：西藏人民出版社，2019. 8
ISBN 978-7-223-06204-6

Ⅰ. ①感… Ⅱ. ①刘… Ⅲ. ①西藏 - 地方史 - 史料 Ⅳ. ①K297.5

中国版本图书馆 CIP 数据核字(2019)第 055632 号

感天动地雪域史诗

作　　者	刘 金 桐
责任编辑	吉普·次旦央宗
封面设计	格　　次
出版发行	西藏人民出版社(拉萨市林廓北路 20 号)
印　　刷	拉萨市明鑫印刷有限公司
开　　本	787×960　　1/16
印　　张	20.75
字　　数	240 千
版　　次	2019 年 8 月第 1 版
印　　次	2019 年 8 月第 1 次印刷
印　　数	01-1,000
书　　号	ISBN 978-7-223-06204-6
定　　价	40.00 元

前言

上世纪50年代至70年代初，我曾任新华社西藏分社的记者，亲历了西藏平息叛乱和民主改革的伟大斗争。

上世纪50年代以前，西藏社会动荡，还处于封建农奴制度统治下，占总人口90%以上的广大农奴过着极其悲惨的非人生活。近十年来，西藏社会的各个方面都取得了跨越数个世纪的伟大进步，创造了人类文明建设史上的奇迹。如今的西藏，人民当家做主，经济迅速发展，到处呈现出社会团结和谐、人人丰衣足食的欣欣向荣之景象。

这一伟大的历史转变，始于上世纪五六十年代。期间，中国共产党领导广大西藏人民、爱国进步人士和被称为“老西藏”的进藏人民解放军指战员、进藏地方工作人员与工程技术人员、职工，在西藏实现和完成了和平解放西藏、平息西藏上层反动集团发动的武装叛乱、实行民主改革等一系列伟大历史性壮举。

回忆那个年代和那些壮举，无数英雄的高大形象和他们的事迹，就如同影像般一幕幕浮现在我的眼前。他们的爱国爱藏情怀、牺牲精神和功绩惊天地、泣鬼神，可谓是感天动地的雪域最美史诗，令人敬佩、令人动容、令人振奋。我觉得，结合自己的亲历和收集到的史料，把这些人物及他们的故事、事迹编写成册，这定是一件既有史料价值，又能激发今天的人们和我们的子孙后代为实现中华民族伟大复兴的“中国梦”而奋斗的有意义的事，何乐不为？

本书以大量真实生动的材料，揭露了西藏封建农奴制度的落后、黑暗和野蛮，说明其走向灭亡是历史的必然。并以一个翔实细腻的人物事迹，满怀深情地高度赞扬了我们党、西藏广大劳动人民及爱国进步人士、人民解放军指战员和各民族干部的理想、精神、事迹和功勋。

今年，是西藏平叛和民主改革 60 周年，这是一个令人无比激动和值得我们这一代人及我们的子孙后代永远高歌和纪念的伟大日子。作为曾在这片高原大地上留下青春印迹，生活过、工作过、奋斗过的一员，谨以此书作为一份绵薄的献礼。

目录

当代郑成功

——记雪域名将谭冠三

在拉萨市西郊“八一农场”的苹果园林里，耸立着一座庄严肃穆的烈士陵墓。陵墓高大的石碑上，刻着苍劲的“谭冠三将军永垂不朽”的字样，墓碑后面用藏汉两种文字镌刻着已故全国人大副委员长阿沛·阿旺晋美的题词：“谭冠三同志为西藏的和平解放和建设事业做出了重要贡献。西藏人民永远不会忘记他。”陵墓周围那株株苍翠的苹果树，似无数的卫士守卫在烈士的身旁，迎接着一批批来到此地祭扫谭将军陵墓的人们。

谭冠三将军安葬在这里后的30年来，每年清明节都会有无数的藏族群众、机关干部、解放军指战员、青少年学生络绎不绝地来到这里，向烈士敬献鲜花和致哀，表达对烈士深深的怀念与继承烈士遗志的决心。很多刚到拉萨工作的干部和大学毕业生，在正式上班之前，也要来这里瞻仰烈士陵墓；历年入伍的新战士更是会来到这里，列队向烈士致哀，宣誓继承烈士遗志。

现已80岁高龄的藏族老阿妈玉珍，从小在农奴主家里当朗生(奴隶)，过着牛马不如的生活。西藏的民主改革使她翻身得解放，找到了做人的尊严，并组建了幸福的家庭，如今家庭年收入高达20多万元。吃水不忘挖井人，经历了新旧西藏两重天的玉珍老人，每年都要到谭冠三墓前祭扫。藏族老人阿龙，原是父母双亡的流浪拉萨街头的农奴孤儿。是1952年八一农场初建时，被谭冠三收养到农场的流浪儿之一，那时他才 12 岁。他在八一农场长大成人，在这里学文化、学农业技术、学管理、学做人、成了家、入了党，担任了八一农场经委会的主任。他常说，他对共产党有报不完的恩，谢不完的情。谭冠三的陵墓建在八一农场后，阿龙的身影就经常出现在这个墓地。假日，他来这里扫地、栽种花草、修剪树枝；每逢佳节，人们沉浸在欢乐中，他却总是来到这墓地，拿出准备好的酒菜、纸花、香蜡，祭祀恩人。有人问他，你为什么不去寺庙朝佛，而是总来这里？阿龙回答说："谭将军就是真正的菩萨、真正的佛祖，最值得我们纪念和朝拜。我们西藏人永远不会忘记那些为西藏人民的幸福而献出自已一切的先烈们！"

谭冠三是上世纪 20 年代参加革命的老战士。1950 年，他作为人民解放军 18 军政委，同军长张国华一道，率领 18 军进军西藏，后任西藏军区政委、中共西藏工作委员会副书记和第一副书记，西藏政协主席等职。他无限热爱西藏和西藏人民，全心全意为西藏的进步发展和西藏人民的幸福而奋斗，其事迹可歌可泣，感天动地，传遍了雪域高原。

谭冠三在成都病重住院期间，又向党组织和亲人提出要求："我走后，请把我的骨灰运回西藏，埋在拉萨西郊'八一'农场的苹果园里。不要修墓，不要立碑。让我化作肥料，最后为西藏人民作点贡献。"1985 年 12 月 6 日，78 岁的谭冠三将军与世长辞。1986 年 7 月，谭冠三的儿子谭戎生护送父亲的骨灰到拉萨八一农场安葬。就这样，谭冠三的身心永远遗存在了西藏高原。

从中华民族的历史上看，将自己的遗骨安放在边陲的将领只有一个，那就是民族英雄郑成功。他率军打败荷兰殖民主义者，收复祖国神圣领土台湾，最后将自己的遗骨安葬在了宝岛台湾。而谭冠三就是将自己的遗骨安放在边陲的我国第二位边关将领。

在荒滩上播下希望的种子

1950年10月，人民解放军部队到达拉萨并陆续进驻各边防要地，标志着西藏的和平解放。但是，更艰巨复杂的考验接踵而至，摆在了进藏部队面前。由于大部队陆续进驻但供应却跟不上，致使部队严重缺粮。不甘心失败的羌则趁机藏匿粮食，叫嚣“要饿走汉人”。气焰嚣张的司曹、代理摄政王鲁康娃，甚至一见进藏部队的领导就冷嘲热讽。有一次，18军军长张国华登门造访，他竟然对张国华说：“打败仗虽然难受，但饿肚子比打败仗更难受吧！”进藏部队被迫逐步采取减少人员口粮供应措施应急，由每人每天一斤半降至半斤。进藏部队面临着能否在西藏站住脚跟的严峻考验。

进藏部队坚决执行党中央和毛主席“进军西藏，不吃地方”的指示，坚持“政治重于军事，补给重于战斗”、“进军西藏，生产与筑路并重”的原则，还没有拂去进军西藏长途跋涉的征尘，立刻又挥戈跃马，精神抖擞地投入到开荒生产之中。

拉萨西郊有个地方叫罗堆林卡。这是一块河滩地，一半是沙，一半是荆棘，卵石遍地，杂草丛生，当地人谁也不相信这里能长出庄稼。但张国华和谭冠三等进藏人民解放军领导却坚信只要肯辛勤付出，这块地就一定能长出好庄稼。部队用现银圆高价买下了这块地，在这里建起了人民解放军到西藏后的第一个农场——拉萨“八一”农场。谭冠三亲任农场场长和党委书记。

1951年11月25日，谭冠三扛着铁锹，率领军直机关的指战员开进了罗堆林卡，投入垦荒。他与大家一起住在工地，吃在工地，干在工地。白天，不管刮风下雪，他总是率先垂范，挥镐奋战，有时气温降到零下十几度，他仍然和战士们一道坚持劳作。晚上，谭冠三就披着军大衣，顶着寒风，与干部战士们席地而坐，他给大家讲井冈山的故事，讲万里长征的艰苦，讲“南泥湾精神”，以此鼓舞大家的士气。

1951年冬，他与农场的干部和战士们一起住帐篷。第二年开春后，条件稍好了一些，军后勤部考虑到政委年岁大了，便为他搭建了一个临时性的小土草屋。墙是草皮垒的，屋顶钉上则是罐头盒铁皮。拉萨昼夜温差大，中午屋里热得人直流汗，夜晚又冷得无法入睡。刮起大风来，屋里屋外哗哗响个不停。战士们称这土草屋是“特号罐头盒”。谭冠三就住在这里。指挥员的模范行动，成了无形而有力的命令，干部和战士们开荒生产、建设农场的劲头更足了。

罗堆林卡的荆棘，学名叫“沙柳”。它长得不高，但根扎得极深，根枝在地下延伸得很长，且盘根错节，要把根刨净，甚是困难。铁锹铲不动，锄头一挖就卷刃，只有十字镐才行。农场没有任何现代化工具，只有少量的锄头、铁锹和十字镐。谭冠三就命设在甘孜的十八军后方司令部尽快运来十字镐。“后司”发来急电：大雪已经封山，只有待来年开春后才能运到。不行，总不能让战士们用十个指头刨树根。谭冠三又向中央汇报，请求支援。中央决定从印度购买一批十字镐，由亚东口岸运到拉萨。

原定月开荒2000亩，结果不到一个月就开垦出了2300多亩。从1951年至1952年，这个农场共开荒一万多亩。

荒滩开垦出来了，肥料从哪里来呢？谭冠三发现拉萨城里有大量垃圾、粪便、牛角和骨头。他首先带领警卫员、通讯员和秘书到拉萨市区去拾垃圾、找牛角骨头和粪便。他说：“粪便是好肥料，垃圾、牛角、骨头烧成灰，也是最好的肥料。”谭冠三自己背着个筐子，跟着那些小伙子们开展竞赛，看谁拾积肥料多。他们常常是早晨早早起床，到市里背几趟肥料回来以后再吃早饭。接着，谭冠三又组织和带领农场的干部战士和藏汉族农民工到拉萨市区及其周边拾积肥料。

在他们的努力下，整个拉萨市区，特别是布达拉宫前那堆积如小山似的粪便垃圾被清扫一空。这不但使农场有了足够的肥料，也为拉萨城市做了一次百年未有的大扫除，拉萨出现了新面庞。

随后，谭冠三又带领农场员工在拉萨建起了历史上第一批公共厕所。

“种地不能等天靠雨”。谭冠三又组织和带领农场的干部战士，修起了拉萨至农场的十多公里的水渠，将布达拉宫后面沼泽地里的水引来灌溉农场垦出的耕地。

春天到了，农场开始播种了。谭冠三在播种伊始，激动地对农场的干部战士和农民工说：“咱们在世界屋脊、风雪高原搞生产，撒下的是青稞种子，萝卜种子，白菜种子，也是希望的种子，民族团结的种子，西藏富裕繁荣的种子啊！”

好事多磨。1952 年夏初的一个晚上，拉萨河水因连续下雨上涨，河堤几处发现决口，刚播种的大片土地即将被淹没。谭冠三和战士们一道淌过齐腰深的急流，连夜奋战三四个小时把决口堵住。接着，他们又奋战了几天，加修了长达两公里的防水堤坝，保证了新开土地的安全。

春天播种，秋天收获。1952 年秋，八一农场迎来的首个收获季节便是大丰收。新开垦的土地当年收获青稞等粮食 10 余万公斤，白菜、萝卜和土豆的总产达到 60 万公斤。一棵白菜，大都有二三十斤重，有的还超过三十斤，一个萝卜有一二十斤重，有的还超过二十斤。一位年逾古稀的老喇嘛听说解放军种的大萝卜一个有二三十斤重，让小喇嘛搀扶着下山到八一农场来观看“奇迹”。谭冠三还特意邀请当地藏族群众和西藏上层爱国人士到八一农场参观。那些大贵族看到农场种的萝卜、白菜，个个都那么大，极为惊奇，禁不住对谭冠三说，解放军真是神兵，这么大的白菜和萝卜，过去从未见过，想也不敢想。解放军真是既善打仗又善生产。

有一天，谭冠三还把农场的一些人叫到自己身边，指着那些重达二三十斤的大萝卜，对大家说："这叫政治萝卜。"旁边的参谋长李觉忙着解释说："谭政委的话深刻啊，这些萝卜、青稞大丰收了，我们就能在藏族人民心中产生深刻的政治影响。"大家听完这话，都会心地笑了起来。

青藏高原水果很少，需要从内地运去，且不说路途遥远，运到拉萨就已坏了很多，且价格异常昂贵。于是谭冠三提议在八一农场试种苹果，并派人到山东、河南等地购买苹果苗，又请苹果种植专家来农场进行指导。同时还在自己的住地开垦了一个小苹果园做实验。经过他的精心栽培和管理，苹果树终于结果了，其中一棵果树竟摘果100多斤。第二年，农场的苹果也喜获丰收，人们吃着又红又香的苹果，禁不住称其为"将军苹果"。

西藏军区《高原战士报》的一位记者回忆说：有一次我去采访谭冠三，看到他家里种了很多树，那天他又在种一棵核桃树。他对我说，桃三杏四梨五年，想吃核桃十八年。我种的这个是核桃树，可能我吃不上了，但是你们可以吃上。我们在西藏工作不能光看眼前，不能光为自己，要为西藏人民和他们的后代着想。

谭冠三创建了农场，也使许多人拥有了新的人生。西藏民主改革前，拉萨街头巷尾有不少流浪儿、孤儿，其中不少是随父母到拉萨朝佛后因父母去世而流落街头的。由于谭冠三的深切同情，经与张经武（中央人民政府驻西藏代表）、张国华等几位领导商量后，决定从中招收一批农场工人。第一批就招了100多人。

这些孩子初到农场时，一个个蓬头垢面，衣衫褴褛，大多数人赤着脚，头发上满是虱子和虮子，洗都洗不干净。谭冠三摘下自己头上的帽子对男孩子们说："你们看，我是大光头，这样挺舒服。你们也干脆剃光头算啦！"孩子们倒也痛快："剃光就剃光。"于是谭冠三就让警卫员找来推子，亲自给他们理发。同时又派人把文工团几个女战士叫来说："今天你们不用去开荒，交给你们一个新任务，帮助这些新来农场的女孩子洗头洗澡，把她们身上的虱子虮子全部洗掉。"

身子洗干净了，但破烂褴褛衣服上的虱子和虮子实在太多，怎么也难洗干净。有的同志建议，干脆把这些衣服全部烧掉！可是烧了这些又穿什么呢？不仅是农场，当时整个军后勤部都没有一件多余的军装。这个情况反映到谭冠三那里，他想了想说："那就烧吧，来个彻底革命。"他亲自动员军直机关的干部战士给这些孩子们捐献衣服。他和夫人李光明及身边的警卫员带头捐献了衣服。

在农场里，这些农奴的后代们吃得饱穿得暖，生活有了保障，更重要的是终于有了做人的尊严。他们愉快地劳动和学习。有时谭冠三还亲自给他们上文化课和政治课。上课时遇上烈日，他一边擦汗一边讲课；遇上大风沙，吹得他满脸满嘴都是沙子，他擦把汗，吐出嘴里的沙子，继续讲课。

这些农工学习、劳动都表现很好，成长起来后，都成了西藏各条战线的骨干。世界第一个从北坡登上珠穆朗玛峰的女登山运动员潘多，就是当年被招进农场的工人之一。

八一农场招收和培养藏族农工的经验和做法，还在西藏各条战线推广开来，成为西藏培养藏族干部和藏族职工的一条特殊途径。

谭冠三后来不再兼任农场场长时，还多次叮嘱继任者要特别关心和爱护藏族农工，加强对他们的培养教育。他说："农场不但要种出好庄稼，还要大力培养建设新西藏的人才。"

这里还有很多流浪乞讨的贫民也成了农场的职工。如藏族著名学者根敦群培先生过世后，他的妻子玉珍和女儿流浪拉萨，生活朝不保夕，靠乞讨为生。此时，八一农场向他们敞开了大门。玉珍到了农场后，先是在地里干活，后来又担任了仓库管理员，还入了党；她的女儿则由国家出资，送到内地学校学习兽医技术，成长为一名出色的兽医。

谭冠三忘不了八一农场。1977 年八一建军节这一天，已 70 岁高龄的谭冠三受邀重返西藏，在八一农场，他来到 20 多年前亲手栽种的苹果树前，把脸贴在苹果上久久沉默，不愿离去。

何止谭冠三是这样。当年八一农场的工人、现年均已过 80 岁的“汉藏团结夫妻”王学贵和白吉，三个孩子都出生在农场，后来先后去内地学校读书，毕业后在内地找了工作并安了家。后来他们把父母也接到了内地，以便老人安度晚年。然而，两位老人早已与八一农场难舍难分，在内地时总是想念农场，心心念念地要回农场。拗不过又放心不下的儿女们只好跟随父母重返农场。如今，一家人全都定居在了拉萨。两位老人说，八一农场就是他们的故土，这里有他们生长的根。

西藏人民的解放重于泰山

人们现在仍可以在历史的长河寻觅回味那历久不衰的声音，当毛泽东主席在天安门城楼庄严宣告“中华人民共和国成立了”时，毛泽东和党中央的决策者们已着手策划解放祖国大陆西南的那一片高天厚土——西藏，驱逐帝国主义势力，完成祖国大陆的统一，拯救处在水深火热之中的百万农奴。毛泽东提出：“解放西藏宜早不宜迟。”

1950 年元旦，驻在四川乐山的第二野战军第五兵团十八军全体将士兴高采烈，欢度部队自组建以来第一个没有战火硝烟、没有炮声枪声的新年，他们将面临着由革命战争向和平建设的重大转变。1 月 5 日，十八军军部为政委谭冠三践行，欢送他赴“盐城”四川自贡，担任中共自贡市委书记。师团负责人、一些老同志、文工团的文艺战士，也闻讯赶来为老政委送行。同志们难分难舍，一餐告别饭由下午吃到深夜。

第二天，十八军突然接到刘伯承、邓小平、贺龙共同签署的电报：十八军师以上主要领导干部到重庆接受新任务。

次日上午，谭冠三、张国华带领十八军师以上主要领导干部直奔重庆曾家岩。在二野司令部会议室，刘伯承首先传达了党中央、毛泽东关于进军西藏的指示，并接着说：“这次进军西藏，既要打军事仗，更要打政治仗，所以一定要派一支‘不战而屈人之兵’的部队去，我和小平、贺龙反复研究后，就决定由你们十八军担此重任。谭冠三，张国华，你俩都是参加过井冈山斗争的战士，毛主席熟悉你们，他看完报上去的名单后，十分高兴，当即挥笔‘同意’。今天请你们来，就是想听听你们的意见，说说你们有什么困难。”

邓小平说：“进军西藏，政治重于军事，补给重于作战。”谭冠三、张国华激动而又庄重地回答：“我们保证完成进军西藏的任务。”

谭冠三、张国华马不停蹄地赶回乐山。事情正如邓小平所说那样，进藏消息刚刚传开，部队就产生了很大波动，一些团营以下的干部战士抵触情绪较大。谭冠三深知，部队南征北战，出生入死一二十年，都想安顿下来，娶妻立家，特别是乐山地处“天府之国”的南部，是地道的魚米之乡，绝好的安家之地。今天突然听说要到高寒缺氧、地脊人贫、语言不通的西藏去，一时转不过弯来，发一发牢骚，也是不足为奇，可以理解。关键是部队领导要做好官兵们的思想政治工作，特别是各级干部的思想工作。

谭冠三与李光明于 1937 年在延安结婚后，生了六个孩子，两个不幸夭亡，余下四个全寄养在农民家里。1947 年，谭冠三随刘邓大军南下后，便与家人失去了联系，直到1949年10月，才在组织的帮助下找到了孩子。谭冠三夫妻俩也想把几个孩子接到身边，尽一尽父母亲的责任，体验一下家庭的温暖。可现在，这一切都不可能了。

谭冠三从重庆接受任务回来，便对自己的妻子说："光明呀，我们结婚已经12年了，四个孩子还小，过去最残酷、最艰难的岁月，我们都过来了，现在新中国建立了，是应该和孩子们一起过和睦团圆的日子了。可现在，我和全军指战员已经接受了党中央、毛主席和刘邓首长下达的进军西藏、解放西藏的光荣任务。为了西藏人民的解放，我们只有舍弃小家，舍弃儿女情长的牵挂，以我们的实际行动去感染和教育全军将士，率领他们去完成历史赋予的光荣使命，你就和我一起去西藏吧！现在全军几万干部战士都在看着我们，我们的一举一动都会产生重大影响。"

通情达理的李光明了解自己的丈夫，也十分理解他作出的这一决定。她把思念儿女之情深深地埋在心底，当即答应了谭冠三的要求。

在军党委扩大会议、全军干部会议和进军西藏的誓师大会上，谭冠三都表示："我谭冠三决心响应党中央、毛主席的号召，到西藏去，把老婆也带去，不在川南安家。我决心同藏族同胞一起，为把帝国主义势力驱逐出西藏，为建设民主幸福的新西藏，贡献自己的一生。"他还说："请大家记住：此去西藏，如果我为国献身了，请一定把我的骨灰埋在西藏！"

这种舍小家、顾大家的精神，深深地感染和激励着十八军全体将士踏上了进军西藏、解放西藏的道路。1950年3月，他与张国华率十八军开始了向西藏进军的伟大征程。

部队翻越二郎山，跨过金沙江，经过甘孜整训、昌都战役，渡过怒江，便到了无人区，这里海拔高，空气中的含氧量只有内地的50%，高山科学家称这里为"死亡线"、"生命禁区"。谭冠三在战争年代受过伤，平时就有头痛的毛病，这时，他的高山反应尤为明显，头痛得像要炸裂似的，呼吸十分困难，全身浮肿，四肢无力，走起路来就像踩在棉花上，常有失重站不住的感觉。白天吃不下，晚上睡不好，即使超量服用安眠药，每晚也只能似睡非睡地休息两三个小时。

越往西走，海拔越高，困难越大。部队每隔几天就得爬一座雪山，有时一座雪山要爬两天。粮食不足，燃料奇缺，更成为部队前进最大的阻力。西藏高原的沸点是 80 度至 90 度，由于缺少燃料，只能烧到 60 度至 70 度，大米煮不熟，大家就吃夹生饭，这时最好的食物就要算糌粑了。很多战士感慨地说："幸好在甘孜时谭政委组织了那场'生活高原化'的训练，才能吃得下，才能保住这条命。"

从昌都到拉萨约 1150 公里，谭冠三、张国华率部经过 56 天的艰难行军，横穿了无垠无际的藏东北草原，翻过了 19 座连绵横亘、终年积雪的大雪山，淌过了数十条寒冷刺骨的冰川和河流，终于在 1951 年 10 月 26 日到达拉萨。

回忆这段历程，谭冠三说："头上没有飞机，后面没有追兵，除此之外，进藏比长征还艰难。"张国华在一篇回忆文章中写道："进藏部队所经历的艰难困苦，真是一言难尽，进军西藏同红军北上抗日所经受的困难相比，有过之而无不及。"刘伯承说："进军西藏是第二次长征。"

抵达拉萨的当晚，谭冠三心情激动，赋诗一首：

汉将班超斗敌顽，拯民水火戍边关；

卅载忠心护西域，定远侯名万古传。

茫茫雪山疆域宽，祖国版图岂容奸；

驱逐英帝和匪叛，进军宜早不宜晚。

大军西进一挥间，二次长征不畏难；

数月艰辛卧冰凌，世界屋脊红旗展。

男儿壮志当报国，藏汉团结重如山；

高原有幸埋忠骨，何须马革裹尸还。

在人民解放军开始进军西藏时，毛泽东即指示："一面进军，一面修路"、"背着公路前进"。十八军在极其艰难的情况下，在进军的同时开始了筑路。1952年之前，这一工程是由东向西推进，参加筑路的是十八军指战员和从内地来的汉族工程技术人员。他们战胜千难万险，从1950年开始至1952年底，共三个年头，完成了整个康藏线工程的一半。照这样的速度，尚须四五年才能将这条公路修到拉萨。而党中央、毛主席的要求是在两三年内修到拉萨。

为加快工程进度，中共西藏工委决定开辟西线筑路工程，统一组织领导从拉萨至工布江达段的康藏线西段工程，除部队以外再吸收当地藏族部分民工参加施工，工程统一由谭冠三负责。谭冠三与噶厦地方政府商定，由西藏军区负责民工工资和民工口粮所需经费，由噶厦政府负责民工的调集。来自拉萨、山南、工布等地48个宗(县)的一万多名藏族民工参加了西段施工。谭冠三将技术难度大、工程艰险的石方工程的施工交给了参加施工的部队指战员，民工则负责相对较为安全的土方工程的施工。

这种解放军指战员与藏族民工联合施工的办法，不仅加快了工程的进展速度，也加强了军民之间和藏汉民族之间的了解与团结。民工们认识了解放军，相信了共产党，解放军也更加了解了藏族人民，并缔结了真挚的感情。这些民工中的不少人，特别是年轻人，在施工任务完成后，或去内地学校学习，或参加解放军，后来大都成了西藏民主改革的积极分子和西藏各条战线的工作骨干。

在施工过程中，谭冠三一再强调要十分尊重藏族同胞的风俗习惯和宗教信仰。墨竹工卡附近有一段石崖的位置正好在施土线上，原来设想要炸掉，但后来发现石崖上有座神像，当地藏胞传说此神是管河水的，如果炸掉，河水就会泛滥成灾。为尊重藏胞的宗教感情，指挥部决定改线绕道走。另有一段公路线上又发现有玛尼堆，指挥部又征求当地官员和群众的意见。他们说，玛尼堆可以搬走，但在搬走之前一定要请喇嘛诵经一天，以消灾祈福。指挥部照办了，并且支付了请喇嘛到场念经的费用……玛尼堆被顺利移至其他地方。

在西段工程完工时，工地上的民工们唱起了这样的歌：

亲爱的解放军呵！我们一块儿修路六个月，公路通了，你一定要到我们家里去一趟呀！

你不用走路，我们有快马；你不用怕雨淋，我们有漂亮的帐篷给你住；要是吃饭，我们给你磨最细的糌粑。

亲爱的解放军呵！你千万要到我们家里去一趟呀！你们个个有菩萨一样的心肠。

康藏公路2416公里，整个公路的平均海拔高度在4000米以上，途中共翻越14座海拔5000米以上的雪山，跨越金沙江、澜沧江、怒江等十几条奔腾咆哮的河流，通过可排山倒海的泥石流地带，越过蜿蜒数十里的巨大冰川，穿过不见阳光的原始森林，填实举步难行的泥沼。当时的这支筑路队伍仅有铁锤、钢钎、铁镐、铁锹、火药等最简单的工具，但有不怕苦不怕死的英勇牺牲精神和"让高山低头，叫河水让路"的大无畏气概，因而创造了世界公路建设史上前所未有的奇迹。据不完全统计，这条公路上架设的桥梁有230多座，修筑的涵洞有3600个，挖掘的土方和石方有2900多万立方米，如果把这些土石方垒成一米高一米宽的墙，长度可达29000多公里，超过了万里长城。

当然，我们的国家、人民和军队为此付出的代价也是沉重的。有人统计，以平均计，公路每向前延伸一公里，就有一名筑路英雄倒下去。他们把自己永远遗存在了沿路的雪山、峡谷、原始森林和江河之中。

1952 年 12 月 25 日，谭冠三在主持了拉萨各族人民庆祝公路通车的盛典后，心情久久不能平静，展纸挥毫，满怀深情地写下了如下诗句：

恶水险山阻重重，万里坦途只梦中。

壁立千仞堪峥嵘，江河澎湃岂容通，

从来鸟兽愁攀越，人迹罕至原野空。

而今五丁开山人，神兵天降奋奇勇，

深山峡谷显好汉，怒江两两岸出英雄。

猛士身躯埋沟壑，天险从此变通途。

壮志已酬无遗憾，万叠惊涛敬英灵。

艰难困苦常铭记，扎根边疆更立功。

经过与西藏上层人士充分协商，1956 年，西藏自治区筹备委员会成立，中央派以国务院副总理陈毅元帅为团长的代表团到拉萨祝贺。西藏工作出现了可喜的新局面。

在西藏划时代的历史巨变中

1959 年 3 月 10 日，西藏上层反动集团在拉萨制造了严重的反革命事件：

同年 2 月 6 日（藏历 1958 年 12 月 19 日）的西藏驱鬼节跳神会上，达赖同应邀前来观看跳神的西藏工委和西藏军区负责人从西藏的跳神艺术谈到西藏军区文工团，达赖提出要看军区文工团的演出。军区负责人表示热烈欢迎，并说随时都可为其安排演出，具体时间请达赖定夺。

生怕失去他们主宰一切的天堂的西藏上层反动集团首要分子得到此消息后，认为实施西藏全面叛乱，宣告西藏独立，保护农奴制度永存的时机来到了。他们一面派人同军区联系达赖看文工团演出的事，一面加紧秘密策划在拉萨立即发动全面武装叛乱。

达赖最后决定在 3 月 10 日（藏历 2 月 1 日）到军区礼堂看文工团演出。

于是，1959 年 3 月 10 日的拉萨反革命叛乱事件发生了。

3 月 9 日下午，西藏上层反动集团决定，3 月 10 日上午以开会为名，把噶伦都召集到罗布林卡，借机将噶伦、爱国进步人士阿沛·阿旺晋美（当时任全国政协副主席）杀害。

3 月 9 日夜晚，拉萨朗子辖（市政府）墨本（市长）洛卡娃·泽旺仁增向市民宣称：达赖喇嘛明天要到军区赴宴看戏。据可靠情报，汉人准备在宴会上毒死达赖喇嘛。但喇嘛本人不知道有人要害死他，坚持一定要去军区。我们要救他，要阻止他去军区。现在噶厦命令，每家都要派人去罗布林卡向达赖喇嘛请愿，要求他不要去军区看戏。

3 月 10 日凌晨，噶厦警察代本（二代本）俊巴·才仁罗吉带着警察和卫教军，骑着马，荷枪实弹地穿梭奔跑在拉萨大街小巷，吆喝和驱赶市民去罗布林卡。他们高声喊叫："军区要毒死达赖喇嘛"，"军区准备了直升飞机，要把达赖喇嘛劫往北京"，"有良心的人都得去罗布林卡营救达赖喇嘛。"

3 月 10 日上午，在拉萨罗布林卡门口，他们先后指使藏军和叛乱分子用石头将爱国进步人士、西藏军区副司令员桑颇·才旺仁增和爱国进步人士帕巴拉·索朗降措砸伤、砸死。随后，帕巴拉·索朗降措的遗体又被其拴在马尾巴上拖拽游街示众。1000 多名藏军、叛乱分子和被他们欺骗和胁迫的一些群众走在尸体后面游行，狂呼“汉人滚出去！”“你们不滚出去，我们也有力量赶走你们！”“西藏独立万岁！”等反动口号。同时捣毁街道路口的交通亭、用石头打砸党政机关的门窗，向正在值勤的解放军指战员和地方工作人员投掷石块。还有数百名妇女聚集在军区东大门，高呼口号：“不许伤害达赖喇嘛！”“汉人有阴谋！”“汉人滚出西藏去！”

下午，西藏上层反动集团立即召开了一百余人参加的所谓西藏人民代表会议。会议决定称：“从今天起，西藏独立了，西藏人民站起来与共产党中央分裂，为西藏独立而奋斗到底！”并决定由索康·旺钦格列等人领导西藏独立运动。

18时左右，噶厦政府叛乱集团派出堪穷沙龙等12名所谓人民代表到印度驻拉萨总领事馆，要求印度政府对西藏独立给予支持、保护。该领事馆总领事蔡帕尔接见了他们，表示印度政府将会尽全力帮助西藏噶厦政府。接着，又派人去尼泊尔驻拉萨领事馆，声明西藏已独立。随后，又通过印度驻拉萨总事馆电台，给早已逃亡到印度噶伦堡的噶厦孜本夏格巴·旺秋德丹发去密电，要他向世界宣布，藏历2月5日（公历3月14日），“西藏独立国”已经成立。17日，他们又以同样的方式，发电给夏格巴，要他向印度政府、联合团国报告西藏已独立，请其派代表来西藏调查。同时，噶厦政府在拉萨大街小巷广贴“西藏独立”的布告。

黄昏时分，叛乱集团命令三大寺1400多名喇嘛和分散潜伏在拉萨周围的叛乱武装，利用夜暗向拉萨市区集结，其中一部分进入罗布林卡。11日上午，叛乱集团召开所谓西藏人民代表大会。噶厦全体官员、三人大寺堪布、藏军军官及喇嘛代表参加。会上将参加会议的人组织成班、排、连战斗队，以投入战斗，三大寺还组织了先锋队。会议又派人连夜分赴拉萨周围各地和山南地区传达噶厦命令，命各地立即组织武装，迅速赶到拉萨“保卫达赖”。

阿沛·阿旺晋美这次幸免被害是因为10日上午，他没有从大路直接往罗布林卡大门走，而是从土围墙外绕道前行。无意中看到土围墙外有很多藏军……顿觉情势不妙，便转身跑向军区，从而幸免遇害。

3月10日拉萨反革命叛乱事件的发生不是偶然的，正如毛主席所说，这是反动农奴主的阶级本性决定的。解放军进军西藏时，他们陳兵金沙江，杀害爱国进步人士格达活佛，妄图阻止解放军进藏;解放军进驻西藏后，他们不卖粮食给解放军，妄图饿走解放军;此举不成，他们又组织伪“人民会议”，采用造谣、挑衅和请愿的手法，宣称解放军必须撤出西藏;最后，他们再次寄希望于发动叛乱，以武力把解放军赶出西藏。期间，他们勾结和纠集西藏邻省藏区的叛乱分子，建立和发展叛乱武装组织“卫教军”(意即保卫佛法的军队)和“四水六岗”(即四条河、六座山，泛指甘肃、青海、云南、四川四省藏族居住的地方)，不断袭击我驻藏人民解放军驻地和行军队伍，围攻党委机关，残酷杀害解放军指战员和藏汉族地方工作人员。进而，他们纠集叛乱武装7000多人于拉萨，妄图在西藏发动全面武装叛乱。

3月12日，正在武昌视察的毛泽东致电中共中央说:“照此形势发展下去，西藏问题有被早日解决的可能。”并说:这种“被迫”是很好的。随后，他在召见当时在内地的张经武和张国华时又指出:“他们现在既已发动叛乱，我们就要一边平叛一边改革，要相信百分之九十五的人民是站在我们这边的”。

谭冠三深刻理解中央处理西藏问题的精神，他从维护西藏广大人民的利益出发，依据事态的发展，忠实而灵活地执行中央的指示。表现了他对党和人民的无限忠诚、以及极强的审时度势之能力。

他依据中央的精神和毛主席的指示，给达赖喇嘛写了三封信，揭露了西藏上层反动集团背叛祖国、分裂国家的阴谋和罪行，历述了中央对叛国分裂分子的宽容，表达了中央对达赖的关心和所寄予的希望。毛主席称赞说："很好，政治上使我处于主动。"

西藏军区召开了营以上单位负责人参加的紧急会议。谭冠三分析了当时的形势，强调指出，我们要充分做好战斗准备，但我们绝不打第一枪。同时，调整了军事部署。谭冠三说："我军的作战原则历来都是不打则已，打则必胜。"

拉萨各党政机关和企事业单位都武装了起来，成立了民兵组织，修筑了防御工事。当时我所在的西藏日报社和新华社西藏分社也成立了民兵营，工作人员都武装了起来。

为了保护拉萨上层爱国进步人士的安全，谭冠三冒着挨冷枪打和挨石头砸的危险，带着军区警卫营长，挨家挨户去动员他们到军区暂避。他的秘书回忆说："一天，我随着谭政委亲自到阿沛·阿旺晋美家里，谭政委动员阿沛到军区来住。阿沛当时说，他还是在家住为好，这对工作更有利。谭政委就给他增派了警卫部队，指示警卫部队务必确保阿沛和他全家人的安全，并对安全保卫的具体工作作了非常周到的部署。阿沛和他的一家人都非常感动。当时，西藏军区大院接待安排了500多名爱国进步人士和他们的家属，保护了他们的安全，其中有当时任西藏自治区筹委会副主任的帕巴拉·格列朗杰和他的家属。

有一次，谭冠三外出办事，一群叛乱分子发现一辆吉普车开来，立即蜂拥而上拦截。一个叛乱分子一手端着冲锋枪，一手示意停车。吉普车缓缓地停了下来，但发动机没有熄火。两个走在前面的叛乱分子伸头向车里张望，一看是谭冠三坐在车里，顿时慌了神，急忙向后退。谭冠三的两名随身人员趁机快速下车，顺势用冲锋枪把两名叛乱分子推到一边，又快速上车。驾驶员没等他俩坐稳，就猛加油门把车开走了。叛乱分子突然大声喊叫，连连朝车尾开枪。

3月10日事件发生后，叛乱集团更紧锣密鼓地加紧了武装叛乱的步伐。拉萨叛乱武装经常鸣枪示威，市内枪声不绝于耳，还在公路上修筑工事、拦截车辆。

13日，他们又以"西藏独立国人民会议"的名义，向全西藏各宗(县)豁(乡、村)发出命令："为了反对共产党和获取西藏独立的武装斗争的胜利，所有18岁至60岁的男人，都必须自带武器、弹药、食物，立即赶来拉萨，不得迟缓。如果对宗教事业不负责任，贪生惜命，定将依法严惩。"同时还发出通知："凡在自治区筹备委员会和汉人机关工作的藏人，限即日前来登记悔过，否则必将严惩。"

叛乱武装迅速扩大，不少群众也因拒绝参加叛乱而惨遭叛乱集团的迫害。巴青县牧民布德，曾是一个牧主的牧奴，受尽牧主的残酷压迫，好几次被牧主打得死去活来，受尽折磨后来他冒死逃离了部落，到一个国有林场当了工人。巴青发生叛乱时，他有一天不幸被叛乱分子抓获。他们要布德参加叛乱，并向他们提供林场的情况，布德断然拒绝。于是他们就对布德严刑拷打，直至挖掉了他的双眼。后来解放军平叛部队赶到，叛乱分子慌乱逃走，布德才免于被其杀害。

局势越来越紧张。3月17日夜间，达赖喇嘛和西藏上层反动集团首要人物逃离拉萨，奔向印度，公开投靠国外反华敌对势力，走上了公开背叛和分裂祖国的道路。

3月18日，西藏叛乱武装司令拉鲁·次旺多吉、副司令堪穷达热在罗布林卡召开所谓人民会议，宣读了达赖17日签署的给叛乱武装各司令并转全体人民的一封信。信中称西藏过去是独立国家，目前汉藏团结已处于分裂之际，为了设法保全生命，并使佛教、政治不致受损，我本人和负责政治的僚属们不得不暂时出走……会后，布达拉宫军械库当天就打开向叛乱人员发放武器弹药，连夜将在拉萨的所有参叛人员武装起来。

为了防止拉萨叛乱武装在拉萨失败后逃窜到西藏其他地方，西藏军区命令159团副团长吴晨率领一个步兵连，进驻位于拉萨河南渡口的牛尾山，使叛乱分子在南渡口能进不能出。3月19日夜晚，该连进驻牛尾山，三排与叛乱武装相遇，几个叛乱分子朝他们大声吼叫，三排战士没有回答，叛乱分子立即开枪，三排一个战士被打死，一个战士被打伤。此时是3月20日凌晨3时40分。随后，牛尾山上枪声四起。没过几分钟，叛乱武装各据点，几乎同时向其分割包围的解放军部队和西藏工委、西藏军区机关及企事业单位发起了进攻，拉开了西藏上层反动集团制造的西藏全面武装叛乱的战幕。

当时在拉萨，西藏上层反动集团聚集的叛乱武装，有从西藏邻省藏区窜来的叛乱分子，有藏军，还有部分武装喇嘛，总共在一万人以上，人民解放军驻拉萨的部队，只有13个步兵连、一个轻型装甲连、一个炮兵团，加上机关人员，总共两千人左右。

凌晨五时，谭冠三召开紧急会议，议题是“叛匪已打响第一枪，向我们发起了进攻，我们要不要还击？”大家都坚决主张打，但也有同志提出问题说，目前在拉萨敌我力量悬殊，打起来后，如何防止我军被叛乱分子分割包围吃掉或让叛乱分子跑了呢？

同志们都在用焦急的目光望着谭冠三。只见他站了起来，带着一种少有的感情，激动地说：“看来这场武装冲突是想避也避不了，想躲也躲不过去，不是我们想打，是西藏上层反动集团逼着我们打。目前拉萨的叛匪尽管有万余之众，但他们是一群乌合之众，是没有战斗力的。我们驻拉萨部队的人数虽然远没有他们那么多，但都是经过战斗考验的，有很强的战斗力。冲破叛匪的包围圈，将其歼灭，是完全有把握的。”他握起拳头，在桌子上狠砸了一下说:“反击，反击，为了西藏广大农奴的翻身解放，为了建设一个新西藏，坚决地反击！”

会议决定，20日上午10时，向盘踞在拉萨的叛乱武装发起全面反击。

谭冠三将上述情况和会议决定上报请示中央。

上午10时零5分，红、绿、白三色信号弹从军区司令部腾空而起，照亮了古城拉萨上空。早已严阵以待的炮兵部队向盘踞在药王山的叛乱武装猛烈开炮。隆隆的炮声宣告:拉萨平叛开始了！

这炮声，是埋葬最黑暗、最落后、最残酷的西藏封建农奴制度的钟声，也是为民主、自由、繁荣、幸福的社会主义新西藏的诞生，鸣响了礼炮！

战斗在顺利进行。第一个目标是攻占药王山，接着是罗布林卡、布达拉宫、大昭寺……

中午一点过七分，也就是反击刚开始一个多小时，西藏军区接到军委总参谋部在九点三十分发来的电报。这是对凌晨请示报告的回复。谭冠三急忙接过电报，看见了“不要动”三个字，顿感震惊。谭冠三极力抑制住自己的情绪，继续往下看:由于敌我力量对比悬殊，如果发生正面武装冲突，我方很可能出现被动局面，所以不同意你们打。你们可依托堡垒工事，就地坚守，尽量缩小防区，等待内地增援部队进藏。

来电落款是赫赫然三个大字:彭德怀。谭冠三清楚地意识到这来电的分量。

在场的军区副司令员邓少东和副政委詹化雨接过电报一看，也愣住了，心头感到沉甸甸的。

三位将军相对而视，谁也没有开口。尽管整个拉萨炮声隆隆，火光冲天，但作战室里却寂静无声，空气似凝固了一样。

稍倾，谭冠三转过身，拿起望远镜，向枪声激烈的药王山望去。邓少东、詹化雨也随着谭冠三的目光，观看着战斗的进展。他们的神情更加坚定了。谭冠三说：“我们应该相信自己的部队。打！坚决地打好这一仗。一切后果由我负责！”邓少东、詹化雨接着说，一切后果我们共同负责！

他们指挥部队，按原定部署还击。同时向中央军委、总参汇报战况和他们的决心。下午两点，接到总参的电报：“同意还击”。谭冠三、邓少东、詹化雨悬着的心，终于放了下来。

平叛部队迅速控制了药王山和叛匪盘踞的大本营罗布林卡。22 日上午 9 点，在强大的政治攻势和严厉的军事打击下，大昭寺的叛乱武装分子举着哈达缴械投降；接着，布达拉宫的叛乱武装也缴械投降。至此，拉萨平叛作战胜利结束，历时 46 小时 55 分。

拉萨局势很快恢复正常。

自 3 月 10 日起的 10 多天里，谭冠三几乎昼夜不眠地工作着。在拉萨战斗结束，一切安排妥当之后，他对秘书金良平说：“这几天你也够辛苦的，今天放你的假，好好休息吧！”

金良平关切地说：“政委，您也要好好休息。”谭冠三说：“今天不要打扰我，我要写检讨。”

“检讨？”金良平吃惊地说：“怎么，打了胜仗还要写检讨？”谭冠三诚恳而平静地说：“作战方案报上去后，尚未得到中央的批准，我们就打了起来。打了一个多小时后，中央叫不要动，我们又动了。就算打了胜仗，也有个组织纪律性不强的问题。能不检讨吗？”他沉吟片刻，接着说：“就我们这个局部看，是打了胜仗，但还不知道对全局会发生什么样的影响。”

检讨报告用电报发出去后，3 月 28 日，总参发来电报，肯定了西藏军区对叛乱武装的反击。谭冠三和邓少东、詹化雨深感欣慰。

张国华于三月底返回拉萨，于四月初组织了山南战役。部队奔袭千里，一举荡平了叛乱武装的老巢，进而在西藏全面展开了对叛乱武装的进剿作战。至 1962 年 3 月，西藏的平叛斗争胜利结束。

四月下旬，中央通知谭冠三到北京向中央和中央军委汇报拉萨平叛情况。邓小平握着谭冠三的手说："这次平息拉萨叛乱，你谭冠三指挥的很果断嘛，13 个连的兵力对付上万名的叛匪，不到三天就解决了。你给达赖的三封信都是做政治争取工作的，毛主席也很赞扬。"接着，邓小平又说："无论'政治'方面，'补给'方面，还是'平叛'方面，你谭冠三都是功无旁贷。"在旁的副总理陈毅也紧紧握着谭冠三的手说："你辛苦了，你辛苦了！你是西藏的功臣啊！"

随后，谭冠三又应邀到一些党政机关、部队和学校作平息拉萨叛乱的报告，受到热烈欢迎。

张经武在参加了中央有关西藏工作的会议后回到拉萨，向西藏党政军领导传达了中央关于在西藏实行边平叛边改革方针的决定。谭冠三立即带领工委、军区的干部，深入到以农业为主的墨竹工卡县、纯牧业的当雄县和拉萨三大名寺之一的哲蚌寺，对有关情况进行调查研究。随后与张经武、张国华一道，拟定了《关于当前在平叛工作中几个政策问题的决定》，报中央审批。

5 月 31 日，中共中央书记处召开会议审议《决定》。会议由邓小平主持，参加会议的有中央书记处全体成员、国务院有关部门负责人和西藏工委主要负责人。谭冠三首先在会上汇报了西藏平叛进展情况，张经武代表西藏工委对《决定》作了说明。邓小平在讲话中指出：这次平息拉萨叛乱的战斗，打得很好。我们现在的方针是，边打边政革，叛乱地区先改，未叛乱地区暂时缓改。西藏全区的任务是，结合平叛斗争，完成全西藏的民主改革。

西藏工委提出的这个《决定》共13条。会上逐条进行修改。大家每讨论一条，就由谭冠三根据大家的意见修改一条，交给在休息室的谭冠三的秘书金良平誊抄清楚后，拿回会议室通过。

这个经中央书记处审定的《决定》，当天就经毛泽东主席批准下发，成为西藏平叛和民主改革的纲领性文件。后来出台的一些有关西藏平叛和民主改革的具体政策和办法，也是依此制定的。

就这样，伟大的西藏民主改革开始了！延续上千年的当代最落后、最黑暗、最野蛮的封建农奴制度得以寿终正寝，西藏百万农奴站起来做了主人，一个新的西藏诞生了！

忆至此，西藏人民怎能忘记谭冠三这个“新汉人”和“菩萨兵”啊！

他离不开西藏

人民解放军进军西藏时，毛主席指示：“进军西藏，三年一换，以励斗志。”

谭冠三进藏后，就深深爱上了西藏。他说：“哪里的黄土不埋人！”并在抵达拉萨后就写诗明志：男儿壮志当报国，藏汉团结重如山；高原有幸埋忠骨，何须马革裹尸还。

他立下了“长期建藏，边疆为家”的誓言，他是进藏部队指战员和各民族干部“长期建藏”思想理念的主要倡导者、传播者之一，更是模范实践者。

在1951年至1959年的八年时间里，谭冠三只回过两次内地，一次是1955年3月到北京参加党的全国代表会议，一次是1956年9月去北京参加中共八大。其余时间都用在了在藏工作上。就是回到内地时，他心里惦记的还是西藏。去北京参加中共八大后，他没给妻子买任何礼物，却带回了几大箱菜籽和花种。身边的工作人员不免背后会嘀咕几句，后来传到李光明耳里，她倒很坦然地说："冠三就是这样一个人，他对家里人，对老婆、孩子是拿得起放得下，能顾得上就顾，顾不上就不顾，能团聚就团聚，不能团聚就不团聚。他的后半生，除了西藏，还是西藏。从进藏那天起，他就有一个大心愿，要把万里高原的荒山野岭变成一座花果山、一个大花园，因此那些花花草草，就比我重要得多！"

1959 年 5 月，中央要他进京汇报平叛和准备改革的工作，考虑谭冠三的身体状况，要留他在京休假，而且让李光明陪同。这是谭冠三入藏八年后第一次回内地休假，也是新中国成立后全家人第一次团聚，一家六口人高高兴兴拍了一张"全家福"。然而谁也没想到，这张"全家福"竟是谭冠三生命中唯一的一张"全家福"。休假没有多久，谭冠三又匆匆赶回了西藏。

由于长期劳累过度和高原缺氧，1962 年，他的高血压加重并引起眼底出血。毛泽东、周恩来十分关心他的病情，决定让他回内地治疗、休养。这是他第一次离开工作岗位，回内地治病。临动身时，他对送行的同志们说："我很快就会回来的！"这次，他下了飞机就出现病危，直接被送进 301 医院，幸抢救及时未出意外。

他人在北京，心还在西藏，无时无刻不在关心着西藏的情况。有一次从西藏来看望他的人告诉他说，拉萨哲蚌寺经过民主改革，废除了封建特权，成立了民主管理委员会，正直而有能力的贫苦喇嘛当了领导，把寺院管理得很好。这两年在寺院周围种了许多果树，苹果长得很好，自给有余，还能拿到市场上去卖。相比之下，山下面驻军的绿化却搞得不太好，果树长得差一些。谭冠三听了很关心，也很着急。他知道，哲蚌寺在山上，要从山下挑水上去种树，要走好几里路。部队营房在河边，种树的条件比山上好得多。他幽默地说:“唯物主义者搞不过唯心主义者,这怎么行?”他对来人说:“你们回去后,向军区反映一下,要哲蚌寺附近的部队空指、汽车团、大修厂派负责人到哲蚌寺学习,一定要搞好营区的绿化。并告诉他们,全国人民学解放军,解放军也要向人民群众学习。”后来,谭冠三还为这件事,专门给张国华打了电话。

至1964年,谭冠三在内地治病已有两年时间了。面对迟迟不能痊愈的病情,他非常着急。他不停地询问医生,自己何时可以回西藏工作?并多次把自己很想尽快回西藏工作的想法报告中央,但中央考虑到他的冠心病、高血压仍然严重,因此不同意他回藏。在一次党小组会上,他对身边的工作人员说:“中央决定我在内地继续养病,你们已经照顾了我很长时间。西藏比我更需要你们,你们还是回西藏吧!等我病情好转后,还是要回西藏工作的,那里是我的第二故乡啊!”

在内地治病期间,他还托人从拉萨给他带来一把当年建八一农场垦荒时磨秃了的铁锹和部队修筑康藏公路时用过的半截钢钎,陪他度过不在西藏的日子。

文化大革命初期,谭冠三怀着深深的眷恋之情,依依不舍地离开他工作了15年的西藏,赴京担任最高人民法院第一副院长、党组第一副书记,主持最高人民法院的日常工作。但不久就受到林彪、四人帮反革命集团的迫害,被其剥夺工作,并被批斗和长期隔离审查。1976年,“四人帮”被粉碎后,中央考虑谭冠三的工作安排,聂荣臻元帅就此找谭冠三谈话时,他对聂帅说:“我怀念西藏,想念西藏的部队和人民。如果中央要给我安排工作,我还是想回西藏去。”聂帅考虑到谭冠三的身体,不宜再去西藏,便说:“如果你不愿再在法院,那就回军队吧,你也一直没有脱军装,就由军委安排工作。”谭冠三依然摇摇头,固执地说:“我要回西藏。”

长征、抗日战争和解放战争期间，谭冠三有很长一段时间是在聂帅领导下工作的。聂帅知道他的性格，和蔼地笑了。关怀与赞赏中带着无奈的神情。粉碎“四人帮”后，聂帅受中央委托，与很多同志谈过话，给他们落实政策，安排工作，有军队的，有地方的，但像谭冠三这样的人不多。

后来党中央、中央军委考虑到谭冠三的身体状况，依然没有批准他返藏工作，而是把他安排到与西藏军区联系比较多的成都军区担任顾问组的组长。

西藏的同志想念谭冠三，谭冠三也很想念西藏。1977 年，一批原十八军和西藏军区的老同志联名写信，邀请他回西藏看看。他十分高兴。他说：“我不仅要去看望他们，还要再向中央申请重返西藏工作。”

就这样，谭冠三不顾 70 岁的高龄和多病的身体，同夫人李光明乘飞机到了成都。李光明中途患病突然瘫痪，他便让其留在成都休息，自己毅然登上飞机，飞向他日思夜想、魂牵梦萦的西藏。

他看望了曾和他共事多年的老朋友，看望了边防部队的战友和战士，看望了拉萨的居民，重访了他辛勤建立起来的农场。拉萨百姓闻讯从四面八方赶来，看望他们思念多年的老将军。当年被收容招进农场的许多流浪孤儿，也带着妻子、儿女赶来。他们拉着谭冠三的手，激动的泪水淌个不停。

这次从西藏返回成都后，谭冠三因脑血栓住进了医院，不少领导和朋友来医院探望，他说：“我怀念西藏，更想念西藏的部队和人民，如果有下辈子，一定要再去西藏工作。”有一次，一些来自西藏的同志到医院看望他。他说：“西藏好，边疆好，还是要长期建藏。我死后，要把我的骨灰埋在西藏，我死了，让孩子们再到西藏来。”大家听了都非常感动，有的人禁不住流下泪来。有位年轻同志，似是安慰，又似是纠正，轻声说：“老首长，请放心，会有更多的年轻人到西藏去！”谭冠三却严肃地说：“不！是到我们西藏来！”这位年轻人哪里知道，这一“来”一“去”，包含着这位老西藏对西藏和西藏人民多么深厚的感情！

长期在西藏工作的谭冠三夫妇，也忍受了长期与子女天各一方的痛苦。他们的四个孩子都出生在战争年代。与当时所有军人的孩子一样，出生后全都寄养在农村老乡家里。吃百姓的饭，穿百姓的衣。开口叫爹娘时，应答他们的是柴门里的养父养母。新中国建立后，他们夫妻俩又进藏了，与子女仍然天各一方。

1955 年 3 月，谭冠三在北京参加完党的代表大会后，将自 1947 年分别后就没见过面的四个孩子接到一起，与自己同住在招待所。令他没想到的是，当时还寄养在河北农村、管养父养母叫“爹娘”的老三、老四，今天见到自己的亲爸爸，反而叫不出“爸爸”来，一会儿叫“大爹”，一会儿叫“大叔”，就是不叫“爸爸”。

谭冠三想起了一首古诗：“少小离家老大还，乡音未改鬓发衰；儿童相见不相识，笑问客从何处来！”是啊！自己乡音未改，鬓发已衰，可孩子们连乡音也没有。哪里是他们的家乡？哪里又是他们的乡音？

谭冠三并非不爱自己的孩子。作为一个老共产党员，一个红军战士，一个革命家，他是以自己的方式来关爱孩子、教育孩子和要求孩子的。

孩子们虽然不在身边，但他时刻关心着他们的成长进步，经常写信教育和勉励他们。在代表西藏两种前途两种命运的斗争极为尖锐复杂的 1959 年 3 月里，他依然挤出时间给长子谭戎生写信，教育他要刻苦学习，同时要帮助教育弟弟妹妹好好学习，不断进步。

他要求自己的孩子能继承父辈开创的事业，艰苦奋斗，无私奉献，为建设祖国、造福人民建功立业。并时常告诫孩子，不能贪图享受，好逸恶劳，利用地位和权力去谋取特权。

谭将军身边的工作人员潘贵钦讲了这样一件事：谭冠三去世后，他生前的很多老同志、老战友从外地赶到成都参加悼念活动，其中有一个农民，是拿着生产队开的介绍信来参加悼念活动的。信里向成都军区领导提出两点要求：第一，该同志收入不多，我们生产队也很穷，其往返路费请组织上给予报销。第二，该同志系农村户口，不吃商品粮，因此生产队无法给他换全国通用粮票。他参加悼念活动期间的粮票，请组织上予以补助。

这个拿着生产队的介绍信、没有路费、没有城市户口、没有粮票的“该同志”，就是谭冠三的第四个孩子谭戎丰。

看着这个介绍信，再看看眼前这个朴朴实实的农村孩子，在场的人都禁不住热泪盈眶。

参加悼念活动后，谭戎丰又回到了农村。

老三、老四始终在农村，谭冠三要求两个孩子一定要把在艰苦的战争年代里抚养他们的农村养父养母当作自己的亲生爹娘，尊重养父养母，孝敬养父养母，千万不能忘记养父养母对自己的养育之恩。

老二谭延丰上高中二年级时，正赶上文化大革命，他决定从北京到延安去插队落户，谭冠三支持孩子的选择。孩子临走时，他给孩子送了一份特别的礼物：一套木工工具。意味深长的是，他把这套木工工具放在自己的中将礼服盒里，还写了四句诗：撤掉军礼服改做工县箱；劳动创世界，求知在其中。

谭冠三去世后，他的大儿子谭戎生向所在组织提出了去西藏边防部队工作的申请。他说这辈子不接过父辈的接力棒，就不配做他们的后代。

日喀则军分区部队多，边防线长，点分散。那些年，边防部队住的是土坯房，刮风时房顶的土哗哗往下掉，电和水都是定时限量供应。冬天下部队，有的路段积雪有人那么高，必须要人工铲雪才能开路。“正因为艰苦，所以才是锻炼人的好地方”，谭戎生说。他在西藏的第一年里，八次上海拔4300多米的乃堆拉山口、三次上海拔5300多米的查果拉哨所，进行调研和指导工作。一年之后，在军分区党委的领导下，他所负责的日喀则军分区司令部，被成都军区和西藏军区分别评为先进单位。

六年后，谭戎生出现莫名的高烧，体温高达39.6度，还被查出患有严重的胃肠病，健康每况愈下。在组织的一再督促下，他才回到内地治病……入院后做了直肠手术后，医生告诉他“不能再回西藏工作了”自此再也未能进藏，令他终身遗憾。

他为革命入了股

谭冠三，1907年生于湖南省耒阳县。在他的青年时代，湖南农民运动就风起云涌，谭冠三结识了当时耒阳的农民运动领袖、后与朱德结婚、1929年被国民党反动派杀害的伍若兰。谭冠三受农民运动和伍若兰的影响，萌发了强烈的救国救民思想。1926年加入共产主义青年团，任区团支部书记。同年转为中国共产党党员，任区党支部组织委员、区农会秘书长。谭冠三的入团仪式，就是伍若兰主持的。后来，他参加湘南暴动，任区党支部书记、区苏维埃政府秘书长、赤卫队队长。当时，在井冈山的毛泽东看到敌我力量悬殊，担心湘南暴动维持不了多长时间，便派弟弟毛泽覃下山联络朱德，建议部队向井冈山靠拢。毛泽覃走到小水地界时，就被赤卫队给扣了下来。谭冠三问明情况，听说他是毛润之的弟弟，便说：“我对你哥哥很敬仰，他是大英雄，你是他的兄弟，那你也是大英雄。”于是，谭冠三赶紧给毛泽覃松绑，带他去见朱德。当时朱德已率部转移到上架乡与永兴县交界的安福司。谭冠三护送毛泽覃找到了朱德和陈毅。朱德命令部队分两路转移，陈毅走南线，谭冠三带领小水铺赤卫队跟随朱德、伍若兰，从北线上了井冈山。到井冈山后，朱德、伍若兰与毛泽东都住在一个院子。一天，谭冠三来看望伍若兰，朱德便将他引荐给毛泽东。毛泽东说："冠三同志，听说你是带着队伍上的山，有枪还有人，按照绿林的话来讲，你还是入了股的，是有功之臣啊。我们部队现在增加上万人，吃饭是个大难题，你有文化，就去军需处管管帐，当个帐房先生吧！"就这样，谭冠三从账房先生做起，长期从事部队政治工作。他参加了返围剿，参加了红军二万五千里长征。红军长征到达陕北后，任陕甘支队四大队政治处主任。抗日战争期间，历任中国人民抗日军政大学俱乐部主任、秘书科科长、冀中第一军分区兼七支队政治委员、冀中军区南进支队政治委员。后入延安中央党校学习。在冀中和豫皖苏地区的斗争中，他积极发动和组织群众，开展抗日游击战争，作战勇敢，身先士卒。解放战争时期，他先后任冀中纵队政治部主任、第二野战军十八军政治委员，参加了渡江作战、衡宝战役、解放大西南等重大战役。1950 年进藏时，他是 42 岁。他的后半生，完全与西藏融合在了一起。作为西藏自治区党政军的主要负责人之一，他的思想和工作与西藏的发展和西藏广大人民的命运紧密相连。人们称他为"雪山名将"、"西藏人民忠实的儿子"。

在西藏实现划时代的历史巨变中，在西藏人民获取解放、建设新生活的事业中，他的生命放射出了更加灿烂的光辉。他的忠诚，与喜马拉雅山的山峰和雅鲁藏布江的流水永存。

中央代表张经武

1951年，人民解放军兵分四路从四川、青海、云南、新疆向西藏进军时，中央新任命的中央人民政府赴西藏代表张经武将军，踏上了绕道香港和印度，从亚东进入西藏的万里征途。

张经武这次进藏，轻装简从，只率有12名工作人员，同行人员还有在此之前经香港、印度到北京参加西藏地方政府与中央人民政府关于和平解放西藏谈判的西藏地方政府几名官员。

张经武1906年出生于湖南，1930年参加革命工作，并加入中国共产党。他在国民党军队和上海从事过我党地下工作，参加了红军二万五千里长征、抗日战争、解放战争，战功赫赫。1945年，日军投降，蒋介石发动内战，美国出面调停，共产党、国民党和美方三方面代表小组成立，张经武为三人小组代表，不久又担任军事调停处执行部参谋长，同国民党进行针锋相对的斗争。

张经武是历经20余年出生入死之考验的忠诚的共产党员，并且既能率兵打仗，指挥作战，又善于在各种复杂艰险的环境中，应对各方，作好统战工作。同时，他精力旺盛，谈吐潇洒，亦颇有儒将风度。看来，这些个人特质也是中央、毛泽东让他挑起中央赴藏代表这一重担的原因。

新中国成立后，中央在决定中国人民解放军进军西藏，解放西藏的同时即通过各种渠道，采取各种措施，敦促西藏地方政府派出代表，到北京与中央政府商谈和平解放西藏的问题。西藏当局不仅拒绝进行和谈，还驻重兵于昌都和金沙江一线，阻止人民解放军入藏。人民解放军不得不采取军事行动，打响了昌都战役，一举解放了昌都。

昌都战役后，亲帝国主义的分裂分子、摄政达扎·阿旺松绕下台，年仅16岁的达赖喇嘛亲政，掌管了政教事务大权。

1951年春天，西藏地方政府派出以阿沛·阿旺晋美为首席全权代表的和谈代表团来到北京，同中央人民政府以李维汉为首席全权代表的代表团进行谈判。时任中央军委办公厅主任的张经武是中央代表团的全权代表之一。

一些亲帝国主义分子便将达赖挟持到边境亚东，妄图伺机再将他带到国外。

西藏地方政府和中央人民政府和谈代表团的这次谈判，是在友好团结的气氛中进行的，经过20多天的共同努力，双方全权代表于5月23日签订了《中央人民政府和西藏地方政府关于和平解放西藏办法的协议》。

《协议》共17条，其内容主要是:西藏人民积极协助人民解放军进入西藏，驱逐帝国主义侵略势力，巩固国防;在中央人民政府统一领导下，西藏实行民族区域自治;对西藏的现行政治制度，中央不予变革；对西藏各项改革事宜，中央不加强迫，西藏地方政府应自动进行政革；人民提出改革要求时，得采取与西藏领导人员协商办法解决之；实行西藏民族内部团结，主要是达赖与班禅两方面的团结；实行宗数信仰自由政策，尊重西藏的宗教信仰和风俗习惯，保护喇嘛和寺庙；根据西藏实际情况，逐步发展西藏的农牧工商业和文化教育，改善人民生活；中央人民政府统一处理西藏地区的一切涉外事宜；成立西藏军政委员会和军区司令部。西藏军队逐步改编为人民解放军。

《协议》签订后，5 月 31 日，阿沛·阿旺晋美从北京向达赖喇嘛和亚东噶厦电告了和谈过程及《协议》内容。噶厦立即召开了官员会议，讨论协议和达赖逃亡国外或返回拉萨的问题，会上发生了激烈的争论。

参加会议的有达赖的副经师赤江洛桑益西、达赖的三哥洛桑桑旦，以及噶厦在亚东的重要僧俗官员。还有在印度、现返回亚东谋求西藏"独立"的代表夏格巴孜本。会上，赤江洛桑益西、洛桑桑旦、噶伦索康·旺钦格勒等实权人物，都认为大事已坏，主张达赖立即逃亡印度。但是一些僧官和拉萨三大寺(哲蚌寺、色拉寺、甘丹寺)的代表则主张达赖返回拉萨。据说，主逃派朗色林和主和派仲尼钦波群培土登激烈争论，大打出手。两派相持不下，互不相让。会上决定采用卜卦求神的方法，实行抽签。结果也是犹疑不决，模棱两可。于是，达赖仍旧留在亚东。

《协议》已经签订，但少数分裂分子在帝国主义策划下，公然拒绝执行协议，仍然企图促使达赖逃到国外，搞乱西藏局势，阻挠西藏解放。达赖后来在他写的《诡亡中的自在》一书中说，这时(指协议刚签订后)，他的大哥当才也从印度送来一信，告诉他已同加尔各答美国领事馆取得联系，力主达赖逃往美国。

亚东离印度相距咫尺，一日之内，达赖即可越山出境，劝说达赖返回拉萨成为一项十分紧迫的任务。

在此情况下，中央一方面命令人民解放军执行协议向西藏和平进军；另一方面任命张经武为中央赴藏代表，绕道印度，到亚东去劝说达赖喇嘛返回拉萨。

周恩来总理在中南海紫光阁亲自向张经武交代了入藏任务和中央有关西藏的方针政策，希望他挑起重担，努力完成任务。

毛泽东主席在丰泽园接见张经武，谈话从晚饭后一直进行到深夜。

毛主席坐在沙发上，分析着协议签订后的西藏形势，分析达赖的动向。

毛主席把达赖托西藏和谈首席代表阿沛·阿旺晋美给他带来的一封信，交给了张经武。并说："看信里的口吻，达赖不会很快就逃亡国外，会先留在亚东。不过达赖年幼，他周围的一些反动分子是会竭力煽动他往国外跑的。"

毛主席在谈话时指出，张国华率领的十八军进藏部队抵达拉萨当在两三个月以后，中央赴藏代表应从香港经印度，直抵亚东见达赖，敦促他早日回拉萨。

张经武说他也认为自己需要从印度进入西藏，这样不但能够更快地见到达赖，对劝说达赖尽快返回拉萨也有利，如果同入藏部队一起走，西藏形势不稳，大军压境，很有可能提前把达赖推到国外。

毛主席把写给达赖的一封亲笔信交给了张经武。

"任务重，时间也紧啊！还有什么困难吗？"

张经武站起来，坚定地说："请主席放心，我会尽一切努力，坚决完成任务。"

谈话后，毛主席送他到门口，又一再嘱咐："赴藏任务重大，要注意工作方法，实行爱国一家，一定要说服达赖返回拉萨。"

这次毛主席同他的谈话，使他更认清了西藏当前形势的复杂，更深刻地理解了自己进藏所肩负的重大使命，也明确了在西藏工作务必坚持的指导思想、原则和方法，他深受鼓舞，也深受教育，对完成任务更加充满了信心。

此时，张经武又想起自己一直牢记在心的毛主席的另一次有关西藏工作的指示。那是签订协议的当天，张国华向毛主席汇报进藏部队的情况，张经武也在场。毛主席一边听张国华汇报，一边插话。毛主席对张国华说："你们在西藏考虑问题,首先要想到民族和宗教这两件事,一切工作必须慎重稳进。”

张国华在汇报中提到进藏部队中有些干部说,今后西藏工作会像乌龟爬山一样慢时,毛主席又笑着调侃:“我看像乌龟爬山还快了哩。”

张经武想到此,禁不住自言自语:“从实际出发,深谋远虑,定可无往而不胜”。

任务重大,时间紧迫。张经武立即召集随他赴藏的有关人员,传达任务,准备行装。

深夜,他回到家里,把赴藏的紧急任务告诉妻子杨岗。他兴奋地对杨岗说:“西藏的解放,关系到祖国大陆的统一,意义重大,中央把这一光荣的任务交给我,不论有多大的困难,我都要克服它,绝不辜负党和国家的重托。”在抗日战争时期同张经武结成夫妻的杨岗,对此感到意外,更为丈夫年近半百,又要单枪匹马到高寒缺氧的西藏工作而深感不安。她对丈夫说:“我和你一起去吧!到西藏也好照顾你的生活。”但张经武考虑到西藏高寒缺氧,杨岗身体又不好,此次不宜让她陪自己一起进藏。他耐心地安慰杨岗说:“你身体不好,西藏形势尚模糊不清,你暂时不要去,等打开局面后,看情况再说吧!”

张经武一行抵达香港,遇到了一个乘船还是乘飞机前行的问题,乘飞机的话需要几次转机,不能携带到西藏为统战工作准备的大小多达70多箱的名种礼品;乘轮船,时间较长,万一达赖出走,将失去良机,造成不可弥补的损失。最终,张经武决定,他携带毛主席致达赖的亲笔信,与助手乐于泓(阿乐),翻译彭哲、机要译电员兼机要秘书郝广福三人一起乘飞机先行,其余九人携带物品随后赶往亚东。大家建议让中央专门为他指派的一名医生,以及一名保卫人员与他一起乘机先行,都被他以“没有必要”为由而拒绝。

他们从香港经新加坡、印度加尔各答，再乘汽车穿越山区公路继续北行，于7月10日到达印度北部通往西藏交通要道上的城市——噶伦堡。

张经武到达噶伦堡的前两天，亚东噶厦(即西藏地方政府)已派出迎接中央代表张经武的帕里宗本（相当县长）雪康·索朗塔杰来到这里，张经武一行到达时，雪康和西藏在噶伦堡的商务代表处代表和一名商人，在张经武下榻的一个别墅门口上前迎接并献上哈达后，一同进屋。张经武就座后，第一句话就问候说:"达赖喇嘛在亚东身体可好？"马上又接着说："你辛苦了！"两句话，使对方感到亲切和蔼。雪康回答："达赖喇嘛佛体康泰。"

张经武明白，达赖喇嘛是西藏人民心中的"佛"。

噶伦堡，是1988年、1940年英帝国主义两次入侵西藏的一个桥头堡。40多年来，这个城市逐渐繁华起来，除仍有一些低矮、阴暗的居民住房外，也有一些新建的豪华西洋别墅和饭店。居民中除了印度人外，还有尼泊尔人、西藏人和一些西方人。这里是特务间谍往来麇集之所，特务间谍的目标自然就是西藏。他们在这里直接指挥着西藏上层中的一些分裂主义分子，进行分裂活动。如今，和平解放西藏办法的协议已经签订，但他们仍然鬼祟神秘地四处奔忙着。

就在这样一个诡秘的地方，张经武开始了他所肩负的中央代表的工作，也可以说开始进入他所担任的角色。

张经武心里装着党和人民，并且有20多年在各种复杂艰险环境中的对敌斗争中练就的文武韬略，现在他更是胸有成竹，从容应对。

张经武抵达这里的当天，雪康便对他说，，头几天就曾有几个为英国做特务工作的"巴布"（藏人对这类特务的称呼），在饭店周围和饭店内东张西望，打听张经武的消息。张经武对此好像已有所料，镇静如常，毫不在意，继续同雪康随意聊天。

这天下午，张经武约见了西藏在噶伦堡有影响的各界人士，宣传党的民族政策，解释《协议》精神，对《协议》中规定的”对达赖喇嘛的固有地位和职权，中央不予变革”这一条作了反复解释和说明。张经武最后强调说：“我们共产党人，说话是算数的。诸位朋友如有机会，请将今天的约见和谈话，向达赖喇嘛和他身边的工作人员报告一下。”

当天晚上，西藏商务代表处官员以及与达赖有密切关系的大商人邦达·杨培、桑都仁青等在喜马拉雅饭店为张经武举行了宴会。张经武在宴会上祝贺《协议》的签订、祝贺藏汉民族的团结。宴会上大家互相敬酒，气氛愉快。

张经武到这里的第一天，就利用一切有利条件，向达赖喇嘛传递了信息。

这天晚上，也是在喜马拉雅饭店的舞厅里，该饭店的主人，一个年已八十、会说藏语、名叫麦堆仲萨的英国人，在翩翩起舞的人群中，摇晃着脑袋，捶着胸膛，反复用藏语哀伤地唱着一首歌：“宝在手中不爱宝，失去宝贝悔恨迟……”这个英国人，对西藏回到祖国大家庭的现实，痛苦地发泄着自己的愤恨。

事后，雪康说此人曾在1904年参加英国侵略军，到过拉萨，并长期任英国在江孜和亚东的商务官，是一个“西藏通”，后来十三世达赖喇嘛逃到印度时，他曾担任过接待员，与前后藏的一些大贵族关系密切，与西藏的反动噶伦夏扎、索康都有接触。

张经武深感，这虽然只不过是这些帝国主义分裂分子望天悲叹、枉费心机，但也说明西藏反分裂任务的繁重。

次日上午，噶伦堡一所华侨学校——中华中学的师生100多人开大会欢迎和庆祝中央代表张经武，参加大会的还有在这里的西藏官员和邦达·杨培、桑次都仁青等人。张经武在会上讲了话，学校负责人和西藏官员及商界代表也讲了话，共同祝贺《协议》的签订。

当地一家反动藏文报纸《镜报》的编辑也在会上讲了话。他公开表示不欢迎和平解放西藏的协议，他无可奈何地说什么“地球是转来转去的，很难说清楚谁是属于谁的。”此类荒唐的话语。

下午，张经武离开噶伦堡，当地华侨和中华中学师生冒雨送行。在蒙蒙细雨中，师生们情绪高涨，祝张代表一路平安、工作顺利。此情此景，张经武深受感动。

汽车北行，张经武到达紧邻西藏的人口只有11万左右的小国锡金，其在历史上同西藏关系密切，在清代原是中国的一个友好藩邻。公元1888年，光绪年间，英帝国主义第一次入侵西藏时，占领了锡金。从此锡金成了英国和印度的保护国。印度在这里驻有专员，掌握着锡金的军政大权。

张经武到达这里后，锡金王子的秘书和印度专员的代表前来拜见。张经武以礼相待并进行了友好交谈。

他想着近百年来西藏的变化，又想到锡金的变迁，不禁心潮起伏，感慨不已。

经过两天的翻山越岭，张经武进入西藏境内。

一天，雪康正在吃着藏胞给他送来的糌粑，这是将青稞(大麦中的一种)磨成粉与茶水一起搅拌，条件许可，再放上酥油和白糖一起揉捏成一小团放在嘴里的粗粮，是藏族的主食。张经武见后对雪康说:“我也想吃！”“这同大米、白面的味道不一样，您可能不习惯。况且您刚到西藏，对这里的水土有个适应过程，同时我们又是在赶路，您吃后闹起肚子怎么办呀？”“我到西藏工作，就应该尽快适应西藏的生活，这首先就应该过好‘吃’这一关，不然我怎么同西藏人民打成一片，做好工作？”雪康无奈，只好给了他一小团糌粑，内拌白糖。张经武吃后愉快地说：“好吃！看来我过‘吃’这一关并不太难。”

到达海拔4300米的乃堆拉山口，从这里往下走四个小时左右就到亚东了。亚东快到了！张经武多么高兴！他快速下马，急切地向山下四周还望，视野久久地停留在亚东方向。他该有多少话要说啊！

他忽然想，雪康不是说噶厦要派藏军到乃堆拉山口迎接的吗？怎么不见人影？该不是噶厦有意怠慢吧？他让乐于泓问雪康。雪康也有点生疑，只好说：“按说早就该到了，不知怎么回事。”

不过，张经武也没有放在心上，他仍然高兴地说：“不来也好，可以省掉繁琐的礼节。”接着，他又拍着几个人的肩膀，伸出左臂，手一指：“走吧，到山下喝一口祖国的泉水！”

雪康看到中央代表这种豁然大度的胸怀，不禁十分敬佩。从乃堆拉山口直下陡峭的山崖，穿越一个河谷，只见藏军20余人从对面匆忙赶来，在路边一片稍为平整的草地上整队站好，向张经武行军礼，并献哈达和油炸果子，表示欢迎。张经武举手向藏军还礼。原来藏军是把时间估计错了，所以来得迟了一些。

7月14日，天气晴暖，山花烂漫，张经武一行抵达五东仁青岗，噶厦首席噶伦然巴·土登贡秋率领噶厦部分僧俗官员和达赖的警卫团官兵走出十里迎接中央代表张经武，并举行了欢迎仪式。

张经武立即表示，希望尽快与达赖喇嘛相见。

亚东海拔2300多米，一条长长的街道上散落着二、三十家店铺，街道中心流着一条小河，清澈见底，两边山峰壁立，树木葱茏茂盛，空气新鲜润，山花芳香扑鼻。张经武没想到亚东竟是这么一座秀美的边城。

次日，噶厦噶伦然巴·土登贡秋、索康·旺钦格列、朵噶·彭措饶杰、扎西林巴·钦绕旺秋等前来拜见张经武，并与张经武约定，16日同达赖喇嘛见面，地址是在离亚东十余里的一座山腰上的东噶寺中。

噶伦们提出会见达赖喇嘛时要有达赖升座的仪式，即达赖升座，两旁百官侍奉，张经武进殿后，达赖下座迎接，接毛主席信件后，仍升座。张经武的座位设在达赖座位的右下侧。“升座”是封建式的君臣相见仪式。这种仪式当然不能接受。

张经武认为这不是个人问题，是关系到体现中央和西藏地方关系的基本原则问题，仪式和座位必须正确体现西藏地方与中央的隶属关系。鉴于西藏地方的特殊情况，在顾全大局的同时，在某些方面可适当让步，但政治原则问题必须坚持。他嘱咐身边的乐于泓：“政治上西藏地方政府要尊重中央人民政府，宗教上中央尊重西藏的风俗习惯。”

乐于泓向噶伦们指出：“张经武是中央人民政府的代表，会见时达赖不能升座。张代表上山后，先在帐篷中休息，然后就直接到达赖卧室见面，交毛主席亲笔信，进行交谈。”他又接着说：“西藏和谈代表团到北京时，朱德副主席、周恩来总理到火车站迎接，毛主席接见代表团成员时，也是平起平坐，亲切感人。”他并指着坐在旁边的同行的西藏和谈代表凯墨和土丹旦达说：“这些，他俩都是在场亲身经历的。”

凯墨和土丹旦达都连声说：“是的！是的！”

一番话，说得噶伦们无话可答，于是同意乐于泓的意见。

7月16日。然巴等噶伦接张经武骑马上山去会见达赖。上山后，张经武一行在东噶寺外帐篷中休息片刻后，便至达赖卧室。

张经武走进达赖卧室后，达赖从座椅上站起，跨前几步迎接。随后达赖和张经武在两把紫檀木椅上入座。张经武和蔼地问候达赖喇嘛身体安康，达赖也有礼貌地问候毛主席身体安康，并说张将军身体辛苦啦！

张经武说："您亲自派代表到北京谈判，签订了和平解放西藏的十七条协议。对您这种爱国之态度，毛主席非常赞赏，非常高兴。"

张经武说着，向达赖递交了毛主席的亲笔信和《协议》副本及两份协议附件。

毛主席的亲笔信全文如下：

达赖喇嘛先生：

感谢你经阿沛·阿胜晋美先生带给我的信和礼物。

西藏地方政府在你亲政后，开始改变以往的态度，响应中央人民政府和平解放西藏的号召，派遣阿沛·阿旺晋美先生为首的全权代表来到北京举行谈判。你的这项举措，是完全正确的。

现在，中央人民政府全权代表和西藏地方政府全权代表，在友好基础之上，经过多次商谈，已签订了关于和平解放西藏办法的协议。这个协议是符合西藏民族和人民利益的，同时也符合中国各民族人民的利益。从此，西藏地方政府和西藏人民在伟大祖国大家庭中，在中央人民政府统一领导下，得以永远摆脱帝国主义的羁绊和异民族的压迫，站起来，为西藏人民自己的事业而努力。我希望你和你领导的西藏地方政府认真地实行关于和平解放西藏办法的协议，尽力协助人民解放军和平开进西藏地区。我特派张经武代表同你的代表们一道前来你处，以资联络。如你有需要我协助的地方，可随时与他接洽。附来礼物，至希收纳！

中央人民政府主席毛泽东

一九五一年五月二十四日

张经武告诉达赖说："毛主席赠予的数十箱礼物，由后面的人员押运，从香港海运到印度，不日即可到达亚东。

谈话中，张经武全面解释了《关于和平解放西藏办法的协议》的精神，谈了协议产生的经过，介绍了中国共产党的民族政策和宗教政策，讲述了西藏和谈代表团在北京受到毛主席、周总理等中央领导人接见、欢迎的盛况。达赖话语不多，但对张经武的话频频点头附和。

张经武问："达赖喇嘛何时返回拉萨？"

达赖回答："今天是藏历6月12日，我准备于藏历6月18日（即公历7月21日）离开亚东，返回拉萨。"

他并问张经武："请问张代表先行，还是我先行？"

张经武说："你随行官员多，还是你先行，我随后就来。"

最后，达赖说阿沛不久即可返回拉萨，并带回《协议》正本，那时再由噶伦们讨论一些问题。

达赖对《协议》没有表示态度。

张经武肩负劝返达赖的使命，一个多月前，从北京紧赶慢赶到亚东，现在达赖终于作出了返回拉萨的决定，张经武的心情不觉轻松了许多。

与达赖会见后，张经武立即将会见情况草拟了一份电报，由机要译电员郝广福译成密电码，再由西藏地方政府的电台发往新德里，经中国驻印度大使馆转发给中央。

第二天，中央复电，赞扬了张经武的工作成绩，并对下一步工作作了指示。这份复电是张经武此次离开北京之后，第一次收到中央的指示。

达赖在启程赴拉萨之前，还指示噶厦从他的马厩里挑选了两匹枣红色的好马送给张经武和乐于泓骑用。

达赖7月21日离开亚东回拉萨时，张经武和乐于泓到仁青岗欢送。

达赖对《协议》没有表态，这就意味着张经武此次的使命尚未完全完成，和平解放西藏仍有待做各方面的工作，张经武在达赖返回拉萨的问题解决后就从亚东经印度返回北京的原计划就得变更，于是，张经武调整行程，于7月23日从亚东启程前往拉萨。噶厦继续派帕里宗本雪康随行。

行程中，张经武有三天时间，是骑马行走在海拔五、六千米的喜马拉雅山的山脊上。他饱享了西藏无比壮美的大自然风光，并为此感到骄傲和自豪，但也领略了西藏高寒缺氧的自然环境的严酷，深感要适应这里的自然环境，也是不容易的。

在红军二万五千里长征时，张经武作为一个师长，曾亲自抬着躺着生病的政治委员何长工的担架，走过雪山草地，那时，他丝毫不曾畏惧；今天，他虽已年近半百，但也绝不会退缩。

夜宿海拔4300多米的世界高城帕里，张经武呼吸困难，胸中憋闷，不能成眠，但是第二天，在雪康的陪同下，他又兴致勃勃地参观了帕里的街道和宗政府。

他看到宗政府周围一片破烂倒塌的房屋，惊讶地问雪康："这是怎么回事？"

雪康答："这是1904年英国侵略西藏的罪证，当年英国侵略军烧毁了这里很多居民住宅，很多藏民还惨遭杀害。"张经武默默地在此伫立良久，心中无比愤慨，离开时说："这是西藏和全国人民不能忘记的历史！"

在宗政府大门口，张经武看到排列着各种刑具：皮鞭、钢刀、枷锁、各种镣铐、几十斤重的大石帽，等等。他脑子里立即闪现出他在进藏前听说的西藏那些挖眼、割鼻、割舌、割耳、剁手、剁脚、剖腹、剥皮、抽筋等种种酷刑，顿时毛骨悚然。他问雪康："你使用过这种刑具吗？"雪康答："只用过一次，有个不丹人杀了藏人，我打了他150皮鞭。"

张经武想，中国古代曾出现和使用过十分残酷的刑罚，如战国时期就有车裂、剖腹、体解，还有凌迟等等，但早已废止了，2500多年过去了，封建农奴制度统治下的西藏，其刑罚的残酷和野蛮，与其相比较，则有过之而不及。这种制度还能维持吗？

张经武一路走来，看到了政教合一的西藏封建农奴制度的形形色色，他看到在广大农村、牧区和城镇，占西藏总人口95%以上的农奴和奴隶，蓬头垢面，衣不蔽体，饥寒交迫，并且毫无人身自由，动辄被毒打和处死，领主及其管家处死一个农奴和奴隶，犹如踩死一只蚂蚁。尤为可悲可悯的是，广大过着牛马不如生活的农奴和如隶，倍受压迫，逆来顺受，只求修好来世，超度苦海，升上极乐的天堂。他们身背沉重苦难，低着头，手捻佛珠，口中念念有辞，慢慢地走着，走着……

张经武离京赴藏前，曾抓紧时间翻阅了一些清代有关西藏的史料。清朝光绪末年驻藏大臣张荫堂在一份奏折中说，乾隆年间，全藏丁口（人口）170万。以西方生理学公例推算，30年人口当增一倍，100年当增三倍。而噶厦册报的人口只有100万。130年之久，人口不仅没有增加，反而减少了70万。由此推论，再过300年，唐古特（西藏）人将会遭到美洲红种人濒于灭绝之境的命运。真是可怕。

在封建社会里，张荫堂还算是一位有所抱负、有所作为的驻藏大臣，曾为振兴西藏经济、开办西藏学校、发展西藏人口提出过一些有益奏议。可是他的建议在晚清末年朝廷昏庸、国势颓败的情况下都未能实现。

这些，使张经武更加强烈地意识到我们党和他这个作为中央人民政府赴藏代表的共产党员所肩负的解放西藏、建设西藏重大使命的伟大意义，不管有多大困难，也必须圆满完成自己肩负的这一使命。

8月8日，张经武及其一行抵达完全陌生而又情况不明的著名“日光城”拉萨。

拉萨海拔3630米。这天，普照全城的阳光与天上透亮的蓝天白云交相辉映，显得格外清新亮丽。在郊外的接官厅，留守拉萨的西藏地方政府，举行了迎接张经武的欢迎仪式。前来迎接的有噶伦拉鲁·次旺多吉和代理基巧堪布（达赖身边近侍高级僧官）噶章·洛桑仁增，有代理司伦的代表，还有众多僧俗官员和一些主动赶来的穿着艳丽民族服装的群众。僧俗官员向张经武献哈达，藏军吹军乐，500名藏军官兵列队向张经武致敬。

印度、尼泊尔商务代表也到场迎接。

西藏行政官中地位仅次于达赖喇嘛的代理司伦洛桑扎西和鲁康娃没有露面。按礼仪常规，张经武是中央人民政府的代表，两个代理司伦都是应该出面迎接的。这显然是有意怠慢。张经武预感到，这其中蕴藏着后来的重大风波。

张经武到达拉萨后的第三天，两个代理司伦和噶厦的噶伦在大昭寺宴请张经武。两个作为主人的代理司伦洛桑扎西和鲁康娃却狂妄自大，在宴席上自居高座，傲慢无理，全不顾中央与地方的关系。张经武考虑到初到拉萨，各方面情况尚未沟通，不能因小失大，故未作计较。

这几天，有一个人来到张经武的住地，他就是一年前进入西藏并遭受许多折磨的共产党员迟玉锐。张经武在这里突然遇见亲人，甚为高兴。

迟玉锐于1950年7月参加青海寺院劝和团从西宁出发，前来拉萨劝说西藏当局进行和平谈判。他担任劝和团的秘书，他的爱人程广惠担任机要员。劝和团带有一部15瓦收发报电台。10月行至藏北黑河，即被西藏地方政府所阻，电台被没收破坏，劝和团的两位活佛被押送到拉萨，迟玉锐夫妇被押送到山南泽当软禁起来。两三个月前，他们夫妇才来到拉萨，收回并修好电台。

迟玉锐不是来这里与张经武一般会晤，而是来向张经武汇报工作和情况。他重点谈了一些西藏上层的情况，包括西藏上层中围绕《协议》的签订与执行的各种不同态度。他所谈情况虽然有些笼统，不够具体，但对张经武很有帮助。

张经武当时面临的形势是达赖尚年少，很多实权还掌握在西藏上层集团高级僧俗官员手里；西藏上层集团中的少数亲帝分裂分子气焰还很嚣张，妄图阻挠《协议》的贯彻执行，不少上层人士对协议和党的民族、宗教政策尚不了解，顾虑、怀疑甚多；噶厦噶伦、西藏和平谈判首席全权代表、爱国进步人士阿沛·阿旺晋美又还远在返藏途中；群众工作在当时复杂的客观情况下也不允许进行；更为重要的是，人民解放军进藏先遣支队还在千里之外，动身最早的18军进藏大部队才刚刚离开两千里外的昌都。

张经武心情有些沉重。

8月14日、16日，他连发了两份电报，向中央请示工作。

根据电报请示的内容，中央作出了经周恩来审定的初期工作指示，于18日电示张经武。中央在电报中强调指出："总之，一切活动须采取谨慎方针，从长远利益着想，不宜急躁，尤忌操切从事。"

张经武决定立即在拉萨开展西藏上层统战工作。主要是向上层人士宣讲《协议》签订经过和《协议》精神，宣讲党的民族政策和宗教政策，听取他们的意见，回答他们提出的问题。

按照张经武的安排，乐于泓首先分别登门拜访代理司伦洛桑扎西和鲁康娃，并送上《协议》藏文译本。

在国民党时期曾担任过西藏驻重庆办事处副处长的老奸巨滑的洛桑扎西，闭口不谈政治，说他不懂政治。顽固的反动亲帝分子鲁康娃，在谈话中大放厥词，说什么协议文本与广播收听到的不一样，阿沛去北京时，给他的任务是和平谈判，没有授权谈军事，但现在把军队引了进来等等。17条协议很突然，究竟怎么办，待阿沛回来报告讨论后再说。他还说什么西藏是佛国，喜爱和平，历代达赖喇嘛都主张和平，西藏正在谋求和平之际，传来昌都被占领之消息，当时人心激愤。派军队来，不如派聪明干练的干部为上策。中国是大国，人口众多，力量强大，但做事应有限度，不然睡觉的人，也会起来反抗的。他甚至说，要是压迫藏民，我是胡子白了，快要去世的人了，藏民没有力量，但是他们会祈祷三宝，压迫者将来会得到报应的。

乐于泓平静而耐心地用具体事例解释中央的民族政策和宗教政策，例举人民解放军纪律严明，爱护藏族人民的事例，并说明《协议》涉及的所有问题，阿沛作为首席全权代表，都是请示了在亚东的达赖喇嘛才定下来的，等等。但鲁康娃还是不以为然，十分傲慢。

张经武身体原本瘦弱，加上高原长途跋涉劳累，健康受到损害，但仍然全身心投入到了上层统战工作中。一天，他一连接待、访问了六家贵族和官员，由于过度劳累和缺氧，在房中突然昏倒休克。清醒过来后，又继续开展工作……

在西藏当时的特殊情况下，统战工作也是特殊艰难。

过几天，达赖就要返回拉萨，主持欢迎仪式的就是这两个代理司伦，他如何不失身份去同这两个反动头子保持正常的礼仪呢?

张经武只有发电请示中央。中央很快电示:关于迎接达赖问题，为不失身份，需先研究迎接时的仪式和张经武的地位，在礼仪安排上，如代理司伦不顾中央与地方关系，张经武可不去迎接，派乐于泓为代表，变被动为主动。

8 月 17 日，达赖返抵拉萨，张经武未去迎接，由乐于泓出面，代表张经武给达赖献了哈达，随即离去。

张经武在抓紧开展上层统战工作的同时，还关心着正在进军西藏的解放军部队的情况。

8月24日，他致电中央转发给18军军长张国华、政委谭冠三和先遣支队副政委王其梅，提出他与随身人员精心调研和整理出的先遣支队入城十条注意事项的建议，其中指出：

——进藏部队全体人员要很好地研究《协议》精神，喊响政策、纪律重于生命的口号，成为宣传协议、执行协议的模范。要着重宣传帝国主义侵略西藏、压迫剥削西藏人民的事实及我军巩固国防之重要性。

——要着重宣传民族平等团结，要特别尊重宗教信仰，多了解宗教情况，不要与信教者辨驳；

——宣传方法要多举事实，用说故事的方法，少用政治名词，藏族群众不易懂；

——初期不宜强调人民疾苦，因短期不能改革，反招自己为被动，并引起藏政府官员不必要的疑惧；

——进城应整齐严肃，并带国旗、军旗扩大影响，与欢迎人员可以交换哈达，不一定要握手，因西藏尚无握手习惯；

——购买物资应了解当地情况，与官方大商接洽好再进行；

——部队外出应有组织地分成小组，三人一路，防止匪特利用流氓暗害，或挑起冲突；

——做调查时亦可征询喇嘛，以示尊重宗教；

——对藏军可利用各种方式接近，借以联络感情，从而了解情况，不要表示轻视态度，对其要团结合作，协同巩固国防；

——封建制度下的贵族官员自尊自大而又重视礼节，干部要耐心，主动做上层统战工作，应办事宜尽量通过西藏地方政府，以合理合法的手续办理。

中央将此十条首先转给西南局，西南局极为重视，作出批示说："西藏问题甚为复杂，我们每一步都要做得稳当，才不致出大乱子。所以西藏工作中最重要的是防止‘急性病’，这点要使所有干部都了解。”西南局于9月2日将十条和批示报中央并转发给张国华、谭冠三和王其梅。

中央又于9月6日将十条注意事项和西南局的批示转给西北局，转发西北的入藏部队。

这可称是为部队进藏制定了良好的行为准则。

9月9日，王其梅率领的进藏部队先遣支队跋涉千山万水，顺利到达拉萨，受到拉萨僧俗群众一万多人的热烈欢迎。

随后两天，阿沛·阿旺晋美也返抵拉萨，欢迎群众也达一万多人。

解放军先头部队的到来，西藏和谈全权首席代表、坚定的爱国进步人士阿沛的归来，都使张经武倍感欣慰，心情也轻松了些。他深信，从此西藏的统一战线工作定会更全面和更有成效地开展起来，使《协议》更好更快地得到贯彻执行。

达赖回到拉萨后，张经武多次派人同噶厦交涉他代表毛主席赠送达赖礼品的事宜，但一个多月过去了，噶厦均未回复如何进行，直到阿沛回到拉萨后的9月26日，张经武才收到噶厦关于赠送礼品仪式的正式书面通知书。这份通知书相当友好，相礼仪式隆重、热烈、得体。

28日上午，张经武率领的长长的送礼队伍抬着礼品，穿过拉萨大街。拉萨僧俗群众倾城而出，站在道路旁边，翘首相望，啧啧赞叹。

礼品有：特织丝锦哈达1件，毛主席画像1帧，全国政协第一届会议纪念刊1册，天安门彩色照片1帧，《伟大祖国》照片1套（523张），年画30份，象牙雕球1件，象牙白菜1件，象牙桥1座，象牙笔阁1对，玛瑙瓶1件，墨玉和平鸽1对，黄玉鸟1对，玉帆船1件，江西瓷餐具1套（清朝光绪年造），景泰蓝花瓶1对，湘绣挂屏4扇，黄宫缎10匹，红宫缎10匹，幻灯放映机1具(附幻灯片9套)。

罗布林卡门口,西藏僧俗官员及达赖卫队列队欢迎,并向中央人民政府代表张经武敬礼。在高大宽敞的殿堂外面,两排重要僧俗官员站班迎候。张经武进入殿堂,达赖喇嘛在宝座下面的一张椅子前站立,面带笑容欢迎张经武代表。有金色框架的毛主席像,被抬进来高高放在左上首,达赖高兴地瞻望毛主席像,并扶金色像框,表示敬意,让摄影记者拍照。接着,张经武以私人身份向达赖双手致赠哈达及满扎等礼品,随行人员也一一向达赖献了哈达。张经武被接引至左上首很高的锦缎软垫上就坐,然后随行人员依次就坐,乐于泓坐在代理司伦的对面,而不是通知书上说的噶伦对面。

送礼仪式结束后,张经武被引进达赖卧室,达赖下床迎接,等张经武坐下后,他也入座,两个代理司伦一旁侍立。谈话开始,几句寒暄。张经武说:“阿沛先生在北京签订了十七条协议, 这是中国各民族进一步大团结的表现,人民解放军及入藏工作人员来西藏,就是忠诚地执行协议的,谁犯错误,就处罚谁,请达赖喇嘛不客气地加以处罚,我今天以毛主席代表的资格向您保证。”达赖愉快地点头回答:“谢谢,谢谢!”接着,达赖问毛主席身体是否健康,毛主席多大年纪?又问内地气候、城市和风景等。张经武均一一回答。

临别时,达赖送张经武到门口时说:“您来以后,我们招待人员招待得好不好?不好的话,请您讲一下,或者您也可以给他们指出来。”张经武说:“很好,招待得很好。我把他们看作自己人,有什么话就讲什么话,请您放心。”达赖主动伸出手,同张经武握手告别。

过国庆,开庆祝会,升国旗,理所当然,但张经武在西藏举办首个国庆庆祝会、升首面五星红旗,却不那么顺利。

9月21日,张经武就向噶厦提出,要安排庆祝国庆节的活动,包括召开广大僧俗群众、各界人士和解放军参加的庆祝大会、升国旗、举办宴会等，但噶厦迟迟不表态。直到25日晚，噶厦才派柳厦·土登塔巴、凯墨·索安旺堆来见张经武，谈噶厦对此事的意见。

他们说，噶厦认为庆祝集会不开为好，西藏没有召开群众大会的习惯，怕发生事端。如果要开，就由解放军单独开，噶厦可派代表参加，群众是否参加，完全自由，噶厦可下令市内群众穿上新衣，跳舞作乐。

关于升国旗的问题，新奇的事情要少办，慢慢来。并说，西藏只在藏军兵营挂过“藏旗”，指“雪山狮子旗”。在谈到国庆节这天，是否在藏军兵营改挂国旗时，他们又说，按照《协议》规定，藏军只能逐步改编为解放军，改挂国旗也不合适。

很显然，西藏地方政府中的亲帝与分裂势力，十分害怕解放军、中央人民政府、共产党在西藏和西藏人民中的影响日益扩大，因而他们不断推脱，层层设卡。

张经武对身边的工作人员说，这个国庆庆祝大会一定要开，这天，五星红旗一定要在西藏首府拉萨高高升起。解放军单独开就单独开。我们隆重庆祝国庆，一定会在西藏各界人士和广大僧俗群众中产生重要影响，并且一定会有很多群众自发前来参加庆祝大会。有些人总想把西藏群众与解放军、共产党和中央人民政府分开，那是绝对办不到的。

果不然，十月一日一大早，穿着红红绿绿盛装的拉萨各民族群众，就成群结队涌向拉萨布达拉宫前面广场的庆祝大会会场。大会开始时，已有五、六千名群众赶到会场。他们与数千名解放军指战员和地方进藏工作人员汇聚在一起，使这次会议开成了拉萨军民上万人参加的国庆庆祝大会。

西藏地方政府及哲蚌、色拉、甘丹等拉萨著名的三大寺院，派代表参加了大会。

会场的四周，悬挂着四幅巨大的藏汉两种文字的横幅标语：

“坚决执行和平解放西藏的十七条协议！”

“建设西藏，巩固国防！”

“西藏人民团结起来，驱逐帝国主义侵略势力出西藏！”

“中国各民族的伟大领袖毛主席万岁！”

西藏的时差，比北京晚一个半小时。十一点，大会在军乐声中开幕，五星红旗徐徐升起，在西藏高原亮丽的阳光照耀下，迎风飘扬的五星红旗与布达拉宫的金顶交相辉映，极为壮观，这是在西藏第一次升起五星红旗，全场一片欢腾。

接着，中央代表张经武神采奕奕走上讲台发表讲话。他说：“在西藏民族团结平等已获良好开始的今天，首次在拉萨庆祝国庆具有伟大的历史意义。”接着，他报告了祖国一年来各项建设事业取得的伟大成就，以及抗美援朝取得的胜利。最后，他重申了中央人民政府的民族政策，讲述了和平解放西藏协议的精神，号召入藏的人民解放军和工作人员与西藏僧俗人民，亲密团结建设新西藏。

西藏地方政府的代表任协（小四品官）赤松平康也在大会上讲了话。他说，今天拉萨僧俗人民能和解放军一道开会非常好。他赞扬和平解放西藏的《协议》完全消除了历史上反动统治者造成的汉藏民族间的隔阂。他的这番讲话，虽然不是出于真心，但能在这祥的会上讲出来，已是很不错了。

先遣支队司令员王其梅在讲话中，着重讲了入藏人民解放军是西藏人民的军队，将永远忠实地为西藏人民服务，尊重西藏人民的风俗习惯，保护宗教信仰自由，坚决驱逐帝国主义侵略势力出西藏，巩固祖国国防。

这天，拉萨“朗子辖”（市政府）派人到会场维持治安。他们手拿棍棒四处打人，人们还是聚集不散，只是有些群众没敢进入会场。

下午三时，张经武在孜仲林卡举行国庆宴会，宴请噶伦和西藏地方政府三品以上的其他官员及大活佛、大堪布，到会60余人。张经武到桌前和大家碰杯，庆祝节日。宴会前，还请大家观看图片展览，其中有和谈照片，有毛主席分别同班禅、阿沛举杯祝贺《协议》签订的场面。

下午，拉萨成千上万的群众又提着酥油茶，带着各种食品，往拉萨各林卡奔去。他们在草地上搭起帐篷，铺上卡垫，举行野餐，唱歌跳舞，直到暮色苍茫。

截止10月上旬，张经武离开北京赴藏已近四个月了，进入西藏也已近三个月了，虽然，达赖已被成功地从亚东劝返拉萨，但达赖和西藏地方政府一直未对中央人民政府和西藏地方政府全权代表签订的《中央人民政府和西藏地方政府关于和平解放西藏办法的协议》表明态度。

7月16日，张经武在亚东第一次与达赖见面时，达赖最后说，阿沛不久即可返回拉萨，并带回《协议》正本，那时再由噶伦们讨论一些问题。达赖对《协议》没有表示态度。

7月31日，张经武从亚东赴拉萨途经江孜，同一天，达赖也途经江孜返回拉萨，随达赖同行的噶伦索康·旺钦格列见张经武，有关《协议》的表态问题，索康说过去听无线电不全面，有一半不懂，直到张代表带来抄本才窥全貌。由干达赖急于回拉萨，比较匆忙，而且一路上膜拜顶礼、讲经，因此到拉萨后，阿沛带了正本来，把整个情况报告后，才可研究如何实行。

9月11日，阿沛回到拉萨后，张经武、乐于泓在同阿沛商谈全面开展统战工作时，张经武提出，要争取西藏地方政府于国庆节前向中央发出拥护《协议》的电文。

阿沛很快向噶厦报告了协议签订的经过，并表示愿意以全体代表的身家性命和财产担保，签订协议完全是为了达赖喇嘛和全体西藏人民的利益，中央对协议是有诚意的。

西藏官员大会，对《协议》讨论了两天，最终同意国庆节前给中央发电对协议表示拥护。但随后，首席噶伦然巴和噶伦夏苏又来到中央代表处说，怕国庆节时间赶不上，内部有分歧，希望推迟几天给中央发电报。

9月28日，张经武代表毛主席给达赖喇嘛赠送礼品时，在与达赖交谈中又对达赖说："阿沛先生代表西藏地方政府在北京与中央人民政府签订了十七条协议，这是中国各民族进一步大团结的表现。人民解放军和入藏工作人员来西藏就是忠诚地执行协议的。"他又说："中华人民共和国第二个国庆即将到来，这是极为宝贵的一天。在这一天，北京将举行盛大的海陆空阅兵典礼。协议已签订数月，我到西藏也两个多月了，希望达赖喇嘛最好在国庆节前给中央发一个电报，说明对协议的意见。"达赖高兴地回答："是的，我正准备做哩！"

然而，国庆节前，这份电报还是没有发出去。

10月5日，阿沛告之张经武，噶厦提出向中央发拥护协议的电文以前，要求张代表答复几个问题，一是协议中规定成立军政委员会的问题，包括达赖的地位和职权问题；二是解放军少来的问题，包括改编藏军问题；三是全部藏族地区统一问题，包括昌都地区划归西藏地方政府问题。等张代表答复后，再考虑发电文。接着，噶厦又写信给张经武，正式提出了上述几点要求。并称，这是"西藏僧俗人民大会"上提出的意见。

这实际上是西藏上层少数反动分子企图搞分裂、搞独立、反对协议、阻挠执行协议的一种表现。

10月14日，张经武由乐于泓、平措旺杰陪同，到噶厦答复其提出的问题。

关于军政委员会问题，张经武说，军政委员会是中央人民政府在西藏的一个代理机构。军政委员会可以管理西藏地方政府和人民解放军两方面的事情。拟由达赖喇嘛任军政委员会主席,班禅、张国华任副主席。

关于人民解放军少来西藏的问题,张经武说,人民解放军入藏只是一个军,两万人左右,驻防江孜、日喀则、阿里、林芝等边防一带,拉萨只驻五千人左右。军队粮食不要西藏人民负担,由中央从内地运给,若不足再用银元购买。

关于全部藏区统一问题,张经武指出:这一问题要由川、甘、滇、青各省藏族人民投票表决,只要他们赞成即可,但目前初获解放,一切尚未就绪,而且其他藏区解放早,工作进展快,现在还不能谈统一。关于昌都地区,经中央批准即可划归西藏,估计没有什么问题。

噶厦对张经武的答复进行了讨论。

噶厦把起草给中央的电文事宜交由阿沛办理。阿沛起草的电文中写有"巩固国防,驱逐帝国主义侵略势力出西藏"一句,有人说,这话有刺激性,反对这样写。因此,向中央发电文拥护协议事宜又拖延搁置起来。

10 月 20 日,噶厦召开由全体僧俗官员、拉萨三大寺高僧和藏军军官共 300 多人参加的会议,讨论向中央发电文拥护《协议》的问题。阿沛等五名和谈代表在会议开始后才入场, 阿沛向会议报告签订十七条协议的经过、执行代表证书精神的详细情况,并且再次表示,五名和谈代表愿以身家性命和财产保证,协议对达赖喇嘛的宏业、西藏的政教、全藏黎民的利益都是有好处的。如果大会证明协议对上述种种不利,则请惩办和谈代表不经请示、自作主张之罪。和谈代表土丹达旦补充说,按过去的规矩,凡出外办事的人员,有功者回来受奖。签订十七条协议是一件很大的事,如果是成功的,对达赖和人民都有益处,我们并不要求奖励,但如果是不利的,则可以用身家性命和财产保证。大家当着我们的面,不好批评、指责,我们可以退出会场，让大家畅所欲言。会议经过讨论，大家认为协议很好，表示拥护。于是，大会通过了呈报达赖喇嘛的如下文稿：

“签订十七条协议，对于达赖之宏业，西藏之佛法、政治、经济诸方面，大有裨益，无与伦比，理当遵照执行。”

10月24日，达赖喇嘛终于以西藏地方政府和他个人的名义，给毛主席发了拥护协议的电报，电文说：

“今年西藏地方政府特派全权代表噶伦阿沛等五人，于1951年4月抵达北京，与中央人民政府指定的全权代表进行和谈。双方代表在友好的基础上，已于1951年5月23日签订了关于和平解放西藏办法的协议。西藏地方政府及藏族僧俗人民一致拥护，并在毛主席及中央人民政府领导下，积极协助人民解放军进藏部队，巩固国防，驱逐帝国主义势力出西藏，保护祖国领土主权的统一，谨电奉闻。”

这份电文用藏文严格按照以往向上行文的惯例，写在一张上好的藏纸上，抬头处留得很宽，并绘有藏式图案。电文由彭哲译成汉文送张经武阅后，用电报发出。

两天后，即10月26日，毛主席复电达赖。电文称：

“达赖喇嘛先生：你于1951年10月24日的来电，已经收到了。我感谢你对实行和平解放西藏协议的努力，并致衷心的祝贺。”

达赖和西藏地方政府这样公开明确对《协议》表示拥护，就为协议在西藏贯彻执行创造了必不可少的条件。

也是10月26日这天，张国华军长、谭冠三政治委员率领的人民解放军进藏主力部队也从四川到达拉萨，受到西藏地方政府官员和两万多僧俗群众的热烈欢迎。随后，从青海、云南、新疆进藏的部队也各自抵达驻防所在地，将五星红旗插到了西藏各地，从而实现了和平解放西藏的伟大壮举。

这是党中央和毛主席制定的一面进军、一面和谈，使西藏经由和平达到解放的战略决策和方针的伟大胜利。在实现这一壮举的过程中，张经武可谓功勋卓著。

中央考虑西藏工作的需要，1952 年 3 月 7 日，决定张经武留藏工作，并任中共西藏工作委员会书记，他的中央赴藏代表的称谓也改为中央驻藏代表。毛主席说，张经武在西藏“不只是中央人民政府的代表，而且是中国共产党的代表”。此后，张经武又是平息西藏上层反动集团发动的武装叛乱和西藏进行伟大的民主改革，推翻统治西藏一千多年的封建农奴制度的主要组织者和领导者之一。直到 1964 年中央决定他调离西藏到中央工作，他才告别西藏。在解放西藏、建设西藏的伟大事业中，他含辛茹苦，艰苦奋斗达 15 年之久。为西藏的新生和跨世纪进步发展，为祖国的统一和各民族的团结作出了杰出贡献。

爱党爱国爱民爱教的十世班禅额尔德尼·确吉坚赞

班禅作为藏传佛教的杰出领袖，他热爱自己信仰的宗教；作为藏民族的优秀代表，他热爱自己的民族；作为伟大的爱国主义者，他热爱祖国；作为党的忠诚朋友，他热爱中国共产党。把爱教、爱民族和爱国、爱党完美地统一起来，在中国共产党的领导下，为西藏社会的跨世纪发展和进步、西藏人民建设幸福美好的生活、西藏宗教适应社会主义作出了伟大贡献，谱写了人生的光辉篇章。不愧为西藏伟大杰出的民族领袖。

达赖和班禅均是藏传佛教格鲁派创始人宗喀巴的传承弟子。宗喀巴圆寂后，达赖治理前藏，班禅治理后藏。1923年，九世班禅与十三世达赖关系恶化，九世班禅不忍十三世达赖对其歧视、刁难和压制，从西藏出走到内地，后欲返西藏，又因受达赖集团的阻挠而未能如愿，15年后的1937年，在青海玉树逝世。之后，出生于青海省循化县的贡布慈丹被认定为九世班禅的转世灵童，在时任国民政府代总统李宗仁批准后，成为了十世班禅，即班禅额尔德尼·确吉坚赞。

1949年8月26日，国民党政府专使蒙藏委员会向班禅堪布会议厅（班禅决策议事的权力机构）表示，希望可以在合适的时候接班禅及少数随行人员乘飞机前往台湾。十世班禅决定留下，同共产党合作，回到西藏，建设西藏,拒绝赴台。

1949年10月1日,中华人民共和国中央人民政府成立,班禅以班禅堪布会议厅的名义,在西宁发电报给中央人民政府主席毛泽东、中国人民解放军总司令朱德,表示拥护中华人民共和国中央人民政府。

“北京中央人民政府毛主席、中国人民解放军朱德司令钧鉴:钧座以大智大勇之略,成救国救民之业,义师所至,全国欢腾,班禅世受国恩,备荷优崇。二十余年来,为了西藏领土主权之完整,呼吁奔走,未尝稍懈。第以未获结果,良用疚心。刻下羁留青海,待命返藏。兹幸在钧座领导之下,西北已获解放,中央人民政府成立,凡有血气,同声鼓舞。今后人民之康乐可期,国家之复兴有望。西藏解放,指日可待。班禅谨代表全藏人民,向钧座致崇高无上之敬意,并矢拥护爱戴之忱。”

班禅的一生,始终高举爱国主义的旗帜,坚定地维护祖国统一和民族团结,反对分裂。

他一生多次说:“西藏只有统一在中国共产党领导下的社会主义祖国大家庭中,才有光辉灿烂的前途,才有民族的兴旺发达;西藏人民只有维护祖国统一,加强汉藏民族之间以及祖国各民族之间的大团结,坚定地走社会主义道路,才有真正幸福美满的未来。因此,我们一定要像保护自己的眼珠那样,维护祖国统一和民族团结。”

为解放西藏,1950年春始,人民解放军相继从四川、青海、新疆、云南开始向西藏进军。

1950年底,西藏噶厦地方政府违背西藏广大人民群众的意愿,派遣非法的“亲善代表团”,到美英等国乞求政治支持和军事援助,图谋阻挠西藏的解放,把西藏从祖国分裂出去。1951年1月30日,十世班禅指示他领导的堪布会议厅致电中共中央,严厉谴责噶厦政府这种分裂行径,揭露其实质是“企图勾结帝国主义，反抗中央人民政府，以实现其使西藏脱离祖国，出卖西藏的阴谋”，“破坏国家领土主权完整，违背西藏人民意志。”这是第十世班禅第一次旗帜鲜明地公开表明维护祖国统一、反对分裂的爱国主义立场和态度。

1951年春季，第十四世达赖喇嘛亲政，中央人民政府和西藏地方政府（噶厦）商定将于北京举行谈判。中央邀请十世班禅进京。听取他的愿望和建议，共谋和平解放西藏之策。四月中旬，十世班禅在前往北京途经西安时，当时任中共中央西北局第二书记、西北军区政委、西北军政委员会副主席的习仲勋，代表西北局和西北军政委员会前往机场迎接。班禅走下飞机，就紧紧地握住习仲勋的手说：“我们是专程去北京向毛主席致敬的，我们要把藏族人民对中央人民政府和毛主席的良好祝愿亲自传达给毛主席。”“要坚决拥护中央人民政府的正确领导，决心与西藏各界爱国人士一道，为西藏的解放和藏族人民的团结而努力奋斗。”

4月25日，班禅等45人到达北京。当天晚上，周恩来为其举办宴会。宴会前，十世班禅与周恩来进行了长时间的交谈。班禅回藏是中华人民共和国中央人民政府与西藏噶厦谈判的条件之一。5月1日，毛泽东在天安门城楼接见了班禅。

5月23日，中央人民政府与西藏地方政府举行了《关于和平解放西藏办法的协议》的签字仪式。次日下午，毛泽东在中南海怀仁堂与西藏地方政府和谈代表和十世班禅会面。十世班禅向毛泽东献了哈达，赠送了锦旗、金盾、长寿铜像、银曼札、藏香及其它贵重礼品。当晚，毛泽东举办了盛大宴会，班禅在宴会上发表讲话说：“多少年来没有解决的中国的民族问题——西藏问题，在毛主席领导下胜利地解决了。和平解放西藏是中国各民族大家庭的一大喜事。中华人民共和国中央人民政府、达赖和班禅三方面的团结，只有在中国共产党和中央人民政府领导下才能实现。”

在和谈期间，班禅积极向中央反映情况，并提出了许多好建议，对和谈成功作出了重要贡献。

5月28日，班禅堪布会议厅发表声明表示：“为了西藏民族的彻底解放和发展，为了巩固和发展中国人民的胜利，今后坚决拥护毛主席的领导，拥护中央人民政府和中国共产党的领导，为正确执行全部协议，为西藏民族与中国各民族的团结和西藏民族内部的团结而奋斗”。

12月19日，十世班禅一行人从青海塔尔寺启程返回西藏。习仲勋代表党中央和毛主席为其送行。

1952年4月间，当班禅返藏到达藏北重镇那曲时，西藏地方政府两个代理司伦鲁康娃和洛桑扎西等人在拉萨策动了反对和平解放西藏协议的伪人民会议事件。班禅大师甚为愤慨，致电达赖喇嘛，要求达赖喇嘛“以大智大勇之精神，大慈大悲之佛光”严肃处理这一破坏祖国统一，破坏藏族内部团结，尤其是破坏达赖喇嘛政教威信的严重事件。终于，达赖喇嘛发出布告解散了伪人民会议，并撤销了鲁康娃和洛桑扎西的代理司伦职务。

1952年4月28日，经过四个多月的艰苦跋涉，十世班禅到达拉萨。当天在布达拉宫日光殿与十四世达赖喇嘛会面。此次会面是自从九世班禅与十三世达赖喇嘛失和后，27年以来班禅与达赖第一次相聚。班禅在拉萨期间，解决了班禅堪布会议厅与噶厦地方政府的固有地位和职权问题。

1954年9月，十世班禅同达赖喇嘛一同前往北京，出席了第一届全国人民代表大会第一次会议，班禅当选为全国人民代表大会常务委员会委员，后又当选为全国政协副主席。

1955年2月23日藏历木羊年正月初一，十四世达赖和十世班禅前往中南海向毛泽东、刘少奇、周恩来等领导人拜年。24日下午，十四世达赖和十世班禅在中南海举行宴会，毛泽东、刘少奇、周恩来等领导人应邀出席。会上，班禅致辞说:“我深深地认识到只有在中国共产党和毛主席领导下和祖国温暖大家庭中，才能如此尊重少数民族的风俗习惯，才能如此关怀备至。这是毛主席伟大民族政策的光辉。”

1955 年 3 月 9 日，周恩来主持召开了第七次国务院全体会议，专门讨论西藏工作。会议通过了《国务院关于成立西藏自治区筹备委员会的决定》，决定由十四世达赖喇嘛任西藏自治区筹备委员会主任委员，十世班禅任第一副主任委员，张国华为第二副主任委员。此外，会议还通过了《国务院对西藏地方政府和班禅堪布会议厅委员会之间关于历史悬案问题的谈判达成的协议的批复》。

3 月 12 日，十世班禅结束了对内地的视察访问，要离开北京返会西藏，参与成立西藏自治区筹备委员会的工作。

当天，毛泽东到班禅的住地与班禅交谈时，毛泽东对班禅说:“每个民族都应有自己的民族领袖，西藏有达赖和班禅这样的领袖是很好的。”对此，十世班禅感到十分惊讶，毛泽东于是重复了一遍，十世班禅于是回答到:“我不是领袖，只有毛主席是各族人民的伟大领袖。”毛泽东再次回应说:“您就是领袖嘛!我看在西藏，不能只喊‘毛主席万岁!’‘朱总司令万岁!’还要喊‘达赖喇嘛万岁！班禅万岁呀呵呵！’”

1956 年 11 月，应印度政府邀请，十世班禅与达赖喇嘛一同前往印度参加释迦牟尼涅盘 2500 周年纪念活动，并在印度各地朝拜和参观访问。达赖和班禅抵达印度时，印度政府部长级的官员，带着汽车还有警卫前来迎接，为达赖和班禅各准备了一辆汽车，两辆车本身倒好像没差别，但是车头上有一辆插的是印度国旗，一辆插的是藏军的军旗，没有中国国旗，这一点就与国际惯例是完全相悖的。他们一下马，达赖就高高兴兴，笑容满面进了为他准备的那辆车。班禅大师招手叫李佐明，并说你去找我们的潘大使，就说我建议把这个雪山狮子旗拔掉，换成五星红旗，他们要是换了，我就坐这个车，他们要是不换，我就坐我们使馆的车走。这使当时印方的接待人员非常尴尬，班禅站在原地不上车，而达赖已经进车了，况且他们也不敢那么明目张胆地把达赖一个人接走，于是立即更换了旗子，班禅什么也没说，上车便离开了。

当时，周恩来总理也在印度进行国事访问，针对分裂分子的猖狂活动，以及妄图把达赖、班禅留在印度搞分裂，达赖似乎已对回藏产生动摇等的情况，周总理在印度会见达赖和班禅时，规劝达赖说："你今天的声望和地位，都是西藏和西藏人民给你的。如果你留在印度，而西藏又不可能搬到印度来，因此你就失去了西藏和西藏人民。你留在印度，也就只是一个难民，谈何西藏的政教领袖。达赖喇嘛留在印度，是既害西藏，又害你达赖本人。"班禅则表示绝不受外界影响，并强调要遵守和平解放西藏办法的《十七条协议》。

在此期间，班禅一方面严厉要求随行人员坚决与分裂分子划清界限，不做任何有损祖国统一和民族团结的事，一方面利用各种场合宣传中印两国人民的传统友谊，介绍西藏和平解放以来的进步和成就。他还旗帜鲜明地拒绝了一些人别有用心地邀他同去分裂分子集中的噶伦堡的要求。达赖为此亲自找他时，他对达赖说："我坚决不去噶伦堡，你也不要去，如果你一定要去，那就你自己去，我不会去。我就在这里给北京发电报，请中央派飞机把我接回西藏。"最后，班禅严格按照出国计划按时回到西藏。

毛主席禁不住赞扬说："这个年轻的班禅活佛了不起啊！"

经过这场斗争，十世班禅主动维护祖国统一和民族团结的思想更加明确，立场更加坚定。

1959年3月10日，拉萨发生西藏上层反动集团策划和发动的武装叛乱。17日，十四世达赖喇嘛逃出拉萨，流亡印度。

班禅在日喀则得知此消息后，当即毅然表示："我决不支持和参与达赖的叛国行动，坚决服从中央人民政府的领导。"

28日，周恩来总理下令解散西藏地方政府（即西藏噶厦），并由西藏自治区筹备委员会行使西藏地方政府职权，任命十世班禅为筹备委员会代理主任委员。

29日，班禅致电毛主席、周总理，表示支持国务院的决定，并从日喀则赶往拉萨，行使代理主任委员职权。同时，他又复电西藏工委和军区，说"我已指示堪厅，现在更应继续和分工委、解放军加强团结，密切合作，做好准备，确保日喀则市的安全，共同粉碎和镇压叛乱。"

4月8日，班禅大师主持筹委会，号召平息叛乱。4月22日，筹委会召开第四次会议，班禅大师在总结报告中高度评价平叛、改革的重大意义，指出：1959年是"西藏人民取得决定性胜利的一年"。

同年4月14日，十世班禅率领西藏代表团抵达北京，准备参加第二届全国人大第一次会议。当晚，周恩来在中南海为其举行宴会。15日，毛泽东召集第十六次扩大的最高国务会议，重点谈论西藏问题。

十世班禅大师出席会议并在人大全体会议上作了长篇发言，阐述了"西藏在平息叛乱和改革中取得的伟大胜利，严厉谴责一小撮反动分子背叛祖国、妄图阻挡西藏社会进步的罪行。同时，真诚希望达赖喇嘛回到祖国怀抱，共同建设新西藏"。

1960年9月，班禅前往北京参加建国十周年庆典，在欢迎会上，强烈谴责美国操纵联合国大会把西藏问题列入联大议程。

1987年至1988年，西藏少数分裂分子与境外分裂势力勾结，在拉萨制造了多起骚乱事件。第十世班禅多次发表讲话，坚决谴责这种分裂祖国、破坏西藏人民根本利益的行径，严正声明："我维护祖国统一的立场是坚定不移的，对于分裂祖国的行径，我过去反对，现在反对，将来也反对，我愿为维护祖国统一的伟大事业做出最大的牺牲。"

1989 年，班禅率领代表团前往澳大利亚、新西兰、尼泊尔及南美玻利维亚数国进行访问。出国访问期间，班禅曾收到来信劝其趁出国访问的机会到所谓自由国家避难，班禅对此回答说："我和达赖喇嘛是教友，我尊重他，但我们走的路不一样。"

1980 年，邓小平在自己家中会见了班禅，赞扬他说："你是我们国家一个最好的爱国者"，"是爱国的，是维护国家统一的。"这是党和国家对他一生爱国主义业绩的高度评价。班禅激动得热泪盈眶。邓小平望着班禅激动的面容，进一步肯定道："是的，你同达赖不同，你是爱国的，维护国家统一的，而达赖是搞分裂的。"

班禅是一个伟大的爱国者，也是坚定地拥护、支持和践行西藏民主改革，包括宗教改革的典范。

1955 年 3 月 9 日，国务院第七次全体会议通过了《关于成立西藏自治区筹备委员会的决定》，这时，西藏反动组织"人民会议"头子跳出来反对成立自治区筹委会，反对进行民主改革。班禅多次召开会议，予以驳斥。他明确指出：我们要把'庄严国土、利乐有情'和'普渡众生'的教义同爱国主义、为人民服务的宗旨结合起来，探索宗教如何与社会主义相适应的经验。"

1956 年 4 月 22 日，西藏自治区筹备委员会的成立大会上，班禅就积极主张民主改革，还提出要在自己家族的春堆庄园首先进行试点，为"如何解放农奴和奴隶"摸索经验，后来毛主席和党中央考虑到西藏进行民主改革的条件尚不成熟，提出了六年不改的方针，班禅听从了中央的意见，未搞试点。

1959年西藏平息叛乱时，中央提出和制定了一边平叛，一边改革，先叛先改，后叛后改，不叛缓改的方针，对西藏的社会发展具有最伟大历史意义的推翻统治西藏上千年的封建农奴制度的民主改革，在辽阔的西藏高原分期分批地展开。

班禅于这年四月在出席全国两会时发表声明："我们西藏永远是中国的西藏，走民主和社会主义的道路，这是我们西藏人民繁荣幸福的唯一的康庄大道。西藏的旧制度，残酷地压迫着广大的劳动人民，如果不改革，西藏地区贫困落后的面貌就不可能改变。西藏人民早已积极要求改革，很大一部分上层人士为了西藏的发展前途，也赞成进行改革。西藏自治区筹备委员会应该通过同各阶层爱国人士的协商，逐步实现改革的任务，努力建设民主的进步的新西藏。"

这年6月28日，班禅主持召开西藏自治区筹备委员会第一次全体会议，讨论了边平叛边改革等有关实行民主改革的具体政策和措施，通过了《关于西藏进行民主改革的决定》，并开始在西藏各地贯彻、实施。

西藏是一个几乎全民信奉佛教的地区，宗教影响极其深远，有人甚至说，西藏的空气都有浓重的宗教味。西藏寺庙的封建特权诸多，寺庙内部等级森严，寺庙庄园对农奴的剥削压迫严重。因此，班禅为使他所热爱的藏传佛教适应西藏社会的发展进步、适应社会主义社会，在民主改革中和民主改革以后，都十分重视宗教改革，并为此作了极大努力。

首先，在民主改革中，班禅响亮地提出了"宪法进寺庙"的主张。这一主张受到广大僧俗群众的支持，得到中央的采纳，成为指导西藏寺庙实行民主改革、废除寺庙封建特权的总方针。

随后，班禅又提出了寺庙放弃剥削、执行政府法令、僧人参与劳动生产、赡养老弱僧徒和实行民主管理的五条寺庙改革主张和办法。

他同时多次强调，寺庙不在多，而在于真正能够满足信教群众宗教生活的需要，成为弘扬佛法、弃恶扬善的场所；僧尼不在多，而在于素质高，真正能够把释迦牟尼的精神继承下来，发扬光大。

班禅非常重视僧人教育，积极主张培养一批爱国守法、拥护共产党领导和社会主义制度、宗教上有一定造诣的佛教高僧。他和时任中国佛教协会会长的赵朴初一起创办了中国藏语系高级佛学院，并担任院长。

1982 年，离开西藏 18 年之久的十世班禅回到西藏，受到了数千藏人的欢迎。供奉献物和布施者也甚多……自此，他出席任何仪式，都要声明不收信众的钱财和布施。

他说，这些原本只是送给活佛举行象征意义的见面礼，但是由于有人把它误认为是祈福赎罪的代价，并认为奉献越多就越虔诚，导致了一些僧俗群众在布施方面耗费巨大，且加重僧俗群众的负担，应该予以改革。

他还说："这种对奉献的误解行为已久，积累成习，需要由宗教界自己去改革，看来需要我带个头，从教义的角度向信教群众讲清道理，劝导他们逐步改变这种习惯"。

1985 年冬至 1987 秋，班禅为进一步推动藏传佛教走上与社会主义社会相适应的道路，还提出和亲自主持在扎什伦布寺进行的社会主义条件下完善寺庙民主管理办法的试点，从教义的阐释到教规教法、修习辩经、寺庙管理、以寺养寺等方面都进行了有益尝试，并取得了重要经验。

在改革开放期间，班禅又是改革开放的积极拥护者、支持者和践行者。

1985 年，班禅和彭冲副委员长一起率领全国人大代表团赴澳大利亚和新西兰等国作国事访问，回国后又到西藏视察，感慨很多。1986 年的全国人代会期间，班禅在北京举行记者招待会，回答港澳记者的提问。他在会上说，西藏经过民主改革发生了翻天覆地的历史巨变，改革开放以来，又发生了很大的变化，特别是西藏已开始从封闭的状态走向开放，这也是在西藏历史上有重大意义的变化。他说，我走了不少地方，接触了不少各方面的人士，参加了不少会议，都看到了这种变化。这说明西藏要发展，必须进一步开放。他举西藏旅游业为例说，我们可利用西藏独一无二的地理自然风光，发展旅游事业。旅游者从世界各地一来，就会给西藏带来世界各地的信息，这就会促进西藏的经济发展。

班禅在平反后至逝世期间，先后七次到西藏视察工作，足迹遍及西藏大部分地区，始终为西藏经济的繁荣和社会的发展操劳。1989 年 1 月，他到西藏的主要任务虽然是主持五世至九世班禅灵塔的开光典礼佛事活动，但他仍时时惦念着西藏的建设事业，认为西藏应趁改革开放的好时机，加快经济增长速度。他对西藏各地和其他省藏区前来参加开光大典的干部们说，要坚定不移地支持改革开放，不能后退，不改革开放就没有出路。他说，藏族有 400 多万人口，居住地区面积 200 多万平方公里，资源比较丰富，这是一种优势。我们要加快改革开放力度，充分发挥这一优势。我们不要老打着少数民族的旗号向中央要钱，不能等待中央和全国人民的援助，应该自己学会“造血”，逐步减轻国家的负担。我们藏民族是勤劳勇敢的民族，应该树立自信、自重、自尊、自强的精神，振兴我们民族的经济。我们要调动各方面的积极性，各寺庙、僧众都要为西藏的经济发展出力。

1 月 25 日，班禅还专门向日喀则地区领导要来日喀则地区办水电站、大面积改造当地干旱地区的面目、进行开垦造田的规划图，这是他上次来视察时叮嘱日喀则地委领导做的计划，他准备采取由国家投点资、引进一部分国外资金、日喀则地方包括他的主寺扎什伦布寺集一部分资金的办法来实现这一造福人民的宏伟计划，并准备在第二天同日喀则的有关领导一起研究落实这份蓝图的相关措施。不幸的是，他因操劳过度，心脏病复发，竟与世长辞。而那份规划图依然留在他的案头。

1980年5月，时任中共中央总书记的胡耀邦和国务院副总理万里到西藏考察工作，根据中央第一次西藏工作会议精神，提出了减轻群众负担，全面放宽政策，加快发展西藏经济，让群众更快富裕起来的方针，班禅很高兴，对此表示拥护和赞赏。

班禅还时刻关心着西藏民族文化的传承和发展。

1987年4月，班禅和阿沛·阿旺晋美在西藏一些地方调查群众的生产生活情况时，有些干部和群众向他们反映了一些地方在学习和使用藏语文方面存在的问题。他俩立即根据我国《中华人民共和国民族区域自治法》的规定，起草了《西藏自治区学习、使用和发展藏语文的若干规定》，共16条，于1987年提交西藏自治区4届人大5次会议审议。会议顺利通过了这一规定，在全区颁布施行。接着，西藏各级政府又成立了藏语文机构。1988年成立的西藏自治区藏语文工作指导委员会(现更名为西藏自治区藏语文工作委员会)，是西藏历史上第一个由政府设立的藏语文管理机构，阿沛和班禅担任顾问，首任主任由时任中共西藏自治区党委书记的伍精华同志出任。

这样，西藏就将学习、使用和发展藏民族语言文字工作纳入了法制化轨道，藏语言在工作、教育、生活中得到广泛的使用。现在已经发展到信息化阶段。目前，藏语文是中国第一个完成了藏文国际编码的少数民族语言文字，已开发出五六种藏文电脑软件。藏语文踏上了信息化高速公路。

班禅是中国共产党的忠诚朋友。他的一生能始终维护祖国统一、民族团结，坚定地拥护、支持和践行民主改革与改革开放，源于他感恩中国共产党、热爱中国共产党、认定只有在中国共产党领导下，西藏才能繁荣富强，西藏人民才能过上幸福美好的生活，也来自于中国共产党的老一辈领导人对他的关怀、理解、爱护及言传身教。

1951年12月15日，班禅大师自青海西宁返藏前夕，习仲勋受中央委托，代表毛主席、中央人民政府和西北军政委员会，专程赴西宁为他送行。班禅及其堪厅派了喇嘛仪仗队欢迎习仲勋。在各族各界1000多人的欢迎大会上，班禅发表讲话说：“如果没有中国共产党和毛主席的正确领导，与中国各兄弟民族的热忱帮助，西藏和平解放是根本不可能的，我们返回西藏亦是不可能的。因此，我们说中国共产党和毛主席是西藏人民的大救星，是我们的大恩人。我们只有跟着共产党和毛主席走，只有同祖国各兄弟民族紧密地团结起来，我们藏民族才能得到彻底的解放，别的道路是没有的。”

1982年，他在西藏拉萨干部大会上作了一次长篇报告，系统地叙述了西藏和祖国关系的历史，雄辩地得出结论说：“西藏成为伟大祖国不可分割的一部分，是长期历史发展的必然结果，是无法否认的历史事实。现实来说，西藏和平解放后的三十年的发展和进步，超过了历史上的几百年或上千年，这又是一个不可否认的事实。历史和现实告诉我们，西藏只有在中国共产党领导下的社会主义祖国大家庭中，才有光辉灿烂的前途，才有民族的兴旺发达；西藏人民只有维护祖国的统一，加强汉藏民族之间以及祖国各民族之间的大团结，在中国共产党的领导卜，坚定地走社会主义道路，才有真正幸福美满的未来。”

在1979年7月全国政协五届二次会议上，班禅被增选为副主席，接着又在全国人大五届三次会议上补选为副委员长，从此重新走上了国家领导人的岗位。有人问他对“左”的偏差给他精神上带来的巨大伤害有何感想，他说：“与有些老一辈革命家们在文革中所受到的迫害相比，我这点委屈算得了什么呢?况且这一切已经成为过去了,党中央已经给我彻底平反,使我在政治上获得了第二次生命,重新得到了为祖国、为藏族人民和全国各族人民服务的机会,我现在更加热爱党了,要更加努力做好工作。”

习仲勋是班禅的良师益友。1951 年 12 月班禅在北京参加西藏和平解放的谈判后从青海返藏时,习仲勋就抓紧时间和班禅进行了深入而友好的交谈。习仲勋说:你回西藏后不要急,要照顾全局,首先要做好藏族内部的团结,这样西藏各方面的工作才有希望。习仲勋还根据中央的精神,向我党派去陪同班禅进藏的负责同志交代了两条:一是西藏的一切工作都要贯彻慎重稳进的方针,条件不成熟的事不要办,上层爱国人士和领袖人物不同意的事不要办。二是西藏工作要以反帝爱国统一战线为主。分别之际,班禅很动感情,他紧握着习仲勋的手说:“习书记,我一定不辜负党中央、毛主席和西北局的重托,不辜负全国人民的期望,努力做好民族团结工作……”

习仲勋对班禅一直是坦诚相待,以心换心。他常对班禅说:“为了党和人民的事业,为了国家的统一和团结,我们俩个人什么话都可以说,我有错误你批评,你有错误我批评,实事求是。”

班禅对此深有感触,多次对身边工作人员说:“仲勋同志对我的关怀和教育真是无微不至,每次听到他的谈话,都使我对问题的认识又提高一步。他真是我的师长,又是我诚挚的朋友。”

为此班禅形成了一种习惯,每次外出,他都要登门向习仲勋告别,每次回来,都要登门同习仲勋谈心,不同意见,互相可以争论,或保留意见。

“文革”期间,五世至九世班禅灵塔遭到严重破坏,无法一一恢复。1982 年,十世班禅请示中央修一座合葬灵塔祀殿,中央很快予以批准。该塔由十世班禅亲自主持修建。灵塔建成后,班禅决定于 1999 年 1 月 9 日离京去西藏日喀则主持和参加灵塔开光典礼。

班禅选定1月9日离京，是经过认真考虑的。1月8日，是敬爱的周总理逝世13周年祭日，他要去天安门悼念周总理。

这天清晨，班禅焚香沐浴，上午10时整，他来到天安门广场的人民英雄纪念碑前，缓步登上台阶，怀着崇敬的心情，将一个用鲜花制作的花圈庄重地放在纪念碑的南侧。

班禅临行之前，专程到习仲勋家辞行。习仲勋看他胖得走路都不方便，提醒他说，你可不能太胖了，太胖对心脏不好。班禅笑着说，习书记，我这是专门养的老佛爷形象，藏族僧众看到我瘦了不好。习仲勋说，你老佛爷形象也得符合医疗保健啊。习仲勋还告诫班禅："这个季节西藏缺氧严重，你要注意自己的身体，不要性急，要劳逸结合。"班禅说："开光典礼办完，便遂了我最大的心愿，死了也瞑目。"习仲勋手挽着班禅的手调侃说："佛不要你走，马克思也不要你走。"

班禅到达拉萨的第二天，就去参拜大昭寺。14日，又驱车300公里赶到日喀则。22日，他主持了五个小时的开光典礼。接着他还召开一系列的座谈会，并不顾连日劳累，为数万名信徒摸顶祝福。

这一天，班禅大师心情特别激动，发表了长篇讲话，他说："班禅东陵札什南捷这座宏伟壮观的灵塔祀殿，是中国共产党民族宗教政策正确性和真实性的象征，是汉藏两族人民团结的象征，是西藏宗教界和广大僧俗人民爱国主义的象征，是藏汉两族人民共同劳动的结晶。

班禅欣慰地说："灵塔的建成，完成了我一桩最大的心愿。"

1月28日凌晨4时许，班禅大师感到身体不适，胸口疼痛，找医务人员服药后躺下，小睡了一会儿。6点30分醒来后，医生为他作心电图检查，服药后又躺下。

中央得知班禅大师患病，非常关心。据说，中央当时正在召开纪委工作会议，主持会议的领导宣布休会，紧急召集中央政治局常委、书记处书记胡启立、中央政治局委员、书记处书记习仲勋、中央书记处书记、中央统战部部长阎明复、中央办公厅主任温家宝等人商议，决定派温家宝率专家小组立即赴日喀则抢救。医疗小组乘专机到贡嘎机场，再换乘直升飞机，于当天下午到达日喀则。无奈，经多方抢救无效，班禅大师最终于当日早晨八点三十分逝世。享年51岁。

2月3日，拉萨召开了有一千多人参加的班禅额尔德尼·确吉坚赞的追悼会。会场摆放着中共中央、全国人大常委会、国务院、全国政协和杨向昆、万里等党和国家领导人送的花圈。全国政协副主席帕巴拉·格列朗杰主持追悼会。中共西藏自治区党委书记胡锦涛致悼词。

悼词说："班禅副委员长的逝世，使我们国家失去了一位伟大的爱国主义者和国务活动家，使我们党失去了一位忠诚的朋友，使藏族人民失去了一位杰出的爱国宗教领袖。这是党和国家的重大损失，是包括藏族人民在内的全国各族人民的重大损失。"

悼词说："西藏全区各族各界人士，要化悲痛为力量，继承班禅大师的遗志，学习和发扬他的功德和爱国精神，更加自觉地维护祖国统一和民族团结，坚决反对任何形式的分裂和倒退行为，为建设团结、富强、文明的社会主义新西藏努力奋斗！"

班禅逝世，习仲勋著文《深切怀念中国共产党的忠诚朋友班禅大师》，发表在1989年2月20日的《人民日报》上。在文章中，他深情地回忆了班禅一生将爱党爱国爱民爱教统一为一体，为国家、人民和西藏社会的发展进步作出的伟大贡献，以及他和班禅在长期共同的战斗中建立起来的深厚友情。

他在文章中说："班禅大师溘然长逝，中国共产党失去了一位忠诚朋友，我失去了一位合作共事40个春秋的知心朋友，悲恸万分。”

班禅爱党爱国爱民爱教的事迹激励人心，享誉中华大地。

班禅逝世后，著名藏族工艺美术大师桑杰本率60多名艺术工作者，历时五载，绘制完成了《一代宗师十世班禅》巨幅唐卡。

这幅1.8米高、56米长的巨幅唐卡，以班禅为中心，绘就了2500多个人物形象。

这一巨幅唐卡在博鳌亚洲论坛展出时，众多的国内佛教界著名人士、宗教管理部门的领导和来自马来西亚、柬埔寨、菲律宾、缅甸、越南、新加坡等各国的嘉宾出席了开幕式。

这幅唐卡让人们在接受艺术熏陶的同时，领略了光辉灿烂、博大精深的中华文化，泱泱中华的锦绣河山。强化了“中华民族一家亲，同心共筑中国梦”的伟大共识。

人们称:“这幅唐卡是伟大的爱国主义和民族团结的颂歌！”

伟大的爱国主义者阿沛·阿旺晋美

享年100岁的我国国家领导人阿沛·阿旺晋美，是一部人生的大书。新华社在他于2009年12月23日逝世时发表的讣告称：阿沛·阿旺晋美是“伟大的爱国主义者，藏族人民的优秀儿子，中国民族工作的杰出领导人，中国共产党的亲密朋友”。党和国家为他举行了隆重的追悼会，当时的党和国家领导人全部出席了追悼会。

阿沛一生尊重历史，始终维护祖国统一。他一直强调，在公元1300多年前，西藏就已统一于中国，藏民族就已成为中华民族的一员，我们应该尊重这一历史，何谈西藏独立？同时，阿沛也看到西藏只有回到新中国各民族大家庭中，才能富强，人民才能过上幸福的生活。他曾不止一次地对别人说，西藏广大农奴过着如牲口一样的生活，他们的生命也毫无保障，造成西藏人口年复一年地大量减少。长此下去，农奴死光了，贵族靠谁养活，不也得死嘛！广大农奴如何才能像人一样活着，藏民族如何才能免于灭绝，自己感到迷茫。共产党领导人民打败了蒋介石，建立了中华人民共和国，我看到了西藏振兴的希望。他倾其一生顺应历史潮流，努力奋斗，为祖国和西藏人民做出了杰出贡献，也收获了自己辉煌的人生。

冲破重重阻力 代表西藏地方政府签订和平协议

1949年新中国成立不久，毛主席就考虑解放西藏的事情了。西藏必须解放，这是中央坚定不移的既定方针，势在必行，毛主席考虑最多的是用什么方式解放西藏，才对国家、特别是对藏族人民最有利。考虑的结果，毛主席和党中央确定采取和平解放西藏的方针。这是具有重大意义的历史性决策。

1950年初，中央人民政府在命令人民解放军进军西藏的同时，通知西藏地方政府派代表到北京同中央人民政府谈判有关和平解放西藏的事宜。

也是在1950年年初，西藏摄政达札和噶厦任命阿沛为增额噶伦兼任昌都总管，接替任期已满的前任总管，主持昌都地区的文武事务。阿沛在赴任前，向噶厦和摄政写了报告，请求准许他到昌都后不接任总管职务，而是"一路东去，溯水寻源，找解放军谈判"。但是这个请求没有被批准，阿沛只好去昌都接任总管一职。

在去昌都的途中，阿沛耳闻目睹了由于扩军备战，动员民兵上前线，极大地加重了老百姓的负担，许多地方的老百姓已经断粮，生活苦不堪言。到达昌都后，阿沛立即向噶厦写报告申诉百姓的苦难，提请停止扩军备战。在没有得到批准前，他就下令遣散了已被派往金沙江一线布防的8000多名民兵，要他们各自回家种地养畜，恢复生产。10月中旬，解放军被迫发动昌都战役，击溃金沙江西岸一线的藏军，向昌都镇挺进。此时，阿沛率总管府主要官员离开昌都镇西行，在距昌都一日行程的朱贡寺住下来，等待解放军前来接收。同时他派出官员分三路去寻找解放军接头谈判。解放军到达朱贡寺后，他积极协助解放军遣散了从前线溃退下来的藏军全部士兵。

但是，当时西藏地方政府掌握在以摄政达札为核心的少数分裂主义分子手里。他们在帝国主义分子直接策划指使下，蓄意要搞“西藏独立”，并为此连续召开官员大会，讨论谋求“独立”的两大问题：一个是扩军备战，武装阻止人民解放军进藏；另一个是要向美国、英国、印度、尼泊尔派出所谓的“亲善代表团”，向这些国家宣布所谓的“西藏独立”，乞求这些国家给予“政治支持和军事援助”。

迫于权势压力，又不了解中央政府的政策，加之个别分裂主义分子带头误导、煽动，当时的与会官员们几乎众口一词，对两大问题均表示赞同。按照旧例，阿沛以孜本身份作为会议的主持人之一，不能发表自己的意见，但是他认定如果会议通过上述方案，付诸实行，必将给西藏带来灾难性后果。于是他声明抛开旧例，提出了两点意见：一，大家都知道西藏自古是中国的一部分，公元1300多年前，西藏即已统一于中国，藏民族已成为中华民族大家庭的一员。这是历史事实，我们应该尊重历史。西藏问题只能由中央政府解决。因此，应派一个代表团去北京，同中央政府商谈。二，同解放军只能谈判不能打仗。国民党号称有八百万军队，还有美国帮助，同解放军打的结果是彻底失败，最后跑到台湾去了。我们西藏男女老少齐出动，也只有一百万，既没有经过训练，更没有武器，怎么能打赢呢？打的结果只能带来不堪设想的灾难。

阿沛是第一位站出来表示不同意见的，那些原来随声附和分裂分子的人，或者有异议而不敢发言的人，听了他的话立即活跃起来，说阿沛的意见有道理，应该把他的意见同原来的两个方案一起，作为会议通过的共同意见上报噶厦和摄政最后决定。会议情况很快传到社会上，引起强烈反响，大家普遍认为阿沛不顾个人安危提出意见，完全是为西藏着想。

昌都解放后，回到昌都的阿沛·阿旺晋美受到了解放军的热情欢迎和优待。经阿沛与解放军十八军前线指挥所王其梅将军商谈，达成了解放军暂停西进，争取同西藏地方政府进行和平谈判的临时协议。阿沛同在昌都的西藏地方政府官员 40 人联名签署报告，以亲身经历和对共产党解放西藏的方针政策的理解，说明解放军进军西藏是为了保卫国防，帮助西藏发展、建设，敦请西藏地方政府指派代表同中央人民政府进行和平谈判。阿沛派人将这个报告送往拉萨，过了大约一个多月，噶厦派土登列门和桑颇·丹增顿珠两个官员来到昌都，给阿沛带来一封信和作为和平谈判的五点条件，指定阿沛为进行和谈的主要代表，他们两人是其助手。他们带来的五点条件的重点是，不承认西藏是中国的一部分，不同意人民解放军进入西藏，并要求将已进入西藏辖区包括昌都和阿里地区的解放军全部撤离，要阿沛依据这些条件进行谈判。阿沛复信提出，按照五项条件，特别是不承认西藏是中国的一部分，不同意解放军进入西藏，这就根本没有谈判的基础，无法完成谈判任务。要谈判，就必须首先明确承认西藏是中国的一部分，并同意人民解放军进藏。这个报告送出后，过了一段时间，阿沛接到噶厦的通知说，经达赖喇嘛批准，西藏地方政府派和谈代表到北京同中央人民政府谈判，指定阿沛为首席全权代表，其他四位全权代表是凯墨·索安旺堆、土丹达旦、土登列门、桑颇·丹增顿珠。他们都是作为阿沛的助手。凯墨·索安旺堆和土丹达旦从亚东出发，经印度、香港去北京；阿沛和已在昌都的另两位代表土登列门和桑颇·丹增顿珠，尽快从昌都出发赶去北京。至于谈判的条件，将由凯墨等人带去给阿沛的内部指示，到北京交给阿沛，由阿沛视谈判进展情况，审时度势，灵活办理。1951 年 3 月下旬，阿沛同另两位代表做了必要的准备和安排后，在十八军民运部长平措旺杰和联络部长乐于泓的陪同下，从昌都出发前往北京。阿沛出发前，又给达赖喇嘛写报告，要求明确承认西藏是中国领土，同意人民解放军进藏，谈判才能成功。

这时,一些亲帝国主义分子便将达赖挟持到边境亚东,妄图伺机将他带到国外。

阿沛一行于1951年4月16日从成都乘飞机到达重庆。中共中央西南局书记、西南军区政委邓小平很快接见了他们,并与其作了长时间谈话。

邓小平说,西藏问题是关系国家领土主权完整统一的重大原则问题,必须解决,这是不能讨论的。而如何解决,是可以、也能够讨论、商量的。他觉得有两种方式,一是用政治方式,就是和平谈判,找出大家可以接受的合理方法;二是用军事方式,就是打仗,解放军被迫打进去。中央人民政府是主张通过和平谈判来解决问题,早就宣布了和平解放西藏的方针,就是真心希望和平解决问题。能不能实现和平解放,不取决于中央的态度,而是取决于西藏方面是不是采取积极态度、响应中央的主张。

接着,小平同志诚恳地讲,在昌都打了一仗,人民解放军是迫不得已。打还是为了和平解决问题,这是有事实证明的。早在1950年5月,我们西南局就根据中央指示精神,拟定一个十条,叫做十项政策,也是准备同西藏方面谈判的十项条件。这是在昌都战役以前几个月的事了。去年11月又出了布告,公开宣传,并命令要进军西藏的部队严格执行这个十条。这就足以证明中央主张和平解决西藏问题是真心诚意。可是西藏方面有人硬要用武力较量,人民解放军只好奉陪。较量的结果藏军失败了,西藏人民受了损失。不过,人民解放军虽然打赢了,但我们还是要争取实现和平解放。

接着,他话题一转带着欣慰的表情说,现在西藏方面终于接受了和平谈判的方式,派你们来谈判,这很好。你们的责任很重,希望你们采取积极态度,从实际出发,搞好谈判,为谈判成功做出贡献。要看到和平解放是一条光明的道路,这对广大西藏人民,对上层人士都是有好处的。我们知道西藏的广大人民群众是很贫苦的,他们是不赞成打仗的,也经受不起战争的破坏。就是上层人士也不是都主张要打仗,听说你阿沛就不主张打仗,主张和平谈判,并为此做了许多努力,这很好,是明智的,是会得到人民拥护的,应当把这种立场坚持下去。这样做,对国家,对西藏人民,对个人都是有利的。

1951年4月22日,阿沛和另外两位西藏代表到达北京,朱德副主席、周恩来总理亲自到火车站迎接。4月28日晚上,周恩来总理、李济深副主席、陈云和黄炎培副总理等宴请西藏和谈代表。5月1日,阿沛·阿旺晋美被邀请参加五一国际劳动节庆祝活动。毛泽东主席在天安门城楼上接见了他,亲切地说:“欢迎你们到北京来。我们是一家人,家里的事情大家商量着办,就能办好。祝你们谈判顺利!祝你们在北京生活得愉快。”毛主席的接见对消除分歧、取得共识、谈判成功起到了关键性的作用。

从4月29日起,以阿沛为首席的西藏地方政府全权代表五人,同以李维汉为首席的中央人民政府全权代表四人就和平解放西藏事宜进行谈判。在具体谈判过程中,虽然在个别问题上发生过比较激烈的争论,但总体上始终是充分民主、友好交谈、反复协商的氛围。最后双方代表在各项问题上完全达成了一致意见,于1951年5月23日签订了《中央人民政府和西藏地方政府关于和平解放西藏办法的协议》(简称《十七条协议》)。

《十七条协议》签订后,毛泽东主席5月24日晚举行宴会,隆重热烈地祝贺谈判圆满成功。宴会前,毛主席亲切接见西藏地方政府全体谈判代表,发表了简短而深刻、亲切而严肃的谈话。他说,你们办了一件大好事,签订了一个好文件。写在文件上的好事,不等于实际的好事。要变成实际的好事,还需要做很大的努力,需要有耐心,需要说服更多的人和你们一起努力。

阿沛日后回忆说,记得那天,我们五个谈判代表和工作人员到中南海时，毛主席已经在住处门前等我们了，他和我们热情握手，把我们让到房里，同我们一起合影，并亲切地说："你们一路风尘，辛苦了！"我们说："来北京的路上我们受到各地负责人的热情欢迎和照顾，路过重庆时，邓小平等西南军政委员会领导接见了我们，转达了毛主席对西藏人民的关怀和问候。一到北京，周总理代表毛主席亲自到车站迎接，这使我们深受感动。"毛主席笑着说："为了祖国的团结统一，你们跋山涉水，不远万里来到祖国的首都北京，你们是应当受到欢迎的。"接着，毛主席又通过翻译一一询问我们每个人的名字、年龄、在地方政府中的职务，问我们从西藏高原来到北京以后身体适应不适应，生活习惯不习惯。由于我们是初次同毛主席交谈，有些紧张，毛主席一问话，就起立回答，毛主席看到这情景，连忙让我们坐下，还请我们吃糖、喝茶、抽烟。主席这样平易近人，大家的紧张情绪就逐渐消除了。

毛主席非常熟悉西藏的情况，对藏族人民的评价很高。他在和我们的交谈中说，藏族是勤劳勇敢的民族，有悠久的历史和文化，是我们祖国大家庭的重要成员。毛主席又说："我们共产党不仅要帮助所有少数民族发展政治、经济和文化事业，还要发展少数民族的人口。这是我们共产党的责任。对藏族人民也是这样，你们不用担心自己的民族会衰败。"

以身家生命财产担保　努力贯彻执行《十七条协议》

阿沛·阿旺晋美同进藏解放军主力部队十八军军长张国华将军一道，带着《十七条协议》正式文本，从北京返回西藏途经重庆时，邓小平又一次会见了他。在祝贺谈判成功的同时，邓小平明确指出，今后贯彻执行《十七条协议》，落实各项条文，还会遇到许多阻力和困难，要有耐心，有些事情要慢慢来，不能急于求成。

阿沛是由张国华陪同返藏的。离开北京时，他对张国华说："无论西藏发生了什么变化，即使达赖喇嘛真的出走了，协议既已签字，就必须贯彻执行，我义不容辞地要担负起执行协议的责任，这是历史赋予我的重大使命。贯彻执行协议，我是铁了心的。"

阿沛同张国华等到达昌都时，进藏部队的先遣支队已经组成，阿沛又随王其梅率领的先遣支队向西藏进发。当时阿沛心情十分焦急，总希望部队走快些，再快些，早一天到达拉萨。他说："我担心达赖喇嘛会被唆使逃出西藏，如果出现这种情况，大量的贵族、官员会跟着逃走，那时拉萨成了一座空城，如果部队不能很快赶到那里，就会发生难以想象的混乱局面，局势会陡然而下，社会将出现动荡不安，甚至还可能发生骚乱。因此我把部队能否快些到达拉萨看得持别重要。"他并说："如果部队不能按时赶到，拉萨的贵族官员外逃不说，地面上再出点事，不仅不能执行协议，连个落脚处也没有。总之，协议是我签订的，我就必须负责实现，我有多大力量，都要全部使出来。"

一路上，部队的补给问题非常突出。阿沛的豁卡在部队进藏路上的工布江达。部队快到离工布江达还有四天路程的嘉黎时，阿沛对王其梅说，到了工布江达，粮食不成问题。部队到工布江达直至拉萨的粮食供应，完全由他负责。并当即打发人先去工布江达，交代其到工布江达后，尽量多运些面粉到嘉黎接济部队。赶巧，部队到达嘉黎就真的断了粮，此时，从工布江达运来的四五十驮面粉，解决了部队断粮的燃眉之急。部队到达工布江达后，阿沛又说，我家里有的是粮食，部队只要能带得动，走时就尽量多带些。

一路上，阿沛提前派人通知沿途各地为部队准备柴草。部队进入荒凉贫穷的地区时，阿沛担心派去的人准备不好，影响部队行程，自己就亲自提前出发准备。有时柴草准备好了两三天，王其梅才率部队赶到。部队指战员们无不为之感动。

9月9日，王其梅率领的进藏部队先遣支队跋涉千山万水，胜利到达拉萨，受到拉萨僧俗群众一万多人的热烈欢迎。

随后两天，阿沛·阿旺晋美也返抵拉萨，欢迎群众也达一万多人。

解放军先头部队的到来，西藏和谈全权首席代表、坚定的爱国进步人士阿沛的归来，使已到拉萨一个多月，经香港绕道印度到亚东再到拉萨的中央人民政府赴西藏代表张经武倍感欣慰，心情也轻松了些。他们紧密配合，将围绕贯彻执行《十七条协议》的上层统一战线工作更全面和更有成效地开展了起来。

此时，西藏方面的情况是，虽然在中央的政策感召和张经武的多方努力下，达赖已返回拉萨，但《十七条协议》已经签订三个多月了，由于亲帝分裂势力的阻挠，达赖喇嘛和西藏地方政府一直未对其表态。他们声称，需等阿沛带回协议正本，并向达赖和西藏地方政府报告协议签订情况后，再经讨论才能表态。

阿沛回到拉萨后，张经武、乐于泓（张经武助手、十八军联络部长随张经武进藏）立即与阿沛商谈了全面开展上层统战工作问题，其中包括：庆祝国庆节问题、张经武代表毛主席给达赖喇嘛赠送礼品问题、西藏地方政府在国庆节前致电中央表示拥护《十七条协议》问题、班禅返回西藏问题、为张国华和谭冠三率领的进藏主力部队到来准备住房和解决粮食的问题。

阿沛说，等他到噶厦办公室和噶伦碰头后，再向噶厦提出这些问题。

达赖回到拉萨后，张经武当即和多次派人同噶厦交涉他代表毛主席给达赖赠送礼品事宜，但一多月过去了，噶厦均未置如何进行，直到阿沛回到拉萨后的9月26日，张经武才收到噶厦关于赠送礼品仪式的正式书面通知书。

11 月 9 日，虽刚进入初冬，拉萨四周山顶也已白雪皑皑，但市区仍然还是一片秋色，杨柳绿叶未落，阳光下更是暖意融融。这天晚上，为庆祝西藏和平解放，阿沛和夫人阿沛·才旦卓嘎举行家宴，宴请中央代表张经武和进藏解放军部分干部。

刚到门口，客人们就受到阿沛夫妇携其子女的热情欢迎。阿沛夫妇同大家紧紧握手，热情之至。客人进入会客厅，依次在几排图案鲜艳的卡垫上就座，喝着清茶和酥油茶，吃着糖果、点心，像一家人一样毫无拘束，与阿沛一家有说有笑地交谈起来。阿沛夫妇关心地问候张代表的身体情况，问候大家到西藏后是否适应这里的气候和生活，大家向阿沛夫妇致意，畅谈到西藏后的种种观感。

席间，大家频频举，相互祝贺，为西藏和平解放干杯。

宴会结束后，阿沛一家为客人们表演文艺节目。当他们用汉语唱起《东方红》时，客人们也不由地站起来一起唱，接着又一起放开嗓子唱了《国歌》、《解放军的天》、《全世界人民团结紧》等歌曲。几首歌曲唱罢，阿沛一家人又拉着客人边教边学地跳起了西藏踢踏舞。大家跳呀，唱呀！家庭宴会的气氛达到了高潮，直至深夜。

阿沛一家人怎么这么快就学会了这些内地歌曲呢？大概是阿沛在昌都、北京和随进部队返回西藏时学会的，回到家里又教给了他的家人。从这一点也可看出阿沛及其一家人的一片爱国之心。

然而，西藏上层亲帝分裂势力是不会甘心失败的。1951 年 11 月间，亲帝分裂分子、代理司伦鲁康娃和洛桑扎西，拼凑了一个所谓“人民会议”，公开反对《十七条协议》，提出要解放军撤出西藏，并且组织反动武装“解放大队”。3 月 31 日，伪“人民会议”煽动 1000 多名“藏军”和流氓、无业游民，在房顶架上瞄准中央代表住所的机枪，武装包围了中央代表驻地，要求递交“请愿书”。在拉萨街头，武装分子游行示威，呼喊反动口号，甚至开枪挑衅，阿沛家遭其枪弹射击，窗户玻璃被打碎。面对危局，阿沛立场坚定，旗帜鲜明，反对骚乱，全力支持、配合中央代表和军区领导按照中央指示精神平息这一事件。他态度积极，方式灵活，发挥了既是西藏地方政府的噶伦又是西藏军区第一副司令员双重身份的优势，夜以继日地做了大量工作：一方面劝说其他噶伦维护《十七条协议》，同伪“人民会议”划清界限；另一方面深入了解掌握伪“人民会议”的活动情况，随时向中央代表和军区领导反映，及时采取应对措施，避免陷于被动。经过多方努力，4月27日，达赖下令撤销了代理司伦鲁康娃和洛桑扎西的职务。5月1日，人民解放军西藏军区和西藏地方政府分别发出布告，宣布取谛非法组织“人民会议”。自此，伪“人民会议”以失败告终。

经过这场斗争，西藏出现了执行《十七条协议》的新局面。

1952年2月，中国人民解放军西藏军区成立时，中央军委任命阿沛·阿旺晋美为西藏军区第一副司令员，1955年被授予中国人民解放军陆军中将军衔。

建立民族区域自治的人民政权，是贯彻执行《十七条协议》的重要内容。

1954年，阿沛同西藏的其他代表一起，赴北京出席了第一届全国人民代表大会第一次会议。这是西藏人民代表第一次行使管理国家事务的权力。在这次会议上，阿沛当选为国防委员会委员。

1954年11月4日，西藏自治区筹备委员会筹备小组正式成立，阿沛·阿旺晋美成为这个筹备小组的成员之一。经过多次协商讨论，筹备小组于同年年底向国务院提交了成立西藏自治区筹备委员会具体方案的工作报告。

1955 年 3 月 9 日，周恩来总理主持召开国务院全体会议第七次会议，专题研究成立西藏自治区筹备委员会及西藏有关事宜，通过了《国务院关于成立西藏自治区筹备委员会的决定》。

同年 9 月 20 日，西藏自治区筹备委员会筹备处在拉萨成立，阿沛·阿旺晋美被推选为处长。经过筹备处全体人员近四个月紧张有序的工作，各方条件均已成熟，中共西藏工委报请中央同意，西藏自治区筹备委员会于 1956 年 4 月 22 日成立。

为庆祝西藏自治区筹备委员会的成立，中央派出以中共中央委员、国务院副总理陈毅为团长的规模庞大的代表团，万里迢迢，跋山涉水，到西藏祝贺和慰问。拉萨僧俗人民三万多人热烈欢迎中央代表团的到来。

担任自治区筹委会秘书长的阿沛·阿旺晋美，在自治区筹委会成立后，在用和平方式改造旧官员，满足新政权需要方面，做了大量工作。他安排旧政权的大批官员在筹委会和直属机构及下属机构中担任各种职务，组织和领导他们学习政治理论与时事政策，参加筹委会派出的各种工作组，接近群众，体验生活，转变思想观念和工作作风。经过两年多的努力，许多旧官员的思想和作风有了明显变化，中央坚持和平改造的政策初见成效。

在实现这一壮举中，阿沛·阿旺晋美可谓功勋卓著。

在反分裂中又立一功　配合周总理成功说服达赖从印度回国

1956 年，印度政府出面举行佛教始祖释迦牟尼圆寂 2500 周年纪念活动，邀请达赖和班禅参加。中央经过认真考虑，同意达赖和班禅出访印度。到拉萨祝贺西藏自治区筹备委员会成立的陈毅副总理带来毛主席的话："达赖喇嘛是西藏一位宗教领袖，也是国家领导工作人员，他的行动是自由的，可以让他去印度。”此时，中央又明确指示西藏工委：达赖、班禅去印度，不派任何人陪同，来去自由。他们出国后的一切活动，由他们自己掌握处理。

长期在国外从事分裂祖国活动的藏独分子认为，达赖亲赴印度参加宗教活动，是他们千载难逢的开展分裂活动的好机会。他们可以与美国中央情报局联合起来，把达赖留在印度，利用达赖这面旗帜，更有效地开展“西藏独立”活动。

西藏工委不能派人陪达赖去印度，为防止达赖在印度出现意外情况，希望阿沛陪同达赖去印度。张经武把阿沛请到住处，同他谈了这个想法。阿沛说：“印度那个地方，我还是不去为好。夏格巴等一帮人在印度经营西藏独立已有多年，形成了一个阴暗的政治漩涡。他们熟悉情况，有天时地利之便。我到那里便成了乡巴佬，容易落入他们的圈套，自己身败名裂不说，于工作也不利。”张经武说：“正因为情况复杂，才希望你去。这是一场斗争，一场政治较量，我们相信你能在复杂的政治斗争中取得胜利！”阿沛经过几番思虑，认为在噶厦中确实是自己去比较适合，最终决定接受此次任务。

达赖一行于 1965 年 11 月 20 日离开拉萨，22 日与班禅在日喀则会合，经亚东出境，25 日抵达新德里。我国驻印度大使潘自力及时提醒阿沛说，分裂分子计划将达赖长留于印度，并以拉拢和暗杀的手段对付你们。大使馆已向印度政府交涉，要求保证达赖喇嘛、班禅额尔德尼及其随行人员的安全。请阿沛先生时刻提高警惕。

达赖一行一进入印度境内，常年在海外闹“藏独”的达赖的大哥土登罗布、二哥嘉乐顿珠，以及设在印度噶伦堡的藏独组织“西藏幸福事业会”以夏格巴为头目的一帮分裂分子，就蜂拥而上，七嘴八舌，大谈西藏独立，向达赖灌输藏独能量。他们上书达赖，要求他长期留在印度，组织流亡政府，领导“西藏独立”活动。

同时,他们在达赖的随行官员中进行分化策反活动,妄图用威逼利诱的手段,迫使一些人支持和参与他们的藏独分裂活动。

夏格巴等人多次找到阿沛,以利诱或性命相威胁,逼迫阿沛和他们一起搞“西藏独立”,将达赖留在印度。阿沛当即断言拒绝说:“你们在印度搞了这么多年西藏独立了,世界上哪一个国家承认了?!不过喊喊而已,白费力气,与其在国外过寄人篱下的生活,还不如在此次佛事活动结束后,和我一同回拉萨,为我们本民族做几件实实在在的好事!”

但是,也有的随行官员被拉下水,与夏格巴等分裂分子同流合污了!

在这种情况下,年轻的达赖越来越迷茫了。他对回国产生了动摇。

面对十分严峻的局面,阿沛没有退缩。他一方面耐心做达赖的工作,帮助他明辩是非和明确利害,使达赖看清留在印度是没有出路的,自己不能留在印度;另方面,他做起了随身官员的工作。他召开随身官员会议,强调了此次到印度的纪律。他说:我们跟随达赖喇嘛来印度,一是参加佛事活动;二是保证达赖喇嘛的安全和健康,不是来这里搞政治活动,搞什么西藏独立的。我们有组织、有规矩,不允许各行其是,不准支持夏格巴等人的政治活动。”在阿沛的劝说下,很多随身官员都保证不与夏格巴等人交往接触。

11 月 28 日,周总理来到印度进行国事访问,阿沛特别高兴。他想,彻底粉碎藏独分裂势力妄图阻挠达赖回国阴谋的机会到了,他抓紧时间,向周总理汇报了达赖、班禅及其一行这次来到印度的情况,特别着重汇报了在印度的藏独分子疯狂阻挠达赖回国,达赖对回国产生了动摇的情况。

周总理为此在印度先后找达赖谈了三次话,劝说其回国 。这三次谈话的内容主要是三个方面。一是,周总理这次同印度总理尼赫鲁的会谈中涉及西藏的情况。周总理告诉达赖,印度政府承诺,印度尊重中国对西藏的主权，不允许在印度的藏族人从事危害中国主权的活动；二是，关于西藏民主改革问题。周总理告诉达赖，毛主席让其转告他，因为西藏尚不具备进行民主改革的条件，在第二个五年计划期间，也就是在六年之内，肯定不会实行民主改革，六年之后是否进行民主改革，还要根据到时的情况，与达赖商量后才能决定；三是晓以利害。周总理对达赖说，你今天的声望和地位，都是西藏和西藏人民给你的。如果你留在印度，而西藏又不可能搬到印度来，因此你就失去了西藏和西藏人民。你留在印度，也就只是一个难民，谈何西藏的政教领袖。把达赖留在印度，是既害西藏，又害达赖本人。

1957 年 4 月 10 日，达赖终于回到拉萨，国外反华势力和西藏反动势力策划的藏独分裂活动又一次宣告失败。

冒着生命危险　投入反对和平息西藏的武装叛乱中

继中央代表和人民解放军进入西藏，西藏获得和平解放后，西藏自治区筹备委员会再次宣告成立，并开展了多方面的工作，这使西藏社会在很多方面出现了有一定深度的变化，历代一些统治者造成的汉藏民族间的隔阂逐渐在消除，西藏地方与中央的联系更加紧密，中央人民政府在西藏的威望越来越高，西藏人民认识了解放军、共产党、新中国，对祖国更加向往。在西藏内部，爱国进步人士的队伍不断扩大，敢于逃出庄园、参加解放军和各企事业兴办的各项建设项目工作的农奴和奴隶也愈来愈多。这一切，使人们似乎感受到一个新的西藏即将诞生，西藏爱国进步人士和千百年来饱受苦难的西藏广大人民群众为之欢欣鼓舞，但也有很大一部分上层人士却为此感到不安。他们担心，下一步，西藏社会就会进行改革了，那样他们的既得地位和财产就难以保住了。那些一直谋求“西藏独立”，反对《十七条协议》的亲帝分裂分子，此时更是一方面惊恐万分，担心西藏的改革会使他们失去天堂，他们妄图使“西藏独立”的梦想也会永远破灭；另方面则想，他们反对解放军进藏，没有成功；解放军进藏后，他们不卖给解放军粮食，想把解放军饿走，也没有成功；继而他们又采用造谣、挑衅、武装请愿、上街游行鸣枪示威等办法，想把解放军赶走，仍然没有成功。如今只有同邻省藏区的叛乱武装联合起来，用武力将解放军赶走的办法了！

党中央和毛主席分析这种情况后，提出了西藏在六年之内不进行改革的方针。

中央在1956年12月16日致中共西藏工委的电报中指出：“改革一定要得到达赖、班禅和僧侣领导人的同意，要各方条件成热，方能实行。现在无论上层和人民条件都不成熟，所以目前几年都不能实行改革。中央认为第二个五年计划时期是不能实行的，第三个五年计划时期也还要看情况如何才能决定。但如果受外国指挥的反革命分子不通过协商而一定要通过反叛和战争破坏十七条协议，那就有可能激起劳动人民站起来推翻封建制度，建立人民民主的新西藏。”

西藏工委当即向西藏上层和噶厦主要官员传达了中央决定西藏六年不改革的方针和上述精神。当时正在印度访问的周恩来总理，也先后三次会见前来印度参加纪念释迦牟尼涅槃2500周年活动的达赖喇嘛，向其传达了毛主席和中央关于西藏改革的上述方针和精神。

与此同时，中央在藏各单位也停止和结束了民主改革的准备工作，大批进藏干部被调回内地工作。

但是，亲帝的西藏上层反动集团要的是西藏永远不改革，要的是“西藏独立”。在美国中央情报局特务的直接策划和参与下，他们很快就在西藏一些地方组织叛乱武装，并与其扶持和引进的邻省藏区叛乱武装结成同盟，成立“四水六岗卫教军”叛乱武装组织，不断袭击人民解放军部队，进攻和围困我党政机关和企事业单位，残酷杀害藏汉族干部、工人及其家属，直至1959年3月10日在拉萨发动全面武装叛乱……

3月10日至16日，谭冠三共四次写信给达赖喇嘛，揭露西藏上层反动集团背叛祖国、分裂国家的阴谋和罪行，历述了中央对叛国分裂分子的宽容，表达了中央对达赖的关心和所寄予的希望。这几封信都是由阿沛等爱国上层人士冒着极大风险转送给达赖的。前三次，达赖都有复信，但最后一封信送去时，达赖已外逃。

阿沛在转送第二、三封信时，也附上了自己劝导达赖的话：“叛乱已经开始，如何发展难以预料；但可以看出，他们要趁这个机会请您出国。假如这样，就会糟踏您的一生，请您仔细斟酌。”“最好的办法是您能来到军区。如能这样，平叛就非常简单容易了，以后工作也好做，对您亦是万全之策。如果您有这个想法，我可与军区联系，并负责保证您的安全。”

与此同时，阿沛还同谭冠三一道，冒着危险将一部分爱国进步上层人士接至由解放军重点保护的西藏自治区筹委会院内保护了起来。

同时，他不畏危险，加紧从各方了解叛乱集团和叛乱武装的各种动向，以最快速度，向中央代表、中共西藏工委和西藏军区通报，以备应对。

随着待命入藏平叛作战的部队陆续抵达西藏，人民解放军开始大规模地扫荡分散在西藏其他地区的叛乱武装。首先，一举荡平了叛乱武装在山南泽当的老巢，控制了喜马拉雅山以北、雅鲁藏布江以南的山南地区，切断了叛乱武装与外国支持者的联系，接着又控制了全藏所有主要城镇和交通线。随后又集中力量对流窜于全藏各地的主要股匪进行了追剿，在三年之内彻底平息了西藏武装叛乱，共击毙、击伤和俘、降叛乱武装人员93000余人。人民解放军也付出了很大的代价，共阵亡官兵1551人，受伤1987人。

1959年3月28日，国务院总理周恩来发布命令，宣布解散西藏地方政府，由西藏自治区筹备委员会行使西藏地方政府职权。阿沛·阿旺晋美受命出任筹委员会副主任委员兼秘书长。

实现夙愿　在划时代的历史转变中奋勇当先

古往今来，世界上一切逆历史潮流而动的反动势力，总是错误估计形势，给自己挖掘坟墓。亲帝的西藏上层反动集团在西藏发动全面武装叛乱，其结果也是与他们的愿望完全相反，带来的不是西藏永远不改革，封建农奴制度得以永存，而是改革被迫提前进行，封建农奴制度被彻底推翻，占西藏总人口95%的农奴和奴隶翻身做主人；带来的不是“西藏独立”，而是西藏人民在祖国的民族大家庭中，与全国各族人民共同建设新西藏、建设祖国，与全国各民族的关系更加融洽，团结更加紧密，民族隔阂快速消除，亲帝反动势力实现“西藏独立”的梦想永远破灭。

平息叛乱开始，中央就按既定方针做出决定：“一边平叛，一边改革，先叛乱地区先改，后叛乱地区缓改。”为适应这一形势，大批汉族和各民族干部被调至西藏工作，在祖国内地各民族学校读书的西藏学子，也纷纷离校返回西藏工作，组成了一支浩浩荡荡的西藏民主改革队伍，史无前例而波澜壮阔的民主改革在西藏高原迅速开展起来。

阿沛于1910年2月出生在西藏拉萨一个有蒙古族血统的贵族霍尔康家里。他14岁时，离家拜于佛教大师喜饶嘉措门下，学习文法、诗学、历史和哲学。三年后又拜三岩地区红教活佛大苍为师，修习佛学经典。格西喜饶嘉措和大苍活佛都是学识渊博、品德高尚的佛学大师，阿沛从他们的言传身教中，不仅学到了知识，更学会了做人。喜饶嘉措大师是位刚正不阿、嫉恶如仇的人，他热爱祖国，反对“西藏独立”，鄙视贵族们尔虞我诈，这些对少年时期的阿沛产生了很大的影响，使他逐步养成了独立思考，敢于担当的性格。而他聪颖过人、勤奋好学的特点，又深得格西喜饶嘉措大师的青睐。1951年他作为西藏地方政府首席全权代表赴北京进行和平谈判途经西安，见到时任西北军政委员会民族事务委员会副主任委员的格西喜饶嘉措大师时，大师对他说的第一句话就是：“我以有你这样一个学生而高兴！”

襁褓中的阿沛由母亲带着在墨竹工卡县的加玛庄园抚养。他在这里度过了他的童年和少年，玩友都是农奴的子女。17岁时，阿沛又回到了加玛庄园。以庄园主少爷的身份，代替母亲管理庄园。此时他已是一位心胸开阔、文化水平较高，并有一定历史知识的青年。他的经历和知识，使他产生了改变旧制度的想法。他在同一些知心朋友交谈时曾多次说，西藏社会的人口，绝大多数是农奴和如隶，可是他们整天辛苦劳作，却过着饥寒交迫的悲惨生活，生命没有任何保障，终日在死亡线上挣扎，而贵族和官员却不干活，过着荣华富贵的生活。长此下去，农奴死光了，贵族也活不成，藏民族就会被毁灭，这种旧制度非改造不可，但是苦于没有改造的办法。

阿沛坚决拥护中央的“边平叛边改革”的方针政策，他说这叫做“趁热打铁”。回顾西藏和平解放后走过的历程，阿沛对改革期待已久。四月间，阿沛前往北京参加第二届全国人民代表大会，在周总理接见他时，他对总理说;“西藏实行民主改革可真不容易啊！由于反动势力的阻挠，中央延迟了西藏的改革。现在西藏反动势力发动了全面叛乱，出现了新的情况，我们终于可以很快进行改革了。第一，西藏人民只有改革才能摆脱生活困苦的境况；第二，叛乱分子发动叛乱，打着民族、宗教的旗帜，实际是一场阶级斗争，如果我们再推迟改革，不但对彻底平息叛乱不利，还会引起很多麻烦。所以，西藏的改革是势在必行。”总理对阿沛所说给予了肯定。他说：“阿沛委员讲的好，西藏的叛乱名义上打着民族、宗教的旗帜，本质上是阶级斗争。平息叛乱的结果，必然要推翻旧制度和旧的统治阶级。”

今天，在共产党和毛主席的领导下，西藏的封建农奴制度即将寿终正寝，阿沛为自己的愿望终于将得以实现而兴奋不已。他全身心投入了这场在西藏历史上具有划时代意义的伟大斗争。

民主改革一开始，阿沛就不辞劳苦，用各种方法，在各种场合，向自己的亲人、上层人士和自治区筹委会的工作人员，宣讲民主改革的伟大意义。他说，民主改革是西藏社会发展进步的必然，是广大农奴和奴隶翻身解放的必然，是拯救整个西藏和西藏民族的必然，每一个善良的西藏人，都应该拥护、支持和努力去做好。他还告诉一些上层人士，有一次毛主席还意味深长地对他说：“释迦牟尼也是贵族，还是一位王子，但他和人民一起搞改革，得到人民的拥护，因而人民纪念他。也希望你们为民族、为祖国做出贡献。”很多上层人士听了毛主席的这翻话，也深受启发和教育。

紧接着，阿沛以高度的认真负责的精神，遵循党中央、毛主席有关西藏民主政革的指示和方针政策，从各方面推动民主改革的顺利进行。首先，他先后参与制定了《西藏自治区筹委会关于进行民主改革的决定》《关于土地制度改革的实施办法》《西藏地区减租减息的办法》《西藏地区各县、区、乡农民协会的组织章程》等一系列文件。

1959 年 6 月 8 日至 7 月 17 日，自治区筹委会召开第二次全体会议，讨论西藏的民主改革问题。经阿沛提议，吸收了许多劳动群众代表列席这次会议，认真听取他们的意见。这是一次具有历史意义的会议，会议通过了《关于在西藏全区进行民主改革的决议》。阿沛在会上作了“关于当前任务中几个主要政策问题”的报告。

阿沛在报告中谈到西藏当前的任务时说：“现在西藏广大人民迫切要

求进行民主改革，上层中的爱国进步人士也积极赞成民主改革，因而现在实行民主改革的条件已经完全成熟。当前西藏的中心任务，就是集中精力进行民主改革。进行民主改革，是一场革命，但将是一场和平的革命。”

接着，阿沛详细阐述了中央有关西藏民主改革的方针政策。他并特别强调说，西藏的武装叛乱发生后，毛主席在北京接见他时指出，西藏民主改革的问题，随着叛乱的迅速平定，现在已经有了条件，要根据西藏的特点逐步改革，在改革中要严格执行政策，要团结各阶层的爱国僧俗人民，要区别对待没参加叛乱的、被裹挟参加叛乱迅速投诚的和坚决参加叛乱的农奴主，要保护宗教信仰自由和文物古迹。

在民主改革中，阿沛经常深入西藏各地调查研究，倾听群众的意见，了解民主改革进程，协商解决民主改革中出现的问题。1959 年 8 月 8 日，他对自治区筹委会派到各地进行调查访问的两个小组成员布置任务说，你们的任务是：一、了解“三反双减”（反叛乱、反乌拉差役、反奴役和减租减息）的进行情况；二、提出解决牧区属于高利贷性质的商业债务方案；三、根据保护和发展牲畜的原则，通过调查访问，提出对叛乱分子占有的牲畜的具体处理意见；四、访问各阶层人士，参加群众斗争大会。他还仔细叮嘱调查访问组的同志到各点后，一定要放下架子，好好和群众打成一片，虚心听取群众的意见。有什么事情，多和群众或当地工作队的同志商量。

阿沛在民主改革中勇于自我革命的表现，也使人们深为感动和深受教育，特别是在西藏上层人士中产生了强烈影响，起到了示范带头作用。阿沛说，民主改革对于他来说，还有一个重要问题必需解决。这就是实行自我革命，同农奴主的剥削生活彻底决裂，取得人民的谅解，开始新的生活。阿沛家原有 20 名佣人，民主改革一开始，阿沛和夫人才旦卓嘎就召集佣人开会，讲明西藏的改革形势和各自对改革持有的态度。阿沛说，社会在发展变化，我们这些贵族出身的人，应该改变自己的生活方式，跟上时代的步伐。我们不应该有这么多佣人。我们发给大家一定的财物和费用，请大家回乡过独立自主的生活。当然，我们还会留下几个人，但已不是过去主人和佣人的那种关系，不再有老爷与奴仆之分，而是平等的雇主与雇工的新型关系。才旦卓嘎给每个回家的人发了30克(一克即一斗，重14公斤)青稞和安家需要的锅碗桶之类的生活用具及生产工具；对继续留下的几个人，除管吃管住外，每年夏冬分别给每人各发一套衣服和18克青稞。

在民主改革中，国家对未叛乱农奴主及其代理人多余的耕地、牲畜、房屋、农具，是实行由国家出钱购买后再无偿分配给农奴和奴隶的赎买分配政策。阿沛带头配合执行这一政策，主动核实自家需由政府赎买分配出去的耕地、牲畜、农具、房屋等生产生活资料，认真登记作价。但是，当有关部门将120万元的赎买金支付凭证和存折交给他时，他却坚持不收，他说，土地还家，物归原主，理所当然，天经地义，我和我们家都不能继续过农奴主的剥削生活，况且目前国家正是遭受严重自然灾害的困难时期。他并专程找到张国华和谭冠三陈述自己这样做的理由和心情，要求国家把这笔钱收回去。张、谭甚为感动，向阿沛表示，他俩深深理解他的心情，但无法答应他的要求。俩人恳切地对他说，赎买政策是中央制定的民主改革中的一项重要政策，必须不折不扣地执行。你不愿接受赎买金，当然出自真心，令我们深受感动。但是你一带头不要，其他人也不好再要，赎买政策就无法兑现，有人便会觉得共产党说话不算数。”为了配合党的赎买政策的顺利执行，阿沛只得收下了赎买金存折，但他却长期将这存折搁置在西藏自治区党委统战部，分文不动。直到上世纪80年代，阿沛夫妇用这120万元加上私人储蓄68万元，兴建了西藏工布江达县仲萨桥、尼洋河小水电站和西藏拉萨市少年宫。

全区民主改革顺利进行，党和政府又实行当年全区粮食生产谁种谁收的政策，农奴的生产积极性高涨，全区粮食空前丰收，广大农奴为此欢欣鼓舞，形势一片大好。但此时，全区从上到下的有些干部，却被成绩冲昏了头，认为有条件加快追赶内地了，从而不顾西藏的实际情况和历史特点，在不少地方兴办起农业生产合作社，力图立即变个体所有制为集体所有制，并且发展很快，至1960年10月，全区已办起七八十个农业生产合作社。对此，阿沛深感不安。他认为，千百年来，在封建农奴制度的统治下，西藏广大农奴受尽人间最大的苦难，如今，封建农奴制度刚被废除，西藏广大农奴分得了土地，做了土地的主人，他们是多么高为啊！可是立即又将他们刚分到的土地收归集体所有，他们能理解吗？能高兴吗？这既不利于调动广大农奴刚刚激发出来的大力发展生产的积极性，也不利于社会的稳定，西藏需要一个稳定发展的时期，有些政策也不能出台得太快太急。

令阿沛没有想到的是，有一次他前往北京，毛主席接见他时竟主动谈起这个问题，对他说："我已经告诉他们停建农业生产合作社。西藏翻身农奴经过民主改革分得了土地，应该让他们充分享受耕种自己土地的快乐。在一段时期内不但不能建社，连建社试点也不能搞。"1961年4月21日，中央下达了《关于西藏工作方针的指示》。中央指出："今后西藏工作必须采取稳定发展的方针，从今年起，五年以内不搞社会主义改造，不搞合作社（连试点也不搞），更不搞人民公社，集中力量把民主革命搞彻底，让劳动人民个体所有制稳定下来，让农（牧）民的经济得到发展，让翻身农奴群众实实在在感受到民主改革给他们带来的好处。"

党中央、毛主席的这一重要决策完全符合西藏社会生产力发展的实际水平，完全符合翻身农牧民的要求。贯彻执行稳定发展方针以后，西藏的农牧业、交通运输、商业贸易、文化教育、医疗卫生等各项事业，都得到了很大的发展,西藏很多群众把这一时期叫做享受到了幸福生活的时期。是西藏的“黄金时期”。

顺理成章 被选为西藏自治区人民政府主席

平叛和民主改革的烈火,把封建农奴制度烧成一片灰烬,广大农奴在熊熊的火光中站了起来,在政治上和经济上翻了身,民主意识也随之高涨。他们迫切地要求民主建政,执行自治职权。同时,自治区筹委会行使西藏地方政府职权,也为全区各地建立民主政权创造了条件。到 1965 年 7 月,西藏共有占全区乡镇总数百分之 92%的 1926 个乡镇,分别通过召开人民代表大会和人民代表会议,选举产生了正副乡(镇)长;共有占全区县总数 90%的 70 个县,分别通过召开人民代表大会和人民代表会议,选举产生了正副县长。如此,通过自下而上的民主选举,加强和巩固了人民民主政权,为正式成立西藏自治区打下了基础。

与此同时,大批民族干部也成长起来。至 1965 年西藏自治区成立前夕,全区已有藏族和其他少数民族干部 16000 多名,其中 1000 多名已分别担任各级领导职务。他们分布在全区各级党政部门和工农林牧、交通运输、工程建筑、医疗卫生、教育文化、新闻、气象等各条战线。这批藏族和少数民族干部,绝大多数为劳动人民出身。他们从平叛、民主改革、中印边境自卫反击作战和各项建设事业中涌现出来,经过革命斗争锻炼、热爱祖国,热爱党,同人民群众联系紧密,并有一定的工作能力。他们之中,还有 1400 多人系爱国进步上层人士。这些人都是在长期的斗争中,能坚定地维护祖国统一,拥护共产党的领导,真诚地同共产党合作,并且在社会上有一定影响的人士。西藏建立起了这支干部队伍,就为成立西藏自治区创造了最重要的一个条件。

正式成立西藏自治区，阿沛势必挑起更重的担子。1964年初，在中央的安排下，张经武、张国华、阿沛一同来到祖国东海岸厦门鼓浪屿的小岛上，在这个有“海上公园”之称的小岛上短暂休养。大海波涛，拍打着鼓浪屿的海岸。这里远离高原的风雪，吹拂着温暖的海风。

在这里，他们静下心来，回顾了西藏从中世纪的政教合一的封建农奴制度社会跨越到社会主义社会的伟大征程，讨论了西藏的发展和远景，以及各自寄予彼此的希望，可谓切磋琢磨，肝胆相照。

他们每每谈到西藏平叛改革后发生的翻天覆地的变化，三人总是激动不已，亲历这种新旧巨变的阿沛，更是格外兴奋。他不止一次激动地说，他非常感激共产党给冰雪高原带来了春天，带来了温暖。短短几年，世界屋脊上好似跨越了许多世纪，真正是从悲惨地狱到了幸福乐园。

张经武的秘书裴济民记述了他们三人一月二十一日如下的一次谈话内容：

他们谈到了如何更好更快地做好迎接自治区成立的各项工作的问题，指出成立西藏自治区是西藏发展史上的一件大事，要作为中心工作来抓。

他们谈到今后西藏的生产建设问题，首先要抓好农牧业生产和工业交通运输建设，特别要大力发展粮食生产，西藏人口增加，粮食不增长不行。西藏的牧业很有发展前途。

他们谈到要大力培养和提高藏族干部的水平，特别是要努力培养农奴出身的干部，争取三、五年内在县以上机关配足藏族干部。

他们谈到要建立师范学校，大力发展西藏的文化和教育事业。

他们还谈到宗教问题，指出必须实行宗教和政治分离，宗教政策必须贯彻执行，宗教要服从政治，宗教领袖要站在广大劳动人民的立场上说活做事。

张经武和张国华都很赞扬阿沛在西藏反帝爱国和建设新西藏中所做出的重大贡献，说明西藏工作还很多，很繁重，需要阿沛去做，希望他今后大胆工作，放手工作。

张经武说：“我和阿沛同志合作共事十多年了，你反帝爱国，拥护和执行党的政策，态度是坚定的：一，你签订协议，承担了风险，经受了考验，立了一功；二，你同伪“人民会议”进行了斗争，又一起参加了这场斗争；三，达赖外出访印，你也承受了风险；四，平叛改革，你同党立场一致，表现很好；五，中印边界自卫反击作战，你很坚定，做了大量工作。”

阿沛说，他认为自己在反帝爱国方面是坚定的，站得稳的，在今后的革命风浪中仍能坚定站稳。他可以帮助一些上层人士在思想上进步，并带领他们一同前进，这是他的义务，只是如何具体去做，有时还不清楚。今后，他要进一步放手工作，进一步向党靠拢。

1964 年，阿沛又一次见到了毛主席。毛主席就对他说，经过民主改革，农奴翻了身，从农奴和奴隶中涌现出了一大批干部，成立自治区的条件成熟了。你们应该考虑正式成立自治区，实现西藏人民当家作主的权利。并说具体如何办，请周总理同你们商量。

事后周总理在中南海西花厅召集会议，讨论有关成立西藏自治区的问题，参加会议的有彭真、张经武、张国华和阿沛。这次会议后，中央有关方面和西藏进一步加紧了成立西藏自治区的筹备工作。

1965 年 7 月 24 日，阿沛以自治区筹委会代理主任委员的名义，主持讨论并通过了向国务院呈送的《关于正式成立西藏自治区的请示报告》。8 月 25 日，第三届全国人大常委会第十五次会议通过决议，批准国务院提出的成立西藏自治区的议案。

1965年8月2日,谢富治副总理率领的中央代表团到达拉萨,祝贺西藏自治区正式成立。中央代表团包括中央各部门、27个省市自治区、16个少数民族自治地方的代表,共76人。张经武作为中央代表团副团长同机到达拉萨。

1965年9月1日至9日,西藏自治区第一届人民代表大会第一次会议在新落成的拉萨劳动人民文化宫隆重召开,西藏自治区宣布成立。出席大会的代表301名,其中包括藏族在内的少数民族代表占到80%以上,西藏上层爱国人士和宗教界人士占11%。大会投票选举产生了西藏自治区人民委员会(政府)领导人,阿沛·阿旺晋美当选为自治区人民委员会(政府)主席。

坚定实施中央的特殊政策 在加快发展西藏的经济中立新功

德高望重的阿沛同志在1965年担任西藏自治区人民委员会主席,1979年至1993年,又先后担任两届西藏自治区人大常委会主任、一届西藏自治区人民政府主席。在这15年的新的历史时期里,阿沛又一如既往,忠诚于祖国和西藏人民,在共产党的领导下努力奋斗,立下了新的功勋。

如果说上个世纪80年代以前西藏的社会进步突出表现在人民的政治权利得到实现的话,80年代之后,西藏社会则是进入了政治、经济、文化教育,特别是经济全面得以跨越式发展的新时期。

1980年3月,时任中共中央总书记的胡耀邦主持召开了中央第一次西藏工作座谈会,进行拨乱反正,提出了“为建设一个团结、富裕、文明的新西藏而奋斗”战略目标,并紧密结合西藏的实际,制定了实现这一战略目标的特殊而灵活的新时期西藏工作的主要方针和政策。

会议召开两个月后，胡耀邦和国务院副总理万里又亲自率队进藏，紧锣密鼓地召开各种会议，调查研究，推动中央第一次西藏工作会议精神的贯彻落实。阿沛也是其中的一员。

胡耀邦在拉萨干部大会上作了一个长篇讲话，主要强调了西藏在这时期要做的六件大事。一是在中央统一领导下，充分行使民族区域自治的自治权；二是要大力减轻群众的负担，坚决实行休养生息的政策；三是在经济政策方面，所有政策都要放宽，实行特殊灵活的政策；四是国家加大对西藏的援助，其援助的费用，用于发展农牧业生产和发展广大群众迫切需要的用品的生产；五是坚持社会主义方向，大力发展藏族的科学文化教育事业；六是正确执行党的民族干部政策，两三年内，要使西藏的国家脱产干部中，藏族干部占到三分之二以上。

胡耀邦说，认真实行这六条，就是希望两年到三年内，扭转西藏人民的贫困局面，10 年就大幅度地富裕起来。

对这六条，西藏各方面的反应都很强烈，广大人民群众和上层爱国人士从中深受鼓舞，表示坚决拥护。

阿沛是提出这六条的参与者之一，又是西藏人大和政府的主要负责人，他在西藏自治区党委的统一领导下，全身心投入到了实施这六条的工作中。

与此同时，阿沛作为当时的西藏自治区人人常委会主任，就开始下大力健全和完善西藏民族区自治条例，促进西藏充分、全面行使民族区域自治权利。

1987 年 4 月，阿沛和班禅在西藏一些地方调查群众的生产生活情况时，有些干部和群众向他们反映了一些地方在学习和使用藏语文方面存在的问题。阿沛和班禅即根据我国《中华人民共和国民族区域自治法》的规定，起草了《西藏自治区学习、使用和发展藏语文的若干规定》，共16条，于1987年提交西藏自治区4届人大5次会议审议。会议顺利通过了这一规定，在全区颁布施行。接着，西藏各级政府又成立了藏语文机构。1988年成立的西藏自治区藏语文工作指导委员会（现更名为西藏自治区藏语文工作委员会），是西藏历史上第一个由政府设立的藏语文管理机构，阿沛和班禅担任顾问，首任主任由时任中共西藏自治区党委书记的伍精华出任。

这样，西藏就将学习、使用和发展藏民族语言文字工作纳入了法制化轨道，藏语言在工作、教育、生活中得到广泛的使用。现在已经发展到信息化阶段。目前，藏语文是中国第一个完成了藏文国际编码的少数民族语言文字，已开发出五六种藏文电脑软件。藏语文踏上了信息化高速公路。

我国民族区域自治法规定，上级国家机关的决议、决定、命令和指示，如有不适合民族自治地方实际情况的，自治机关可以报经该上级国家机关批准，变通执行或停止执行。1981年，西藏自治区人民代表大会常务委员会从西藏少数民族历史婚俗等实际情况出发，通过了《西藏自治区施行〈中华人民共和国婚姻法〉的变通条例》，将《婚姻法》规定的男女法定婚龄、分别降低两岁，并规定对执行变通条例之前已经形成的一妻多夫和一夫多妻婚姻关系，凡不主动提出解除婚姻关系者，准予维持。结合西藏实际情况，自治区还先后制定实施了多项国家有关法律的变通条例和补充规定。其中包括《西藏自治区文物保护条例》《西藏自治区环境保护条例》《西藏自治区人民代表大会常务委员会关于严厉打击"赔命金"违法犯罪行为的决定》等多部法规。

在阿沛先后任西藏自治区人大常委会主任的12年里，西藏自治区人大制定了50条具有民族区域特点的自治条例和单行条例，这为如今西藏已建立起的以自治条例和单行条例为骨干，其内容涉及政治、经济、文化、民生、环保等各个方面的地方性自治法规体系，打下了良好的基础，为保障西藏人民当家作主的权利作出了重要贡献。

在经济方面，西藏自治区党委、人大、政府依照中央方针，制定和实施了“放、免、减、保”的政策，以保证广大人民群众没有重负、放开手脚、一心一意发展生产和文化教育事业。放，即放宽政策，从 1980 年开始，政府不再下达指令性生产计划和种植计划；免，即从 1980 年开始，西藏范围内免征农业税；减，即减轻农牧民负担，包括民办小学的全部经费，也由国家承担；保，即保证必要的供应。

同时还制定实施了保证国家对西藏的援助资金严格用于发展农牧业生产和发展人民群众迫切需要用品生产的规定。

阿沛说，制定这些政策的出发点和落脚点，都在于加快西藏的经济发展步伐，使西藏人民更快地过上幸福富裕的生活。这也是中央精神的根本所在。作为自治区的主要领导人之一，努力贯彻实施这些政策，无疑是自己的天职。

三大家（党委、人大、政府）协同，首先采用在新闻媒体上发出公示、在各种会议上进行宣讲、组织干部深入村庄和牧场，面对面向农牧民宣讲等办法，将这些政策原原本本地传达到广大群众，做到家喻户晓。

在随后的多年里，自治区三大家，每年都要组织大批干部深入全区各地检查实施这些政策的情况，发现问题，及时解决，有好的经验，总结推广。

1981 年，已进入古稀之年的阿沛来到主要是农业区的日喀则、江孜、萨迦、亚东等地考察工作。他走村串户，在农舍，在田间地头，广泛向基层干部和农民群众调查了解当地的经济发展和群众的生活状况。他欣喜地看到，这里的不少地方，由于结合各自的实际情况，实行了不同形式的生产责任制，群众发展生产的积极性空前高涨，种植面积扩大、作物品种增多、耕作也比以往细微得多,庄稼一块比一块长得旺盛。阿沛当即肯定了群众的创举,大加赞扬,四处宣讲,号召仿效。

阿沛还深入到平均海拔达4500米的藏北草原，调查了解和帮助解决牧民们在生产和生活中遇到的困难和问题,同牧区干部和牧民一起,探讨贯彻中央精神和政策，加快发展牧区经济和提高牧民生活水平的多种办法。

1983年的西藏藏历水猪新年,阿沛来到拉萨文化宫,与1600多名藏族同胞一起欢度新年。他在向大家致以节日的祝贺后,立即激动地高声向大家报告说,由于全体西藏人民认真贯彻执行了中央制定的西藏新的历史时期工作的特殊方针政策,西藏的农牧业生产继1981年获得大丰收后,刚过去的1982年,又获得大丰收,并且比1981年有较大幅度增长,真是当今西藏,形势大好,还一定会越来越好!

1984年春，中央召开了第二次西藏工作座谈会。会议从认识论的高度,对西藏的特殊情况进行了一次再认识,肯定了1980年中央第一次西藏工作座谈会后西藏工作所取得的成绩,研究了进一步加快发展西藏经济和提高西藏人民生活水平的问题,从西藏实际情况出发,又制定了一系列加快发展西藏经济的特殊方针政策,如:实行两个“长期不变”的方针,即土地归户使用,自主经营,长期不变;牲畜归户,私有私养,长期不变。还有两个“为主”的方针,即在坚持土地、森林、草场公有制的情况下,实行以家庭经营为主,以市场调节为主的方针。

会后,西藏三大家和广大群众认真实施中央的这些方针政策,全区经济由封闭型走上开放型,由供给型走上经营型,初步建起了西藏经济大发展的良好机制。

中央第二次西藏工作会议还确定,由京、津、沪、苏、浙、闽、鲁、川、粤等省市帮助西藏建设43项中涉及能源、文化、旅游的中小型工程，从设计施工到室内设备用品购置安装及管理人员的培训，都由援建方负责，被称为“交钥匙工程”。这些工程于1985年全部顺利竣工，交付西藏使用，及时满足了西藏当时的迫切需要。

从此，开始了全国各省市的援助西藏工程建设，给西藏的建设增添了很大活力。

在贯彻执行中央第一、二次西藏工作座谈会制定的方针政策的过程中，西藏有些干部在思想上也出现了一些问题，如有的认为政策太宽，是搞资本主义；有的认识模糊片面，执行走样，还有的害怕政策改变，以后还会往回走，等等。阿沛针对这些情况做了不少工作。他就此找一些干部谈心，交流思想；在各种场合，反复谈自己对中央这些方针政策的认识和理解；多方宣传正确执行这些方针政策的做法和取得的良好效果。在1985年7月的西藏自治区四届人大三次会议期间，阿沛在会见出席这次会议的昌都地区全体代表时，就对大家说，中央的方针和政策，就是要使西藏人民尽快富裕起来，绝不是搞什么资本主义。中央关于西藏的政策是坚定的、长期的，要变也只会往更好的方向变，不会变坏。你们是人民代表，不仅自己要搞清楚这个问题，还要向广大干部和群众讲清楚这个问题。同时，作为人民代表，有权监督各方面是否认真执行了党的方针政策，如有违反，你们有权说出来。你们光“拉索”（藏语中意为“是”）是不行的，要尽自己的职责。

人离心不离　为西藏的发展进步奋斗不息

1993年，阿沛83岁时，从西藏自治区的领导岗位上退了下来，长住北京。然而，他人离开了西藏，心却还同西藏和西藏人民紧紧相连，仍然时刻关心着西藏的人民和事，继续为西藏的发展进步操劳。

阿沛十分注意调动国内国际的社会力量来支援西藏的建设事业。1987年4月，由班禅额尔德尼和阿沛发起的“援助西藏发展基金会”在北京成立，阿沛任理事长。这是一个主要联络国际友好人士、组织、团体、华侨、港澳同胞、旅居国外的藏族同胞，以及国内大陆各方面人士，为西藏发展提供援助的民间慈善组织。

此时，阿沛是西藏自治区人大常委会主任，工作特别繁忙，无法将更多的精力投入到基金会的工作上。1993年后，他才得以尽心竭力地投入这一工作。

基金会经常开展各种活动，包括由阿沛亲自向关心基金会的国内外各界人士、旅居国外的藏族同胞，介绍西藏的经济和社会发展情况，以及西藏丰富的物产资源、迷人的自然景观和人文景观，使大家更了解西藏、热爱西藏，特别是唤起旅居国外的藏族同胞对祖国和西藏的感情、对子孙后代的责任感，从而积极为西藏的发展进步贡献力量。

阿沛还组织开展了当时西藏最急需也最有普遍意义的募捐工程，如为失明群众治疗白内障的光明工程、主要为孩子们改善上学条件的育人工程、为贫困农牧民家庭安装太阳能的阳光工程。效果立竿见影而又长久。

从成立至2007年，基金会共筹集援助资金两亿多元，落实各类援助项目700多个，为西藏的扶贫救困和社会稳定发展作出了贡献。

2004年，海内外一批关心、热爱西藏文化的人士，在北京成立了“中国西藏文化保护与发展协会”。这是一个广泛联系国内国际各方面人士和组织，致力于保护和发展西藏文化的社会团体。

在社会各界的推荐下，阿沛不顾自己已94岁高龄，挑起了协会会长的担子，并在成立会上发表了热情洋溢的讲话，他说，中国西藏文化保护与发展协会的成立是一件大好事。中国西藏文化在21世纪、在人类文明的发展史上,一定会散发出更加灿烂的光彩!

阿沛身体力行,挑着这副担子走了六年,直到2009年12月病逝。

谈起这六年该协会走过的道路和取得的成绩，在1960年6月召开的该协会会员代表大会上,全国政协副主席、中共中央统战部部长杜青明如是说:“六年来,中国西藏文化保护与发展协会秉承宗旨,始终高举维护祖国统一旗帜,致力于保护和发展西藏文化,致力于促进西藏各民族团结和共同繁荣进步,不负众望,不负使命,已成为弘扬西藏文化的有效载体,成为密切海内外藏胞联系的桥梁,成为遏制‘藏独’文化,维护国家统一和民族团结的重要力量。”

反对分裂,维护国家的统一,是阿沛毕生遵循的誓言,上世纪50年代以来西藏社会发展的每个时期,他都勇敢坚定地与分裂势力进行了顽强的斗争,有时有生命危险也在所不顾,甚是感人。2008年3月14日,拉萨发生了“打砸抢烧”严重暴力犯罪事件:一群不法分子在拉萨市区的主要路段大肆纵火,辱骂、殴打、砍伤执勤人员,冲击新闻、金融、学校、公安机关等要害部门,抢劫并烧毁商店、学校、汽车、宾馆。

此时,阿沛已离开西藏长住北京达15载之久,并且已是99岁的古昔老人,同时还患病住在医院,但反对分裂,维护国家统一的高度责任感和对西藏人民的深厚感情,又使他迫不及待地约见新华社记者,就拉萨3.14打砸抢烧暴力犯罪事件,向国内外发表了讲话。全文如下:

近日在西藏自治区拉萨市发生的打砸抢烧严重暴力犯罪事件,给当地人民群众生命财产造成重大损失,人民安居乐业的生活和社会秩序受到严重破坏。在其他藏区少数地方也发生了类似事件,甚至在国外多个国家几乎同时发生暴力分子冲击中国驻外机构的事件。这显然是达赖集团内外勾结有组织、有预谋、精心策划和指挥的。达赖集团企图借我国即将举办2008年奥运会之际闹事，在国际上制造声势，以达到将西藏从祖国分裂出去的目的。拉萨少数暴徒的野蛮行径，激起了西藏社会各界的强烈愤慨和严厉谴责。为了维护法律尊严、维护最广大人民的根本利益、维护西藏社会稳定，有关部门依法采取有效措施妥善处置是非常及时的，完全必要的。

西藏是中国不可分割的领土。从古至今，世界上任何一个国家，任何一届政府都未承认过"西藏独立"。就是在清朝末年、国民党统治时期，国家积贫积弱，还面临帝国主义的侵略，在这样的形势下，企图将西藏分裂出去的梦想，都没能得逞。西藏和平解放后，极少数人不顾历史事实、不顾广大藏族群众意愿，企图把西藏从祖国分裂出去的活动从未间断过。1959年，在国外敌对势力的支持和策划下，发动了武装叛乱妄图实现"西藏独立"。当时新中国成立不久，人民民主专政还不完全巩固，西藏旧地方政府和旧制度仍然存在，即使在这样一个情况下，1959年叛乱不但没有得逞，而且加速了民主改革的到来。人民翻身得解放，当家做了主人。上世纪80年代境内外分裂势力再次挑起拉萨骚乱，最后又以失败告终。这一切充分证明，搞"西藏独立"是违背西藏人民意愿的，是不得人心的。这次拉萨发生的事件是一场分裂与反分裂的斗争，只要我们团结一心，依靠群众，在西藏自治区党委和政府的正确领导下，一定会取得反分裂斗争的最后胜利。

我是西藏百年历史变迁的目睹者，也是亲身经历了西藏两种不同社会制度的见证人。只要曾经在西藏新旧两个社会制度下活过的人，不管是上层人士还是基层群众，只要他站在客观、公正的立场上，只要他尊重历史，正视现实，都会得出一个共识，那就是西藏人民只有在中国共产党的领导下走中国特色社会主义道路才能真正当家作主。西藏只有在中华人民共和国这个大家庭中，社会才会进步发展，西藏人民才会幸福安康。和平解放五十年多来,西藏翻天覆地的变化有力地证明了这一论断。

分裂与反分裂的斗争是长期的、复杂的。我们要有足够的思想准备。不管分裂势力用何种方式、何种手段,企图破坏祖国统一、民族团结、社会稳定,都必将遭到失败。

阿沛的谈话,坚持摆事实,讲道理,分析深刻,又合情合理,对端正视听,正确引导舆论,起了重要作用。

阿沛从西藏领导岗位退下来后,对自己在西藏走过的路和西藏在和平解放后发生的跨越数世纪的历史性巨变,进行了深入系统的思考,思想认识又不断得到升华,他深感西藏这几十年的发展进步史,真是一部绝美的教科书。出于历史责任感,出于要表达对西藏、西藏人民、祖国和中国共产党的深厚感情,这位八九十岁的老人,又禁不住拿起笔来,写出了一篇又一篇反映西藏这一历史巨变及自已对此进行思考所获心得的文章,给后人以鼓舞、力量和启示。人们称,这是阿沛留给西藏、西藏人民和祖国的宝贵遗产。

2001 年 5 月 23 日是《十七条协议》签订 50 周年纪念日,这一年也是西藏和平解放 50 周年,阿沛抚今追昔,感慨万千,已 92 岁高龄的他挥笔撰写了《党的民族政策的光辉实践》一文,在《西藏日报》登出。文章说,我作为当时这一盛事的见证人和直接参与者,回顾和总结当年《十七条协议》签订的全过程以及西藏 50 年来所走过的历程,认为其中的很多道理和经验对今后正确处理我国的民族问题和做好民族工作仍有十分重要的意义 。他归纳了六条:一是祖国统一、民族团结,是西藏发展繁荣的根本保证;二是始终坚持中国共产党的领导,坚定不移地走社会主义道路,西藏才有光明的前途;三是实事求是,全面、正确地认识西藏,一切从西藏的实际出发,是西藏工作中必须长期坚持的思想路线和工作方法;四是,以党的建立平等、团结、互助新型民族关系的思想和原则处理民族矛盾和民族事务，是实现各民族大团结和维护社会稳定的有力保障；五是建立和完善民族区域自治这一基本政治制度，大力发展经济和其他社会事业，是西藏自治区繁荣昌盛的基石；六是坚持和发展壮大爱国统一战线，是我们的革命和建设事业取得胜利的法宝。

是西藏领导人　也是我们国家的领导人

阿沛的一生,还长期担任国家领导职务，分别是：第三届至第七届全国人大常委会副委员长、第五届至第七届全国人大民族委员会主任委员,第八届至第十一届全国政协副主席。

阿沛回忆：1971 年 10 月 1 日,在天安门城楼上,毛主席陪同西哈努克亲王走过人群时,一看到我就马上走过来,拉着我的手,特意把我介绍给西哈努克亲王说:“这是西藏的领导人,也是我们国家领导人。”而阿沛作为我国国家领导人,首先,为我国建立和完善民族区域自治制度,成功、全面实行民族区域自治做出了杰出贡献。

1980 年,阿沛撰写发表了《加强立法工作保障各少数民族的平等自治权利》一文。阿沛在文中指出:“加强立法工作,以保障各少数民族的平等权利和自治权利,是我们国家加强社会主义民主和社会主义法制的一个重要方面。它对巩固民族团结、巩固国家统一、巩固进行社会主义现代化建设的政治基础,无疑有重大的意义。”“民族将长期存在,民族问题和民族工作将长期存在。因此,民族方面的立法不仅是当务之急,而且是久远之计。”这些论断，高屋建瓴，掷地有声。

也是在 1980 年，全国人大民族委员会会同国家民族事务委员会等单位，组建了我国民族区域自治法起草小组。随后，小组人员到全国各民族自治地方，包括自治区、自治州、自治县，以及国务院有关部门，广泛进行调查研究，听取意见。经反复讨论修改，写出了初稿，提情全国人大常委会审议后，形成了《中华人民共和国民族区域自治法（草案）》。

在1984年5月22日召开的全国人大二次全体会议上，阿沛向大会作了关于《中华人民共和国民族区域自治法（草案）》的说明，31日，大会通过《中华人民共和国民族区域自治法》，同日，国家主席李先念命令公布自治法，自1984年10月1日起实施。

随后，阿沛为《中华人民共和国民族区域自治法》的贯彻实施，又倾注了极大的精力。

自治法刚颁布实施，他就加紧组织民族自治地方的各级人大和中央主要新闻媒体，大力宣传自治法的内容及其制定、颁布、实施的重大意义。他多次带领全国人大民族委员会的工作人员深入民族自治地方调查了解各地贯彻实施自治法的情况，为解决存在的问题操心费力。

在民族自治法实施一周年的1985年10月1日前夕，阿沛接受了《瞭望》杂志记者有关这一年来贯彻实施民族区域自治法情况的采访。阿沛以其所见所闻，盛赞了这一年实施民族自治法取得的成效。他说，很多群众称，这是“幸福法”、“共同繁荣法”。接着，他就谈起了存在的不足和亟待解决的几个问题：一是要更深入地宣传和组织广大干部、群众学习民族区域自治法，不断提高干部和群众贯彻执行民族区域自治法的自觉性、主动性和水平；二是在民族自治地方，要尽快制定自治条例和单行条例，使民族区域自治法的有关规定，得以具体落实；三是民族自治地方的经济体制改革，要同贯彻施行民族自治法结合进行，以使民族自治地方的经济体制改革更符合当地实际情况，避免脱离实际的一刀切；四是民族自治地方的各部门，都要认真按照民族自冶法检查自己的工作，凡不符合民族自治法规定的规章制度和做法，都要认真予以纠正。

民族区域自治法从 1984 年 10 月 1 日开始施行，至 1987 年已施行三年，但三年来，各地不按民族自治法办事的情况，仍然普遍存在。阿沛又对出现这种情况的原因和如何解决这一问题进行了认真调查研究。

1987 年，《瞭望》杂志发表了他为此撰写的《尽快完善民族区域自治法的配套法规》文章。阿沛在文中称：民族自治法的许多规定都是基本原则，没有具体化，各自治地方还得根据自治法的基本原则，结合本地的实际情况，经当地人民代表大会讨论通过，自主制定出自治条例和单行条例，方能施行，否则自治法的很多规定就无法落实，或者执行走样。因此，自治地方自主制定自治条例和单行条例，是民族自治法赋予自治地方的权利，也是自治地方贯彻执行自治法的基础和前提。

文章同时还称：自治法涉及自治地方上级国家机关的条文，大部分也是原则性规定。这些原则规定也由于不具体，难以得到贯彻执行。因此，多民族省和中央有关国家机关制定出自治法实施细则或办法，也是十分必要的，对于全面实施自治法有特别重要的意义。

1991 年 12 月 8 日，国务院制定和发出了《关于进一步贯彻实施中华人民共和国民族区域自治法若干问题的通知》；2005 年 5 月 31 日，国务院又颁布了《实施中华人民共和国民族自治法若干规定》的文件，共 30 条。

2014 年，是我国民族区域自治法颁布施行 30 周年。国家有关部门称：目前，我国民族自治地方共计 155 个，其中包括 5 个自治区、30 个自治州、120 个自治县（旗），实行区域自治的少数民族人口占少数民族总人口的 71%，民族自治地方占全国总面积的 64%。

30 年来，我国实行民族区域自治取得的成绩是巨大的，主要是：有力地维护了国家的统一和民族团结。在国内外敌对势力加紧对我国进行分裂破坏活动时，我们的民族区域自治制度显示了强大的反制能力，成为维护国家统一和民族团结的制度利器；造就了大批群众信任的能当家作主的少数民族干部，为各民族地区的不断发展和进步提供了极为重要的条件；促进了各民族的共同进步和共同繁荣;民族区域自治法实施以来,我国民族地区的经济实力得到极大提升，经济总量由 1984 年的 680.95 亿元，增加到 2013 年的 64772 亿元，地方公共财政预算收入由 1984 年的 63.5 亿元，增加到 2013 年的 8436 亿元。民族地区的基础设施条件有了很大改善，固定资产投资由 1984 年的 184.49 亿元，增加到 2013 年的 5077.8 亿元。各民族群众的生活水平有了质的飞跃。城镇居民年人均可支配收入由 1984 年的 585 元，增加到 2013 年的 22699 元，农牧民年人均纯收入由 1984 年的 299 元,增加到 2013 年的 6579 元。推进了民族事务治理法治化，使民族自治地方的机关、干部和群众的法制观念、法治水平和能力得到提高。因此，这些数字都有极其深远的意义。

阿沛从 1993 年起至 2009 年逝世，一直任全国政协副主席。这一时期，他虽然年事已高，仍然不辞劳苦，做了大量工作,特别是经常围绕党和国家各项方针政策的贯彻实施，深入实际，深入基层，开展调查研究，就国家经济、政治、文化和社会生活中的重要问题提出意见和建议，为中央决策提供参考和依据。

1995 年，他出席全国政协民族和宗教委员会在广东召开的“民族地区经济发展研讨会”并发表讲话。他指出，我们党和政府历来十分重视民族地区经济和社会发展，为帮助少数民族和民族地区加快发展，国家采取了一系列特殊优惠政策。特别是改革开放以来，民族地区同全国其他地区一样，各方面发生的翻天覆地变化和成就是举世公认的。国家的统一、民族的团结、人民生活的改善、社会的进步，是我们一切工作的根本点和立足点，我们要进一步建立和完善新型的社会主义民族关系，使“汉族离不开少数民族，少数民族离不开汉族，各少数民族之间也相互离不开”的思想真正深入人心。

1997年，87岁高龄的阿沛·阿旺晋美同志带领全国政协民族和宗教委员会委员赴沪、浙、闽等地参观考察，在考察总结会上发表讲话。他强调，沿海地区发生的巨大变化充分说明我们党建设中国特色社会主义理论和改革开放政策是完全正确的。同时，他对民族地区如何加快发展进行了深入思考。他提出，民族地区首先要解放思想，更新观念，加大改革的力度；要充分重视和培养造就少数民族干部队伍和专业技术人才队伍；要认真贯彻和完善《民族区域自治法》；要加速民族地区的发展，很重要的一点就是要创造一个稳定的社会环境。他同时强调，要进一步认真贯彻党的民族和宗教政策，严格区分两类不同性质的矛盾，正确处理好民族和宗教问题。

阿沛将永远活在西藏人民心中，活在全国人民心中！

不能忘却的格达活佛

西藏的解放，各路进藏的人民解放军子弟兵及随军进藏的各民族干部作出了最大的贡献和牺牲，我们永远不能忘记。然而，我们也永远不应该忘记，西藏广大人民，包括藏族爱国进步人士，也为此作出了巨大贡献，有的甚至牺牲了宝贵的生命，格达活佛就是他们中的杰出代表。

格达活佛，法名洛桑丹增·扎巴塔耶，1903年生于甘孜县白利乡德西底村，七岁时被选定为白利寺的活佛，17岁去拉萨哲蚌寺学经，八年后获藏传佛教高级学位“格西”。他为人公正，喜欢帮助贫苦大众，深受当地广大僧俗群众的尊重和爱戴。

1935年3月，震惊中外的中国工农红军北上抗日经过藏区，国民党反动派组织反动武装，企图阻挠红军北上。同时对共产党和红军大肆进行造谣诬蔑，通告群众不准卖粮给红军，不准给红军带路，不准当通司（翻译），胁迫群众逃离家乡上山隐藏，妄图置红军于绝境。这时，格达活佛却派人打探红军动向，倾听红军的宣传。在红军到达甘孜后，他亲眼看到了红军官兵尊重藏民族风俗习惯，尊重宗教信仰，保护寺庙，不伤害百姓，由此判定红军是一支能够带领劳动人民脱离苦海，得到幸福的军队，是藏族人民的好朋友。因而决心亲近红军，并将自己耳闻目睹的事实向群众广为宣传，说服民众不要听信谣言，各自归家。在他的宣传和带动下，不少藏族同胞消除了顾虑，纷纷返回家园，和红军一起春播种地。甘孜春回大地，人欢马叫，呈现出一片生气勃勃的景象。

朱德看到这一情景，很是高兴。一天，他带着总部机关人员到白日寺看望格达活佛。格达活佛见到朱德这位红军的最高长官如此朴素、亲切，心生敬仰。他俩一见如故，夜已经很深了，还坐在酥油灯下，不知疲倦地畅谈着。时年50岁的朱老总像一位慈祥的兄长，用他曲折坎坷的身世和一生追求真理的艰难经历，以及终于找到共产党的经过，使格达这位开明的佛学专家与宗教领袖，得到了深深的启迪。在朱德的教诲和点拨下，格达向往革命，以他在佛教界的威望号召甘孜僧俗民众，积极帮助红军筹粮，赶制御寒衣物，支援红军北上。

由于格达活佛亲自出面做工作，藏民和红军一起捻毛线，织毛线衣、毛背心、毛袜子、毛手套，缝皮背心。帮助红军捕鱼、打猎，教红军识别可食的野菜。红四方面军广大指战员经过几个月的共同努力，不仅解决了自己需要的大部分御寒装备，还给将要到来的红二、六军团的战友们织了两万多件羊毛衣裤。

7月2日，红二、六军团齐集甘孜，同红四方面军胜利会师。在庆祝两大主力会师的盛大联欢会上，朱德深情地说："我们能在这块土地上生存、发展，靠的是藏族同胞的支持和帮助。我们还要继续北上，在我们前进的道路上，还要跋涉茫茫的草地，但是只要有了藏族同胞的支持，我们一定能够克服一切困难。"

七月中旬，红军继续北上，甘孜的藏族同胞依依不舍，前来送行。他们说："红军真好，朱德真好，为什么走呢？"临别前，朱总司令在红缎上为格达活佛写下"红军朋友，藏人领袖"的题辞，并将自己的八角军帽赠送给格达活佛，对他说："这顶帽子留给你，看到它，就像看到了红军。少则5年，多则15年，我们一定会回来。"

朱德率领红军走了，藏民们深情地唱起怀念的歌谣：

布谷鸟走后，柳树空了一半
空了一半我不心焦
我心焦布谷鸟走了
……

红军北上后，国民党和反动土司卷土重来，阴霾重新布满天空。格达珍藏好朱德临行前留赠他的望远镜和红旗，遥望北斗，心事凝重。他在念经诵文的同时，还常常写诗作词，写了一首又一首，寄托他对红军的怀念之情：

云雨出现在天空，
红旗布满了大地。
未见过如此细雨，
最后降遍大地。
啊，红军，红军！
何日再归。
啊，红军，红军！
藏族人民的亲人。
愿佛祖保佑你们，
盼你们早日归回。

高高的山坡上，
红艳的鲜花怒放。
你跨上骏马背上枪，
穿过荆棘的小路。
攀到山那边去了，

何时再回这地方。

云啊光彩明亮，
是红军的旗帜在发光。
雄伟的高山啊，
是红军的臂膀。
留给我们的金玉良言，
藏族人民永远记在心上。

山上种树盼果实，
播种盼丰收。
英雄的红军早回来啊，
藏族人民盼望苦日子有尽头！

当时有208名红军留在甘孜治病，遭到了国民党军队和当地反动势力的追杀，处境十分险恶。格达活佛挺身而出，巧妙地帮助他们隐蔽起来，并靠着他精明的藏医术，踏遍雪山寻草药，挑亮油灯医病伤，很快使伤病员痊愈。格达凭着他在佛教界的声望和交情，分别写信给沿途各地的寺院和县区长官，取得他们的帮助，并派喇嘛接力护送，把留下来的红军分散安置在道孚、炉霍等县。50年后，白利寺的老法师仍然记得他被派去护送红军时，格达活佛严肃地对他说："一定要安全送到，路上出了事，就别回来见我！"一些红军战士曾这样说："如果没有格达活佛，我们很难活到今天。"

格达活佛还冲破世俗的偏见，让自己的亲妹妹益西拉姆嫁给了流落在甘孜的红军战士陈少林。并亲自主婚，为他们举行了婚礼。

1949年西康尚未解放时，格达活佛就秘密派代表绕道穿过国民党的封锁线，经青海到北京，向毛主席、朱总司令献旗致意，表达了藏族人民渴望解放的心情。他知道中央政府争取和平解放西藏的方针后，双手合十，连声称赞道："中央和平解放西藏的方针，实乃爱护众生，不使生灵涂炭，善德善德。我这个崇拜释迦牟尼的有神论者，衷心欢迎你们这些无神论者，竭诚拥护伟大的共产党！"

从四川进藏的解放军18军先遣队进驻甘孜，先遣队领导天宝和吴忠，带着朱德和刘伯承给格达活佛的信件，前来看望格达活佛。格达活佛见到他们的第一句话就是："朱总司令真是一位神将。当年红军离开甘孜时他告诉我，过15年左右，红军一定再回甘孜。今天，你们果然回来了，正好15年，太了不起了！"

期间，格达活佛接到去北京参加第二次全国政治协商会议的通知，他兴奋异常地对妹妹益西拉姆说："我很快就要见到毛主席和朱总司令了！"可是，当格达抬头西望，注视着扎拉山顶的一片乌云时，念头变了。他说："还是等西藏和平解放了，我再去见毛主席和朱总司令吧！"

以摄政达札为首的西藏噶厦政府拒绝与中央政府对话。为使噶厦政府尽快接受谈判，和平解放西藏，身在甘孜的格达活佛，毅然决定前往拉萨，劝说西藏噶厦政府接受中央政府和平解放西藏的主张。

格达活佛这种以国家、民族大局为重，置个人安危于不顾的精神，令人深深感动。中央终于同意了他的请求，但明确指示，要在安全有保证的前提下方可前行，即使出发，如果发现问题，也应立即返回，切不可冒险。

1950年7月10日，格达活佛动身这天，甘孜僧俗群众跳起神舞和锅庄舞，为他们心中最为崇敬的喇嘛送行。吴忠师长发表了真挚感人的即兴演说，跳舞的人群停下了舞步，静静地站立着，忍不住流下眼泪，一些老阿妈手持转经筒，喃喃地祈祷着，还有些人失声痛哭。身材高大的格达活佛头戴一顶礼帽，身穿一件长袍，面带微笑，平静地与大家告别。他婉拒吴忠和天宝带来的银元，只收下吴忠建议用以防身的两支卡宾枪，便翻身上马。天宝和吴忠与他并驾而行，送了一程又一程。格达活佛的几名随行人员跟随在后。

格达活佛渡过金沙江后，军里担心他的安全，布置侦察科密切关注格达活佛过江后的情况，并随时上报。但一个多月过去了，却毫无消息。九月初的一天，18 军司令部侦察科参谋王贵等三人来到龚垭村口，遇到一个骡帮，七八个赶骡的藏民盘腿而坐，正打着皮火筒烧茶。侦察员们走上前去，同他们一起吸咽聊天，"不经意"地问道："你们听说格达活佛了吗？"赶骡的人听到此话，脸色顿时显出异样，其中年纪稍长的一个藏民慢腾腾地回答："听说格达活佛已经去世了。""在哪里去世的？""就在昌都。现在昌都那边的人都知道了。""怎么死的？""不知道。"不久，格达活佛的随行佣人逃脱关押，跑回甘孜，证实了格达活佛被害的消息。

后经了解，格达活佛于 7 月 24 日到达昌都，很快会见了噶厦政府的昌都总管拉鲁·次旺多吉，说明此行前来的使命。格达活佛说，共产党早晚都要解放西藏，希望采取和平方式而不诉诸武力。如果拉萨噶厦政府企图与共产党抗争，会造成生灵涂炭。所以他来昌都，劝阻噶厦政府不要同共产党武力对抗。格达活佛并说明他带来了共产党的三点和平建议：一、西藏承认其为中国的一部分；二、西藏与印度、尼泊尔、不丹等国的边境地区，必需进驻人民解放军；三、西藏断绝同帝国主义国家的联系。

拉鲁迅速将这些建议报告噶厦政府，得到的回答是：拉萨方面正在考虑这些建议，并称，在这个时候，拉鲁不应当让格达活佛前往拉萨，也不能准许他返回甘孜，必须让他留在昌都。

来昌都已有半个多月了，事情没有进展。被软禁在昌都一栋二层藏式小楼上的格达活佛心急如焚。

8月13日，他来到昌都电台，打算拍几份电报到拉萨，直接与西藏地方当局对话。这时候，英国间谍特务、有着噶厦政府授予的五品列赞巴官衔的报务员福特，以英国驻昌都电台台长的身份接待了格达活佛。他谎称发报机已坏，正在修理。同时，他很快向拉鲁和英谍报机关报告了此事。不一会，拉鲁总管就匆匆赶来，并与格达活佛发生了激烈的争执。此时，福特收到了“寻机干掉格达活佛”的指令。为了不引起麻烦，福特迅速调制了三杯加奶红茶，在其中一杯红茶中下了毒药。一心想要赶到拉萨去的格达活佛，毫无戒备地喝了这杯茶。午后，他便感到头痛、恶心，浑身不适，只得在福特那里暂时住了下来。第二天，格达活佛卧床不起，但他忍着剧痛，坚持要发电报给拉萨的朋友，请他们想办法。他说：“我死不足悔，但求到拉萨一见达赖活佛。”他还不断嘱咐随行人员：“解放军和我们是一家人，一定要协助他们顺利进藏啊！”此后，接连几天，格达活佛一直处于昏迷状态，全身发青。8月22日，年仅47岁的格达活佛辞别人世。福特和拉鲁见格达活佛已逝，赶紧焚尸灭迹，并将活佛的随行人员送往拉萨“主持超度”，把想回甘孜报丧的人员软禁起来，直到同年10月昌都解放，这些被软禁的人才得以返回甘孜。

昌都解放后，侦察科科长李奋一等人向已被俘的在藏军供职的福特调查格达活佛被害情况时，当时27岁的福特仍穿着西藏贵族服装，看见解放军后他十分紧张和恐惧，一直哭泣。尽管李奋一一再向他讲解我军宽大俘虏的政策，说明不会伤害他，他依旧拚命哭泣，一言不发。后福特被送至重庆关押。他多次供认了在西藏进行间谍活动，并毒死格达活佛的事实。我司法部门对其判处十年徒刑，后被提前释放，从香港递解出境。

1951年5月23日，中央人民政府和西藏地方政府在北京签订了关于和平解放西藏的协议，新中国的五星红旗在西藏高原高高飘扬，格达活佛生前的宿愿得以实现。

格达活佛生前曾任西南军政委员会委员、西康省人民政府副主席、西南民族事务委员会委员等职务。

他是红军的藏族朋友，是为西藏的解放而献出生命的第一位藏族爱国进步上层人士，实不愧为我们伟大中华民族的脊梁。他逝世后，刘伯承为他送的挽联是："具无畏精神 功烈永垂民族史 增几多悲愤 追思应续国殇篇"。他逝世后，党中央、毛主席派中央民族访问团专程到白利寺，赠送了毛主席亲笔题写的"中华人民共和国各民族团结起来"的锦旗。格达活佛的爱国精神永存！

阴法唐与西藏

黄昏我站在高高的山岗
盼望铁路修到我家乡
一条条巨龙翻山越岭
为雪域高原送来安康
那是一条神奇的天路耶
把人间的温暖送到边疆
从此山不再高
路不再漫长
各族儿女欢聚一堂
那是一条神奇的天路耶
带我们走近人间天堂
青稞酒酥油茶
会更加香甜
幸福的歌声传遍四方
……

歌曲《天路》传唱至今已十多年，讽刺的是美国现代火车旅行家保罗·索鲁在《游历中国》一书中写道：“有昆仑山脉在，铁路就永远到不了拉萨。”

然而，奇迹出现了。2006年7月1日，青藏铁路建成通车。这是冲破千阻万难修建成的路，是地球上最靠近太阳的路，是西藏社会进步和西藏人民建设幸福美满生活所必需的路，是保卫祖国西南边防不可缺少的路。这条巨龙飞进西藏，使西藏形成了铁路、公路、航空一体的立体交通网。西藏人民为这条铁路的建成通车欢欣鼓舞，各种形式的庆祝活动相继在西藏各地隆重热烈地举行，《天路》的歌声响彻雪域高原。此时，为青藏铁路的建成通车操心奔波20余年、从人民解放军第二炮兵部队领导岗位退休、曾任中共西藏自治区党委第一书记、西藏军区第一政委的阴法唐的心情，更是谁也无法形容，包括他自己。是啊！这条巨龙飞进西藏，是西藏、西藏人民、祖国国防的大喜事！这位84岁的老战士再也沉不住气了。他要亲自去看看铁道铺卧在雪域高原辽阔而多彩的土地上的各种姿态；要去看看和听听这巨龙在自己的第二故乡呼啸奔驰的豪迈气慨；要去看看西藏各族人民为此欢腾若雀的动人情景，要看看和听听乘坐这辆火车的各民族旅客的欢声笑语。通车后的第四天——也就是第2006年7月4日，84岁的阴法唐携其74岁的战友、妻子李国柱，踏上了从北京开往拉萨的火车。一路上，那巨龙行驶的轰鸣声，不时发出的高亢而尖历的汽笛鸣叫声，那连绵的雪山、草地、湖泊，那一群群的牛羊、飞快奔跑的藏羚羊和野驴等野生动物，还有牧女嘹亮而深远的歌声，以及在天空静静地舒缓飘荡的白云，构成了一幅幅五彩缤纷的大美画卷。阴法唐夫妇一路笑容荡漾，激动之情溢于言表。48个小时过去了，火车顺利抵达拉萨，前来车站欢迎他们的人们问他们路况如何，一路可好时，阴法唐禁不住说，从内地修铁路到拉萨 ，可能无法再找到像青藏铁路这样平缓、稳当而又一路风光绝美的线路了，这是西藏人民的福气啊！

人们不会忘记阴法唐为修建青藏铁路操过多少心、费过多少力！

20世纪50年代，中央决策：要把铁路修到拉萨。1956年开始，铁道部第一勘测设计院即对从兰州到拉萨的2000余千米线路进行了全面的勘测设计工作。1973年，毛泽东在接待来访的尼泊尔国王比兰德拉时表示，要加紧修建青藏铁路。

随后，曾一度停建的青藏铁路西宁至格尔木段，于1974年正式复工，加快施工速度。1980年被任命为中共西藏自治区委员会第一书记、西藏军区第一政委的阴法唐。在次年12月中央召开的西藏工作会议上，提出了加紧修建青藏铁路（指格尔木至拉萨段）的建议。当时他用了这样一句话："没有铁路，西藏大富不起来。"

此后，阴法唐先后给邓小平等中央领导写报告汇报有关情况。为此，他与邓小平在北戴河还有一番著名的谈话：

邓小平：铁路走哪里？

阴法唐：青藏铁路。

邓小平：青藏铁路不行！

阴法唐：为什么？

邓小平：走青藏线，盐湖的问题怎么解决？

阴法唐：盐湖已经过去了，现在已经到了格尔木。（指青藏铁路在青海省境内的西宁至格尔木段的修建已过盐湖。

邓小平问：那还有什么问题？

阴法唐答：有啊，空气稀薄，施工和管理困难。再就是永冻层。

邓小平：永冻层能不能解决？

阴法唐：听那些专家说能解决。

邓小平：如果修青藏线，有多少公里，大概需要多少钱？

阴法唐：从格尔木到拉萨为1100多公里，原来预计二十八个亿，现在得三四十个亿。

邓小平掐手指头一算:用不了那么多,三十来个亿足够了。

阴法唐:用不了更好。西藏群众迫切希望青藏铁路早日上马。

邓小平点点头:看来还是走青藏路好!

2000年2月12日,已经离休的阴法唐在国家计委(后改为国家发改委)、铁道部等部门的同志和一些专家的配合支持下,完成了写给中央领导的《关于青藏铁路复工的情况报告》,对修建青藏铁路的重要意义和可行性作了进一步阐述。

这年,他并给江泽民写报告称,现在不是争论(青藏铁路)的时候,是落实的时候了。早定早得益。

2001年6月29日,青藏铁路格尔木至拉萨段正式开工建设。那时,阴法唐已经79岁。

开工后,阴法唐又不辞劳苦给施工队伍提供力所能及的帮助,并时刻关注着工程的进展。一天,他在西藏日报上看到一篇《青藏铁路情未了》的报道,就留了心,以后有一次,他去西藏办事的时候,就特意去找写这个报道的作者。得知这名作者曾是铁道兵的一个团长,后来是铁道兵的参谋,参加过青藏铁路设计施工规划工作,阴法唐就找他要了一张设计图。送给施工部门参考。

2004年,阴法唐从北京去西藏参加江孜抗英斗争100周年相关活动。为了考察青藏铁路施工情况,他特意没有坐飞机,而是选择坐汽车走青藏公路,翻越唐古拉山,穿过藏北草原。那一年,他已82岁高龄。“我一看都搞好了,包括羊八井到拉萨的洞子都打好了,完全可以通车了嘛!”回来后,阴法唐写报告给曾培炎,提出青藏铁路可争取提前通车。2004年12月28日,曾培炎批示同意,29日,温家宝批示,同意。30日,胡锦涛批示,同意。

就这样，阴法唐为青藏公路的建成通车，前后奔波 20 多年。其中的很多问题还是他在内调离休后，已是七十多岁高龄之时，不畏西藏高寒缺氧，前往西藏完成的。

少年壮志不言愁，老骥伏枥不言休。

1950 年，人民解放军肩负解放西藏，保卫国防的历史使命，进军西藏。阴法唐是该军 52 师的副政委。途中，他参加了中央旨在以战促和的昌都战役。这一战役为西藏地方政府与中央政府签订“和平解放西藏十七条协议”打下了基础。他同全军指战员一道，用双脚丈量 1800 公里的进藏路，1951 年抵达拉萨，把五星红旗插到了喜马拉雅山。

1952 年，他调任中共西藏江孜分工委书记。江孜是西藏的战略要地，1904 年抗击英国侵略军的血战就发生在这里。我军初到江孜时，还可看到这里的城墙上弹眼累累，烧毁的寺院满目疮痍。江孜海拔 4050 米，比拉萨、日喀则都高。阴法唐在这里一干便是 10 年。他一到江攻，立即带领分工委的同志开荒生产，种菜种粮，开展内外贸易，走村串户发放农贷，送医送药，把党中央和毛主席对西藏人民的关心爱护送到江孜人民身边，同时开展争取团结上层的工作，从而站稳了脚跟，打开了地方工作局面。1959 年，西藏上层反动集团发动武装叛乱，他又参加了平叛斗争，随后他带领江孜广大农奴和奴隶，开展了推翻已延续千余年的封建农奴制度统治的伟大的民主改革。一开始，阴法唐就带领一个工作组来到一个最偏远的山村蹲点。他与村里的农奴和奴隶同吃同住同劳动同商量，发动和组织他们控诉封建农奴制度的罪行，实行减租减息和分配土地。三个月后，这个村的民主改革任务胜利完成，广大农奴和奴隶翻身做主人，阴法唐也取得了在整个江孜地区开展民主改革的经验。阴法唐可谓是西藏发生伟大划时代历史巨变的参与者、组织者和见证者。

在1962年10月的中印边境自卫反击战中，阴法唐又是进入前线阵地最早的我军指挥员之一。当时，他任藏字419部队的政委。

1962年10月18日，419部队指挥部和部分部队向位于错那县的克节朗地区前沿阵地进发。新华社记者徐学增和我随军采访。我们看到在长长的行军队伍中，个头瘦小的阴法唐精神抖擞，有马不骑，一路总是同战士们一起徒步翻山越岭行军，比许多年轻战士走得还快。有人禁不住对他说，政委，走慢点，注意安全。阴法唐说，我爬山习惯了，进军西藏路上的很多山都比这高得多，路比这险得多，请大家放心。此情此景，使战士们深受鼓舞。我顿时感到战争胜利的曙光似在眼前。

克节朗地区山高谷深，道路窄而陡，漫山漫谷都是森林。虽然已是深秋季节，但这里仍然是一派翠绿景色。我似乎又回到了我那可爱的湖南山区老家。

1962年10月20日拂晓，克节朗地区响起了密集的枪声炮声。中国边防部队在忍无可忍的情况下，对印度侵略军的进攻展开了反击。阴法唐等419部队的指挥员顶着身边不断响起的子弹的呼叫声和不时响起的炮弹的爆炸声，指挥着反击部队快速前进。

傍晚，我们来到了已被我边防部队攻克的印军章多空投场。这是一个大山坡，山坡上有几栋简陋的房子。我们在这里向北京新华总社发出了一条消息，报道我边防部队已清除了印军在我国领土克节朗地区的据点和哨所，收复了克节朗地区。

后来，我们又了解到印军第七旅旅长达尔维在克节朗战役中，被419部队俘获。他在被俘时叹服地说："你们在24小时之内消灭了一个旅，这在世界上是少有的。"

次日凌晨，我们跟随指挥部，从章多向达旺前进。这是一次极为艰苦的长途急行军。一路上山高林密，坡陡路窄。阴法唐仍然是有马不骑，同大家一道徒步前行。他走得汗水湿透内衣，上气不接下气，还不时给战士们鼓劲，高喊“前进，加油”！

10月24日，419部队指挥部和部分部队进驻达旺，我们新华社记者组同时来到这里，我们在第一时间向北京新华社总社发出了我边防部队收复达旺的消息。

在随后进行的西山口战役中，依照西藏军区前线指挥部的部署。阴法唐又率领419部队，与兄弟部队一道，对盘踞在西山口至鹰巢山口一带的印军进行迂迴大包围，予以分割歼灭。他们一路穿密林、攀悬崖、渡冰河、翻高山，历尽千辛万苦，清除印军驻点，收复了申隔宗、德让宗、邦迪拉等我国领土，将五星红旗插到了中印边界传统习惯线——鹰巢山口。

1963年2月，毛主席在北京接见了在中印边境自卫反击作战中有功的人员，至今，在阴法唐的家中，还可看到他珍藏的毛主席与他亲切握手的大幅照片。

奉献也是一种享受，在长期不辞辛劳、出生入死地为西藏的进步发展和西藏人民的幸福而奋斗的历程中，阴法唐作出了牺牲，也收获了丰富多彩的人生。他也更加了解与热爱西藏和西藏人民，并与西藏人民建立了不可割舍的亲情。可谓悠悠西藏情，历久情更浓。他深深感到，为西藏的进步发展和西藏人民的幸福奋斗终生，是他这个共产党员实践党的宗旨和理想、信仰的最好选择，也是最有意义的人生。于是，在离休后的日子里，西藏的一举一动仍然吸引着他的目光，西藏的各种人和物，都为他所关注。离休至今，他竟不顾自己年迈和西藏高寒缺氧，先后进藏达12次。

他每次回到西藏，置于首位的便是进行调查研究。离休后，他无数次向中央领导、中央有关部门和西藏领导、西藏有关部门报告自己在调查中发现的西藏的出现的新情况新问题，并提出自己的应对意见和建议。有位中央领导同志曾很有感慨地说："法唐上书，言必西藏。"

羊卓雍湖位于喜马拉雅山脉中段北麓，在西藏浪卡子县境内，海拔4441米，被称为西藏三大圣湖之一。她与雅鲁藏布江隔山相依，最近处相距仅6公里，而两者的水位落差却达800多米，其水利资源甚为丰富。

直到上世纪80年代末，浪卡子县及其附近地区的人们所用的燃料仍然是树木、草皮和牛粪，照明则只有油灯和蜡烛，即不利于人民改善生活，也不利于生态环境的平衡，更没有条件发展工业。人们只得望水兴叹。

阴法唐担任中共西藏自治区党委第一书记后，于80年代初来到这里蹲点。他经过多方面的调查，产生了开发羊卓雍湖的水利资源，在羊卓雍湖兴建水电站的想法。

1984年，当时的中央领导同志胡启立和田纪云来到西藏各地考察调研，阴法唐随行。一天，阴法唐和一同前来的西藏环境和水利部门的负责人、专家一道，向胡启立、田纪云汇报了羊卓雍湖及附近地区的情况、西藏方面有关开发羊卓雍湖水利资源，在羊卓雍湖兴建水电站的意见，以及这样做的必要性和可行性。这给胡启立和田纪云留下了深刻印象。

不久，阴法唐被召去北京，参加国务院召开的听取和研究关于开发羊卓雍湖水利资源，在羊卓雅湖兴建水电站的意见。西藏环境和水利部门的负责人、有关专家一同前往。会议由国务院总理李鹏主持，胡启立、田纪云和国家计委、中央水利部负责人、有关专家参加。在会上，阴法唐系统地阐述了开发羊卓雍湖水利资源，在羊卓雍湖兴建水电站的必要性和可行性。最终、在这次会议上、通过了这一工程立即上马的决议。

1985年，羊卓雍湖水电站兴建工程立即开工。

不久，阴法唐离藏到北京二炮工作。

与此同时，该工程施工中出现了一些新情况，反对在羊卓雍湖修建水电站的声音更大了。其质疑的焦点在于：建电站会使水位下降，进而破坏圣湖及其周边生态环境。反对意见强调，水是羊湖生命的源泉，建电站会对水中生物、鸟类以及周边老百姓造成不良影响。

1986年6月，兴建羊卓雍湖水电站工程停工。

此时，阴法唐人在北京，但身心依然为西藏的这件大事焦虑着、奔走着。他就此同中央有关主管部门、西藏的党政领导和有关部门保持着密切的联系，与他们交流情况，听取他们的意见，并提出自己的建议和主张。后经全面论证，电站改为抽水蓄能电站，全部安装抽水蓄能机组，可做到总体上不动用羊卓雍湖湖水。即利用羊卓雍湖与雅鲁藏布江之间840余米的天然落差，取羊卓雍湖的湖水，通过引水隧洞和压力钢管，引水至雅鲁藏布江边的发电厂。

经国务院批准，1989年，羊卓雍湖水电站修建工程复工，1997年，羊卓雍湖抽水蓄能水电站胜利竣工投产。

这个电站总装机容量约11万千瓦，是西藏规模最大的水电站，对拉萨电网乃至藏中电网的安全稳定运行具有重要作用。目前，它已有效地满足了湖区周边及附近各县和拉萨地区的用电需求，长远还将与日喀则、山南地区联网，满足这些地区的用电需求。人们说，这个水电站的建成投产，使西藏电力建设迈上了新台阶。羊卓雍湖水电站电厂厂长张江平曾自豪地对采访他的记者说："拉萨市的每10盏灯就有5盏是我们羊卓雍湖水电站点亮的。"

这个电站是世界上海拔最高的抽水蓄能电站。在如此高海拔的地区利用湖泊修建大电站，在世界上从未有人实践过。西方水电专家实地考察羊卓雍湖后曾断言，在这里建电站难于上青天，中国人不可能依靠自己的力量建成羊卓雍湖水电站。

尤为可喜的是，羊卓雍湖水电站建成投产后，其水位不但没有下降，反而略有上升。1997 年 5 月，羊卓雍湖水电站发电，其湖水水位是海拔 4437.31 米，至 2005 年 3 月 2 日，湖水水位是海拔 4439.82 米。运行将近 8 年，上涨 2.5 米。经有关方面考察，羊卓雍湖的水质、湿地、鸟类和水生生物的变化趋势也略有改善。

阴法唐又为西藏人民立了大功。

西藏和平解放以前，90%以上的人都是文盲。发展教育，是西藏解放后急需进行的头等大事之一。阴法唐在西藏工作的 27 年里，对此从不曾有过丝毫的懈怠。1952 年他刚到江孜，便不顾工作千头万绪，立即把办学校作为紧急的重点工作来抓。他亲自与江孜各方面人士协商、组织班子、选拔教师、筹集资金，很快办起了具有现代特色的江孜小学。如今，这所学校已是桃李满天下。从这里走出来的学生，很多都成为西藏各条战线的骨干，有的成为了专家学者和领导干部，如现任中共西藏自治区党委副书记、西藏人大常委会主任列确，中国藏学研究中心原总干事拉巴平措。

让西藏的孩子都能共享教育的阳光，是阴法唐自始至终的心愿，随时随处都牢记在心。曾担任阴法唐翻译的格桑讲了这样一个故事：上世纪 50 年代末，西藏仍然保持着封建农奴制度。一天，在通往中共江孜分工委大院的崎岖山道上，一个蓬头垢面、衣不遮体的小孩拼命地跑过来……在他身后，追赶他的人声和马蹄声清晰可闻。随着追赶的人马越来越近，小孩跑到分工委大院大门口灵机一动，像只猴子似的攀上紧靠围墙的旗杆，然后抓住吊在旗杆上的绳子，敏捷地跳跃到大院内，蹲在地上用双手遮住脸面大哭起来。他裸露的手臂上全是伤痕，屁股被打烂了，鲜血顺腿而流，这明明是被主人打伤而逃的小农奴。如果再被主人抓回去，后果不堪设想，阴法唐获知后,叫来医生为他擦洗伤口,并买了一套合身的藏装给他换上。得知这是一个无依无靠的孤儿后,阴法唐立即欲把他送到江孜小学读书,但又担心他的主人再来找麻烦,便派人把他送出江孜,安排到拉萨小学读书。后来,这个孩子以优异的成绩考上当时的中央民族学院,毕业回来后成了一名西藏地质专家。

在西藏和平解放、特别是西藏民主改革后,西藏的教育事业发展迅速,但对比内地依然落后,特别是还远远不能适应西藏建设发展的需要。阴法唐离休后,心里经常想着自己如何能为西藏教育事业的发展再出把力。

1998 年,阴法唐和家人商定,全家祖孙三代捐献 16 万元作为启动资金,在江孜设立教育基金会,给社会人士和单位创造一个为发展西藏教育献爱心的平台,促进西藏教育事业的发展。此倡议一经在江孜县提出,在江孜和附近日喀则各单位和各方面人士中,当即产生了积极反响,他们也积极响应,共捐赠了 10 万元。江孜县有的领导建议,用“阴法唐”的名义设立教育基金会。大家一致赞成。经江孜县民政局批准,“西藏江孜县第一小学阴法唐教育基金会”于 1998 年 8 月成立,基金起点数额为 26 万元。由组建的班子按《章程》在县教育局的指导下进行运作。

随着捐助和受助范围与人数及金额的增加,经西藏自治区民政厅批准,该基金会于 2007 年 7 月更名为“阴法唐西藏教育基金会”,其业务和资金的收支统一由西藏教育厅主管。影响面的扩大,使基金会迎来了新的发展机遇。

基金会成立后的十多年里,已有 130 人(单位)向基金会捐款,累计金额达 900 万元;捐助者来自全国很多省市,其中还有台湾同胞、旅居海外的华人。受助的优秀教师、优秀学生和家庭经济困难的学生已达 1000 多人次,10 多所学校分布于西藏各地市。

88岁的离休干部郑仲芳老人，听说基金会是为西藏教育事业服务，便决定向基金会捐款。2009年9月6日，他去银行准备捐款一万元，因银行规定支付一万元要验证身份证，而他当时没带，只好捐了9999元。但他不甘心，2010年春节前，他又带齐证件，前往银行为基金会捐助了一万元，这年教师节时，他再一次为基金会捐款。曾在西藏工作过、如今在美国上学的龙飞，某天在阴法唐家中看完中国水电工程顾问集团总公司向基金会捐款的录像片后，立即让同来的亲戚到附近银行办了手续，给基金后捐款一万元。台湾同胞苏淳莹女士率领她的公司，连续三年向基金会捐款。学生格桑旦增说："得到基金会的帮助，我深感祖国大家庭的温暖，深感'老西藏'们为我们打造的新世界的阳光，我决心努力学习，做一个对祖国、对家乡有用的人才。"学生索朗曲珍说："基金会用捐款奖励了我，这也证明了自己的价值，我要更加努力学习，争取做一个能适应现代社会发展的优秀人才。"学生白玛央西说："新西藏的明天要靠我们去建设，'老西藏'们为了培养新西藏明天的建设者，献出了自己的一切。无论我们明天长成参天大树，还是平凡的小草，我们的身上都浸透着他们的爱心与付出，让我们再说一声感谢，你们辛苦了！"

是的，他们的确为此付出了许多辛苦。2010年10月，年近九旬的基金会名誉理事长阴法唐，赶赴河南接受捐款，紧接着就出发去海拔三千多米的西藏昌都，参加庆祝昌都解放60周年的活动，到昌都的第二天，他就不顾高山反应，赶赴昌都县俄洛镇中心小学，代表基金会向该校进行捐赠。一路虽然极为劳累，但一见到可爱的孩子们，脸上就布满了笑容。

谈到基金会，阴法唐动情地说："教育连着国家和民族的命运，是进步发展的基础，不仅政府要办教育，全社会每个公民都有责任为发展教育贡献力量。从某种意义上讲，民间对教育慈善捐助的状况，也是一个国家文明发展水平的标志之一。我衷心地向为支持发展西藏教育事业向基金会进行捐助的热心人致敬！”

如今，全国有20多个省市建立起了西藏中学或藏族学员班。阴法唐也没有忘记西藏人民的这些学子。2013年10月，92岁的阴法唐回到山东老家，在听到山东泰安中学有14名来自西藏的学生后，他和夫人李国柱当即前去看望。夫妇俩用同藏汉两种语言同孩子们拉家常，了解他们在那里的学习、生活和身体情况，以及有什么困难和要求。他们还和孩子们一起唱起《一个妈妈的女儿》这首歌。“太阳和月亮是一个妈妈的女儿，妈妈的名字叫光明，啊……藏族和汉族是一个妈妈的女儿，妈妈的名字叫中国。”用藏语唱完一遍，又用汉语唱了一遍。会见亲如一家，大家谁也不舍离去。

马克思在其《论犹太人》一文中说：“任何一种解放，都是把人的世界和人的关系还给人自己。”

推翻已延续一千多年的政教合一的西藏封建农奴制度，广大农奴和奴隶翻身做主人，西藏社会实现超世纪跨越，这是社会发展的伟大革命，是人类社会废奴运动、维护人权运动的辉煌篇章，是中国共产党对人类的一大贡献，将这一巨变的历史记录下来、保存下来，是党和政府的责任，也是每个亲历者的义务。阴法唐退休后，又满腔热情地投入了这一工作。

2001年10月，阴法唐提出编撰《解放西藏史》的建议，很快，60多位当年第一批进藏的老战士和党史研究人员组成了编写该书的班子，阴法唐任编委会主任。在编写的过程中，他们常为弄清一个事实，在西藏和各省市区来回奔跑。几易其稿，这部50多万字的书，终于在2008年出版发行，一年间加印三次，并荣获国家新闻出版总署评选的《三个100原创图书奖》。

他参与编写和审定的西藏史书还有：《中国人民解放军18军和西藏军区军史》、《辉煌的二十一世纪大记录（西藏卷）》、《中国共产党西藏工作50

年》、《当代中国西藏》。在由八一电影制片厂拍摄的反映西藏和平解放和民主改革的大型电视片《西藏风云》中，他担任顾问和总监制，并为此专程两次往返西藏。

他还写了很多有关西藏的政论性文章，在众多期刊上发表。文章并系统地介绍了毛泽东、周恩来、邓小平等有关西藏的论述、决策和对西藏工作的指示。

昨日史，今日镜。这些史书和文章，在读者的心里掀起了无尽的波涛，也给了读者无尽的启迪、智慧、勇气和力量。人们深深感到，这是我们世代永远不能忘记的珍贵历史，忘记就是对西藏人民和祖国的背叛。

阴法唐夫妇的西藏情结，也铭记在了自己的后代身上。他为三个女儿都取了赋予特殊含义的名字。大女儿名建白，"建"即建设，"白"是藏语，即西藏，建白的意思就是建设西藏；二女儿名江莎，"江"即江孜，"莎"是藏语，即"新"的意思，江莎的意思即建设新江孜；三女儿名亚农，"亚"是藏语，即发展的意思，农即农业，亚农就是发展西藏农业的意思。

在阴法唐的心目中，西藏就是三个女儿的老家。

1985年，阴法唐要调往北京工作。离藏前，他领着女儿建白到江孜认亲，女儿亚农同行。建白出生在江孜。她出生后，主要是由当地藏族阿姨潘多照料抚养她，她的幼年和童年都是在潘多的精心照料下度过的。阴法唐和女儿到江攻后，得知潘多已经去世，她的两个女儿都成了国家干部，大女儿在日喀则昂仁县工作，二女儿在日喀则地区农业局工作。

阴法唐立即领着女儿来到了日喀则。他们很快了解到了潘多的二女儿扎西群宗在日喀则的详细住址。第二天，阴法唐在日喀则地委有件急事要办理，建白和亚农就急不可待地来到了在日喀则中级法院宿舍院内的扎西群宗的家。当时已35岁，性情开朗的扎西群宗喜出望外。她拉着建白的手，眼含热泪，激动地说："这么多年了，你们还记着我们呀！"建白说："这些年来爸爸、妈妈和我一直都在想念着潘多阿妈和你们全家人啊！"

扎西群宗连忙摆出了糖果、杏干、桃干，端来了酥油茶、青稞酒招待他们。

不一会，阴法唐来到了法院宿舍院内，扎西群宗获悉，立即跑出来迎接。她紧紧握住阴法唐的手，泪水夺眶而出，一时说不出话来。阴法唐的眼眶也红了。

走进一个宽大、整洁的房间后阴法唐坐在卡垫上。扎西群宗给阴法唐端来了青稞酒。他按照藏民族风俗礼节，接过青稞酒，用右手无名指蘸了一点，向空中弹了一下，才饮下。

大家围坐在一起，扎西群宗说她姐姐在昂仁县，不能来地区了。接着，她又禁不住追述起往事。诉说了在农奴制度下当农奴和奴隶的苦。又谈到了平叛和民主改革……她说，我们分得了土地，日子好过了，翻身做了主人。后来，姐妹俩又到陕西咸阳的西藏公学院学习，毕业回来就参加了工作，又同时入了党。

扎西群宗比建白大四岁。当年阴书记在江孜为西藏人民辛勤工作的情况、阴书记一家与自己一家亲密相处和交往的情况，她都还记得一些，阴书记一家离开江孜后，她妈妈时常想念他们的一些情景，她更是记得清楚。她哽咽着说："我妈妈非常想念阴书记，在报纸上看到阴书记的照片，也总要感慨一番。"

"你母亲带着建白吃苦啦！当时建白她妈妈工作忙，建白就靠你妈妈抚养。西藏的人民，我不会忘记，你们的情谊，我更不会忘记。我们这次来，不仅仅是为感谢和看望你们，也是来认亲的。从今天起，你和建白就该姐妹相称了。你母亲去世了，今天见到你，就同见了你母亲一样。"阴法唐讲到这里，也禁不住哽咽。

扎西群宗和建白不约而同地站起身来，紧紧握手。建白喊了声：“姐姐”。

俩人都流出了眼泪，亚农在一旁也激动得热泪盈眶。在旁的藏族干部唯色激动地站起来，对建白说：“从今天起，你有了一个藏族姐姐”，又对扎西群宗说：“你从今天起，有了一个汉族妹妹，你俩可得好好谈心！”

第二天，扎西群宗又提着酥油茶，来到日喀则地委招待所看望亲人。阴法唐和两个女儿同她在这里一起吃了饭，照了合影，彼此送了礼品，亲切交谈，胜似家人团聚。

临别时，扎西群宗难过地说：“明天你们就要走啦！以后见面就难了，真心希望你们再来。”她一再恳切地说，希望把这次的合影寄给她一张，并寄一张阴书记全家的照片给她留作纪念。

这以后，建白与扎西群宗一直保持着密切的联系。1998年和2000年，建白两次到西藏办事，两次都特意去了日喀则看望她的藏族姐姐。

在阴法唐的家里，也处处彰显着浓浓的西藏情。

他家书房的书架上，除马列和毛主席的著作外，最多的就是有关西藏的各种专著。书房里还有《西藏日报》、《今日西藏》、《中国西藏》、《西藏地方志》、《西藏党史资料》等报刊杂志。阴法唐每天必读西藏日报，每天必看西藏电视台的节目。

阴法唐家的客人，大都是来自西藏或与西藏有关的人，他们中有藏、汉族干部，有与西藏有关的内地各方面人士，有藏族群众，有在内地学习的藏族青少年学生。

上世纪60年代，阴法唐在西藏的一个房东的孩子来到中央民族大学读书，他知道后，便让这个孩子在假日假期都到他家里去住，并为他添置衣服和生活用品。孩子快毕业时，又把他叫到家里，辅导他写毕业论文。

北京和其它地方的一些部门和单位邀请他参加活动，只要其活动内容有关西藏，他一概按时前往，从不推脱。

2017 年 2 月 25 日，北京建藏援藏工作者协会召开会员代表大会。已 95 岁高龄的阴法唐，不但以协会学习指导老师的身份出席了大会，还作了讲话。

阴法唐首先宣讲了习近平总书记对西藏工作的指示："西藏工作关系党和国家工作大局"、"治国必治边、治边先稳藏"。阴法唐说，西藏社会之所以能取得跨世纪的发展，归根到底就在于坚持和贯彻了党的治藏方略。新形势下，我们最重要的就是要学习历史，认真贯彻执行习近平总书记对西藏工作的重要指示，坚持党的治藏方略，从而进一步发展西藏的大好形势，实现长治久安。

如此高龄老人的如此作为，令在场的人无不为之动容。

走进阴法唐的人生，我不由地想起俄国十月革命时期的英雄奥斯特洛夫斯基在其所著《钢铁是怎样炼成的》一书中所说的一段话："人的生命是宝贵的，但生命属于我们只有一次。人的一生是应该这样度过的：当他回首往事时，他不因碌碌无为而羞耻，也不因虚度年华而悔恨。这样，在临死的时候，他就能够说，我把整个生命和全部精力都已经献给了世界上最壮丽的事业——为人类的解放而进行的斗争。"

他的骨灰洒在了昆仑山口、沱沱河畔……

——记誉“青藏公路之父”慕生忠将军

1994年10月19日，慕生忠将军在兰州逝世。临终前，他留下遗言，把他的骨灰撒在昆仑山上、沱沱河畔。一周后，子女们按照父亲的遗愿，捧着父亲的骨灰来到了青藏公路。10月31日，慕生忠的子女们手捧父亲的骨灰盒来到昆仑山口。中央电视台的拍摄人员也来到这里现场拍摄，纪录慕生忠骨灰安葬仪式。那天，驾车路过昆仑山口的汽车司机们得知这是在安葬慕生忠将军的骨灰时，纷纷停车鸣长笛致哀，深沉浑厚的汽笛声在昆仑山的山谷中久久不散，奏响了一曲天路之歌。天空中飘散着鹅毛大雪，漫天飞舞的雪花不一会儿便使昆仑山口变成一片雪白！大雪飞舞祭忠魂！所有在场的人都湿润了眼框。

1982年，年过古稀的慕生忠将军回到了格尔木，站在昆仑山口，对同行的女儿说：“将来我死后就把我埋到这里吧！我听惯了青藏公路滚滚的车轮声，那声音能让我永远安心长眠。在这里，骨，可与冰峰共舞，魂，可与风雪谈情。”

慕生忠，这是一个和青藏公路的历史熔铸在一起的名字，这是一个生在西部大地威名显赫、死又魂归昆仑的不朽英灵，这是一个为共和国的诞生身经百战的英雄。

幕生忠是陕西吴堡慕家塬村人，1910年10月出生，受陕北革命领导人刘志丹的影响，20 岁投身革命，23 岁时加入中国共产党。并组织了一支杀恶除奸的游击队。为此，反动派杀了他一家包括其父母在内的四口人。慕生忠发誓报仇，化名艾拯民，亲手砍掉过不少反动恶霸的脑袋。刘志丹夸他大胆，因而不少人叫他“艾大胆”。后来他带领游击队东渡黄河，活动于晋西吕梁地区等 20 多个县。阎锡山曾贴出布告，悬赏 10 万大洋买他的人头。1935 年 10 月，中央红军长征到达陕北吴起镇（今吴旗县），慕生忠率领自己的队伍去吴起迎接毛泽东和中央领导人。他经历了土地革命时期、抗日战争时期、解放战争时期的无数战斗，九死一生，身上留下丁 20 多处伤口，为中华民族的生存和新中国的诞生立下了不朽功勋。1955 年，慕生忠被授予少将军衔。

请缨北京中南海

1950 年至 1951 年，为解放西藏和保卫祖国的边防，中国人民解放军分别先后从四川、青海、新疆和云南四个方向进军西藏。慕生忠是从西北进军西藏的人民解放军部队的政治委员。

1951 年 8 月 22 日，从西北进军西藏的部队由青海的香日德出发，踏上了进军西藏的征程。这支部队赶着两万多头背驮物资的牲畜，沿着海拔在 4000 米以上的路线，走过地处黄河源的大片沼泽，人畜随时都可能陷入泥潭被泥浆吞没，穿过上百至数百里见不到人畜身影，并不时风沙大作，天地昏沉的柴达木戈壁，翻越终年积雪的海拔 5000 多米的昆仑山、唐古拉山，涉越冰冷刺骨且波涛汹涌的通天河、沱沱河。历经严重缺氧，极度严寒，跋涉 1600 多公里，伤亡众多人畜，于 1951 年 12 月 1 日抵达拉萨。

进藏后，慕生忠任中共西藏工作委员会常委、工委组织部部长。

人民解放军四路部队共约三万人抵达西藏，撕破了雪域高原的旷世寂寥，五星红旗高高飘扬在雪域，巩固了国防，也给千百年来饱受封建农奴制度残酷统治的农奴们带来了翻身解放的福音。

此时，一个现实问题摆在了大家面前：部队的军需供应，特别是粮食供应如何解决？三万人，每天仅粮食就要消耗四、五万斤。而中央对进藏部队有明确规定：进军西藏，不吃地方。用牲口驮运的粮食连塞牙缝都不够。在西藏上层反动集团的操纵下，西藏地方政府及其控制的贵族又拒绝卖粮食给解放军。他们妄图借此将解放军饿走、赶走。解放军的军需供应最紧张时，每人每天四两面都难以保证供应，在市场上一个银元只能买到作为燃料的八斤牛粪，一斤银子只能买到一斤面。

随后，进藏部队和进藏工作人员就地掀起了自力更生开荒生产旳热潮。慕生忠带领指战员来到垃萨西郊哲蚌寺下面的荒滩上安营扎寨建农场。这里遍地是荆棘、石头和树根，数九寒天，一镐挖下去，指战员们的虎口震得发麻，地上却只留下一个白点，冻土下面的树根和石头丝毫不动。慕生忠身先士卒，带领大家克服种种困难，终于将这沉睡千年的荒滩变成了良田，种上了粮食和多种蔬菜，建起了农场，取名“七一农场”。

为了援救饥饿中的驻藏人民解放军部队和工作人员，1953年，中央把支援任务交给了中共中央西北局，西北局很快组建了“西藏运输总队”，在全国各地征购骆驼，向西藏赶运粮食.慕生忠兼任运输总队政治委员。

这年春夏之交，从陕西、甘肃、宁夏、青海及内蒙等地征购的2.8万峰骆驼连同雇用的牵骆驼的民工1000多人，集合在运输总队的大本营香日德，分批浩浩荡荡地在“叮咚”“叮咚”的驼铃声中向拉萨进发了。路途遥远，骆驼一路身负重载，气候又极其寒冷，严重缺氧，再加上一路牧草低矮不及一寸，习惯于吃高草的骆驼吃不惯，长时间处于饥饿状态，被称为“沙漠之舟”的骆驼一批又一批倒在了地上，再也没能起来。一路白骨累累，秃鹰群飞。三个多月后，这支队伍完成了它的艰难历程，将400万斤粮食运到了拉萨，暂时在一定程度上缓解了进藏部队和工作人员的吃饭问题。悲哀的是，4000多峰骆驼自此消失了。慕生忠心情沉重。

先后两次进藏的经历，使慕生忠深深认识到仅靠原始的传统运输模式，无法解决进藏部队的军需供应问题，更谈不上守卫边防和发展西藏的经济了。同时，慕生忠又了解到：从四川进军西藏的解放军18军部队正在修筑的康藏公路，沿线高山更多，地势更为陡峭，遍是悬崖峭壁，河流也更多更深更湍急，工程极为艰巨；更大的问题是每到夏秋季节，这一带极易暴发山洪和冰川泥石流，既阻碍筑路施工，又存在既使公路修通，也难以四季畅通的问题。因此，仅有这一条公路，内地与西藏之间繁重的运输任务是无法完成的。

慕生忠萌生了从西北修筑一条通往西藏的公路的强烈愿望，他说，修筑这样一条公路，是解放军和我们党及中央政府在西藏站稳脚跟的需要，是反对分裂，加强民族团结的需要，是把西藏人民从封建农奴制度下解放出来的需要，是西藏繁荣昌盛的需要，是巩固国防的需要，势在必行！

紧接着，慕生忠趁着一次到北京开会的机会，特地去看望自己的老领导彭德怀同志，向彭总汇报了自己萌生修筑青藏公路的意愿和决心。彭总热情支持了他的想法，踱步走到挂在墙上的中国地图前，抬起手，从敦煌一下划到西藏南部，说：“这里还是一片空白，从长远看，非有一条交通大动脉不可啊！”

彭总问慕生忠有什么具体打算。慕生忠回答说，从西藏到香日德这段路，是解放前国民党政府修的，虽破烂不堪，但还能勉强走车，从香日德到格尔木的300公里路，此次来京前已进行了修补。现在准备先从格尔木修到可可西里，到那里后再计划第二步。总之，我们一定要修通这条路。彭总嘱其进一步探明情况，研究修筑这条路的可行性。

慕生忠回到青海，立即带领人马，坐着胶软车上路了。他用四天时间，从香日德赶了300公里，到了格尔木，接着又让运输总队副政委任启明带领三人，围绕探明修筑青藏公路的可行性，继续向拉萨前进。50多天后，慕生忠在格尔木收到了任启明发来的一封诗一般的电报："远看是山，近走是川，山高坡度缓，河多水不深，道路虽艰险，马车可过关。"这封电报是从经可可西里、离格尔木900公里、离拉萨300公里的西藏重镇那曲发出的。这意味着修筑青藏公路是可行的。慕生忠立即进京汇报。

1954年1月底，慕生忠又急匆匆地从青藏高原来到北京，找中央有关部门要求修筑青藏公路。他先找了负责处理西藏事务的中央民族事务委员会主任李维汉。李维汉听他谈了来意后，说修路的事归交通部管，便派人带他去交通部。

交通部公路局局长接待了慕生忠。慕生忠自报家门后，便直截了当地提出要修筑青藏公路，请交通部给予支持。这是件大事，局长禁不住惊讶地说："修筑青藏公路？作为全国交通主管部门，从来没有安排这项工程呀！是谁派你来的呢？"慕生忠回答："我代表我个人，我是从青海来的。"

修筑青藏公路，既不是国家安排的，也不是主管领导机关西藏工委要求的，而是作为西藏工委组织部长兼运输总队政委的个人请求。到底是怎么回事？此时的局长是一头雾水。他听完慕生忠讲了两次进藏的经历后，很是感动，也很赞赏慕生忠修筑青藏公路的设想。但是由于当时交通部没有此项计划，他无法对慕生忠的设想表示支持。无奈，慕生忠拂袖而去。

怎么办？慕生忠又找到老领导彭德怀想办法。彭德怀高瞻远瞩，从战略高度上肯定了修筑青藏公路的必要性，并当即指示由西藏写个报告交给他转呈周恩来总理。

几天后，周总理亲自批准了青藏公路的修筑报告，同意先修格尔木至可可西里段，并批30万元作为修路经费。这经费虽是杯水车薪，但对慕生忠来说也是弥足珍贵了。

彭德怀又安排兰州军区拨出10名工兵、10辆十轮卡车、1200把铁锹、1200把十字镐、150公斤炸药等物资，支持慕生忠修建青藏公路。

这次，彭总还看着地图对慕生忠说，按照现在计划的青藏公路的走法，青藏公路上汽车的用油，只能是从位于甘肃河西走廊的玉门油矿进油，经兰州转西宁再至格尔木，路程太远，不可行。还有一种办法是，格尔木以北几百公里的地方有个敦煌镇，此地离玉门油矿只有几百公里，如果我们修一条格尔木至敦煌的公路，连接甘肃修的从玉门至敦煌的公路线，玉门油矿的油便可通过格敦公路直接运至格尔木，岂不是又快又省力，何乐不为！慕生忠说："彭总下令，我坚决完成任务，愿立下军令状。"

慕生忠急如星火，赶回格尔木，开始实施他宏伟的修筑青藏公路的计划。

他同西藏运输总队副政委任启明等人商定，不成立指挥部，自任指挥，组建筑路施工队、测量队和后勤保障部门，担负起修筑青藏公路的重任。

制定打破常规的筑路方案

不久，西北军区的邓郁清工程师被调来参与修筑青藏公路，负责技术方面的工作。邓郁清，福建上杭人，毕业于福建龙溪专科学校，有"实业报国"思想。1943年，国民党宣称修建从西宁经玉树入藏的公路，但是用两年时间，勉强修到玉树就停建了。邓郁清曾作为一名工程师参加过这一失败的公路建设。后来，他参加了革命。1951 年 8 月，由西北向西藏进军的解放军部队出发前，西北军区要求西北交通部选派一名工程师，随军担负青藏公路的勘测任务。这次经中共西藏工委向西北局要求，他作为唯一的工程师调到了这里。

在邓郁清抵达格尔木的当天，慕生忠就主持召开了一个关于筑路方案的有任启明和邓郁清参加的讨论会。会上讨论到在这世界屋脊上修筑 1000 多公里公路，竟在连一个正规的测量队、工程队都没有的情况下就要冒险施工时，邓郁清心凉了。他情绪低落，没有言语。慕生忠看出了他的心思，便单刀直入地对邓郁清说："工程师同志，你在 1951 年进过藏，对西藏情况比较熟悉。当前，我们迫切需要修出一条路来，否则，我们在西藏的同志就会吃不上饭，穿不上衣，这是关系到西藏发展前途和边防安全的头等大事。"他接着又说："我们这样做的确是不合常规，不合基建程序，但并非我们执意要这样做，而是形势所迫，时间不容许啊！如果我们按常规办，先踏勘后测设，然后经过审批再施工，就起码两三年过去了才能施工，这将产生什么后果！我们不是想蛮干，也不是不相信科学，而是当按常规办不能解决现实问题时，我们就只好打破常规，去创造新的科学。"慕生忠并说："我要提醒工程师注意一个问题，就是不要考虑个人得失，认为自己修了一辈子公路，到这里来却修了一条不像样的公路，丢人。"

邓郁清仍然不服。他说："政委，你急于修路通车的心情，我是理解的。对我个人来说，得失可以不顾，面子可以丢，但修路毕竟是一门科学，仅凭热情和干劲是不够的，不测量就施工，是没有把握的……"

慕生忠又从各方面反复说明，抓紧修路通车，是解决西藏和平解放后我党我军遇到的各种困难的最重要甚至是唯一的办法，只有这个问题解决了，其它问题才可以迎刃而解，也正因为如此，毛主席作出了"一面进藏，一面修路"的重要指示。他并对邓郁清说："我只有一个要求，就是尽快修出一条路来，技术方面的事，由你全权作主，你要看到大局，并大胆努力创新，出了问题，责任由我来承担。"

邓郁清服了，也深深地被感动。三小时过去了，他们终于作出了"先通车，后改善，再提高"的建设方针。"先通车"，解决燃眉之急，"后改善"，保证畅通无阻，"再提高"，成为正式国道。几十年来的实践证明，这个方针是完全正确的。

1954 年 5 月 11 日，青藏公路在格尔木破土动工。在国家投资只有 30 万元，没有一台筑路机械，工程技术力量短缺到仅有一名工程师的情况下，慕生忠率领 1200 名民工、军工，人人手持一把铁锹、一把十字镐，开始了在雪域高原修筑公路的历史性壮举。慕生忠称此为打破常规，急造公路。

不怕苦，不怕死，身先士卒

浩瀚的戈壁，湍急的江河，无垠的沼泽，矗立的雪峰，气候严寒，空气稀薄缺氧。修筑青藏公路不但极为艰苦，而且极易造成施工人员的伤亡。因此，慕生忠始终把在筑路队伍中大力弘扬不怕苦不怕死的精神作为头等大事来抓，并特别强调领导要身先士卒。他说，如果我们的队伍做不到这一点，那一切都无从谈起，只能是知难而退。

在修筑青藏公路的整个过程中，慕生忠和所有民工、军工一样，手中都持有一锹一镐，所不同的是，他在一把自己使用的铁镐上烙上了"慕生忠之墓"五个字。他对大家说："人都免不了一死，人有三种死法，老死、病死和战死。与其躺在床上慢慢老死和病死，不如死在战斗的岗位上。死的光荣！如果我死在这条路上了，这里就是我的墓碑。路修到哪里，就把我埋在哪里，头冲着拉萨的方向！”

1954年8月中旬，筑路大军翻越了风火山，向沱沱河前进。有一次，沱沱河里的过水路面被洪水冲毁了，一长串汽车被堵在河边。“抢修！”慕生忠一声令下，自己第一个跳下河里搬石砌路，其他人也跟着下到了河里。这源自长江发源地格拉丹东雪山的雪水，冰冷刺骨。大家对他说：“政委，你快上去吧，我们来干！”慕生忠根本不听别人的劝说，自始至终在河水最深、水流最急的地方奋战。他在水里连续抢修了几个小时，等到路面修好，汽车又开始继续前进时才上岸。此时，他的双腿已经肿得穿不进鞋子了。大家心痛地说：“政委今天可受苦了。”慕生忠却微笑着说：“我受点苦值得，你们不是都跟着下水了吗，汽车也过河了吧！大家都受苦了！”

唐古拉山（藏语中意为“高原上的山”），主峰6096米，绵亘千里，青藏公路将要经过的唐古拉山口也高达5400米，外国有探险家称：“唐古拉山是死神主宰的世界”。

1954年9月下旬，慕生军率领筑路队伍来到了唐古拉山脚下，向山口前进。他们立即感到人在这里别说干活，连站稳都甚为困难。那利刃般的寒风裹着铁砂似的雪粒向身上脸上抽打，双眼也常常因为风雪的袭击而无法睁开。严重的缺氧使人连坐在这里不动都感到呼吸急促，一干活更是上气不接下气，用力稍大些，便觉得重槌敲击太阳穴般难受。

他们在这里天天吃只放了盐的面疙瘩和野兽肉，不少被高山反应严重折磨的人，一点胃口都没有，每餐只能勉强喝一点面汤。到了夜晚，帐篷里冷得像冰窖，睡到半夜被窝都捂不热，加上凄厉的寒风不时呼啸，人们很难进入梦乡。

“只有背水一战了！”慕生忠觉得，必须让所有的人明白，眼前只有让公路翻越这山口才有出路，没有第二条路可以让我们选择。

慕生忠天天泡在工地，什么活都干，他的脚后跟裂开的大口子能填下几根火柴棍。晚上在帐篷里给干部开会，他一边讲话一边用缝被子的针，缝他脚后跟上裂开的“娃娃嘴”。他还幽默地说已经缝出了经验，一点也不疼，谁要是有了“娃娃嘴”，也可以请他去缝。

他每天和工人们一起抡锤凿石，弯腰扒渣，工作量和工作效率超过大多数工人，并且哪里的工程最艰险，他就会出现在哪里，及时发现和解决问题。

慕生忠在抡锤凿石时，从一下连着打到了四五十下，大家一再劝他停下，他听不进去，依然继续。在如此缺氧的高山上这么玩命地干，是要出大问题的。这时，有人从他身后抱住了他的胳膊，他才无奈地停了下来，吼道：“怕什么，就算是死了，也要头朝拉萨！”

多么掷地有声，大家的心都被慕生忠深深地震撼了。

海拔 5000 多米的筑路工地更加沸腾了，“怕什么，死，也要头朝拉萨！”的声音响遍这冰峰雪岭，工程进度加快了。

有一天晚上，驻地医生走进帐篷，没见人影。他连忙去找队长，队长一看，果然人和工具都不在里面。仔细一听，又听见山上有工具的撞击声……队长到工地找到小队长命令停工。小队长说：“这是工人们叫我起来的呀！你先让别的小队停了工，我们就停工。”这位队长东跑西走劝说停工，始终没有哪个小队肯停下来。

某工队有个炊事员，每天除了做饭外，还积极主动地去工地参加修路。一天，他去修路时忘了盖好做饭烧火用的干牛粪，结果牛粪被雨水淋湿了，造成这个工队中午不能按时开饭。慕生忠到此看到这种情况，严厉地批评这个工队的队长。这时，工人们纷纷站出来帮他说话：“政委，你别再批评我们队长了，我们不吃这顿饭也照样上工，更何况队长已经派人去其它地方找干牛粪，准备给我们烧火做饭了。”足见他们之间的情谊。

艰苦奋战近一个月，在海拔5000多米的地方修筑公路30公里，青藏公路终于翻越了唐古拉山。这段公路，是世界上地势最高的一段公路。人们看着汽车轰鸣着从自己眼前驶过，一个个都湿了眼眶。慕生忠更是抑制不住激动之情，立即给中央发了一份电报，报告这一喜事。

在修建青藏公路的整个过程中，每段险路、险桥工程竣工后开车试路，慕生忠总是争着上第一辆车通过，将安全让给别人，把危险留给自己。

公路修到格尔木以南70多公里，到达了昆仑山北麓。这里有一处深谷上窄下宽，形同“八字”，顶宽八米，顶端至水面30余米，谷壁陡峭，巉岩嶙峋，谷底流水湍急，浪涛汹涌，震声如雷。然而这里是进藏的咽喉，必须架桥跨过。

慕生忠和邓郁清拉着从兰州、香日德购买的九根用做大梁的东北松和少量钢筋铅丝来到了这里。在这里负责的工兵连副连长王洪恩向慕生忠和邓郁清汇报了修桥准备工作，邓郁清又查看了地形。他发现所选桥位很适当，而且引导已修好，主要的问题是九根用做大梁的木料长度为九米，而架桥实际所需长度为12米，短了三米。接梁也没有材料，一根螺栓和铁夹板、桥钉都没有。王副连长提议由邓郁清设计一个方案，再派人和车去兰州备料。慕生忠听后直摇头：“那不行，远水解不了近渴，三天之内不修通，我们前面的工人就要饿肚子了！”邓郁清说：“政委，你有事就先走吧，这里由我们来想办法。”时近傍晚，慕生忠吩咐王洪恩听从邓郁清工程师的指挥，并坚持将自己的警卫员留下负责邓郁清的安全保卫并照顾邓郁清的生活，就这样，腰间别着一支手枪，独自到前方工地去了。邓郁清双眼满含泪水望着他的身影远远离去。

邓郁清吃不下饭、睡不着觉，反复寻思破解困难的办法。同时召集工兵连的部分同志和民工开“诸葛亮”会，商讨办法。“苍天不负有心人”，三天期限到了，木桥架起来了！

这天，慕生忠按时赶了回来，并立即下令让依次停在桥边的满载面粉的10辆十轮大卡车过桥。邓郁清跨步登上了第一辆过桥的汽车。他做好了如果出现桥塌就连人带车都交代的思想准备。人们没有想到的是，此时，慕生忠一下把他从驾驶室拉了出来，自己一个箭步跳了上去。他对邓郁清说：“快到桥那头去指挥。这桥是你造的，你不指挥谁指挥！”邓郁清只得服从命令。10辆卡车顺利通过了，工地沸腾了，邓郁清拥抱着慕生忠说：“政委，您把我从车上拉下来的意思和心情，我完全理解，可您是一军主帅，您亲自在险路上试车太危险了！”慕生忠则说：“你是我们筑路队伍唯一的工程师，你有个闪失，再没有第二人了……”

慕生忠给这座桥取名为“天涯桥”。1956年4月，陈毅副总理进藏时路过此地，将其改名为“昆仑桥”，并触景生情，留下名诗佳句：“峰外多峰峰不存，岭外有岭岭难寻。地大势高无险阻，到处川原一线平……”

大将的用人风度

在这里，还广泛流传着慕生忠打破常规重用齐天然，在察尔汗盐湖架起万丈盐桥，修通与青藏公路相连的敦（敦煌）格（格尔木）公路的故事。

齐天然，原是国民党胡宗南部队的一个少将师长，解放战争时期在四川率部起义投诚，1951年随西北解放军部队进藏。西藏运输总队成立后，他一直负责购买骆驼。前不久，调到运输总队的可可西里转运站工作。

那是青藏公路翻越昆仑山进入可可西里后的七月下旬，慕生忠到北京向彭老总报喜并汇报工作。其间，他对彭总说：“彭总，目前我手下的干部，大多是国民党投诚的旧军官，人家说我是‘招降纳叛’。”同时，他又提出想让齐天然带队去修格敦公路。彭总回答说：“好嘛！为人民修一条路，也给自己修一条路。你把我这话也带给齐天然。”

慕生忠迅速赶回到了可可西里。此时，他的车上增加了一个人——齐天然。

慕生忠领着齐天然到各筑路工地看了看施工情况，感受工人们忘我的战天斗地的精神。

两天后，他又领着齐天然往回赶。路上，慕生忠首先向齐天然转答了彭总的话：“为人民修条路，也为自己修条路。”这话使齐天然深受感动，也深受教育。他心里久久回味着这句话，心想，这话是给他和与他一样的从国民党军队过来的军官指明了立功酬愿的前进方向，既深刻又亲切。他激动地说：“我一定会这样做的！”慕生忠明白了齐天然的心思。

第二天，他俩赶到了五道梁——这是慕生忠在此修路时取的地名，因其海拔高、地形特殊，极度严寒缺氧，这里流传着“到了五道梁，哭爹又叫娘”、“纳赤台得病，五道梁丧命”的顺口溜。有人还说，能不能进西藏，五道梁是个坎。

吃晚饭时，齐天然弄了山鸡和野羊肉下酒，招待慕生忠。

酒酣耳热，齐天然正想趁慕生忠在兴头上提出自己决心在修筑青藏公路中立功酬愿的要求时，慕生忠先一本正经地开口了：“天然同志，现在有个最艰巨最光荣的任务需要你去完成，不知你敢不敢去？”

“只要你敢下命令，我就敢去，我盼的就是这个——重担！”

“好！明天跟我去兰州。你带上一台车，几十个人，去开辟敦煌到格尔木的公路，完成彭总交给的任务，只准前进，不准后退。你在哪里爬不动了，就死在哪里。我给你立一个碑位，另外再派人去接着干！”

“何时通车？”

“青藏公路通车拉萨之日！”

“好！那时不把汽车开到格尔木，我就不来见你！”

“一言为定！”

“食言非君子！”

“噹”的一声，当酒杯用的两个搪瓷碗紧紧碰在一起。

后来有人悄悄地对齐天然说：“慕生忠用那样的口气给你下命令，说明他根本就没把你当人看，可你还得意得不行！你简直是个怂包！”齐天然反驳说：“他这样跟我说话，说明他器重我，信任我，看我是块材料，能做事。他要是瞧不起我，才不会那么说。他这才是大将用人的风度。”

这新的使命，新的征程，意味着将自己个人的生命融入到为人民为国家造福的事业中，齐天然感到自己的生命得到了升华，又一次开始了新的人生。同时，为自己能遇上慕生忠这样知人善用、有胆有识的领导感到幸运！这位曾经的国民党少将为此激动不已，他决心不惜一切，包括生命，让自己新的人生放射出最灿烂的光辉。

齐天然急不可待地开着一辆装有两桶汽油的卡车，领着一名技术员、11名工人，风尘仆仆地来到了敦煌——这个以丰富的风沙资源和丰富的敦煌石窟文化遗产而闻名的古镇，开始了敦格公路的探路修路征程。

格尔木位于敦煌以南，从敦煌往格尔木修路，首当其冲的是必须探通横亘在敦煌以南、海拔4100米的祁连山脉当金山口的路径，让公路翻越当金山。

齐天然了解到，从敦煌到祁连山，有多条当地牧民放牧踩出的小路和远古战争时期用过的通道。他带领队伍分路赶到这些地方寻找能够通过汽车的路段，发现勉强可通。但是有些地方的路还是太窄太陡，加上此时已是深秋，祁连山滴水成冰，路面普遍偏滑，齐天然一行每前进一步，还是甚为艰难。他们经常需要脱下身上的大衣，用其包着土块或石块垫在车底下，或人工拉着绳索防止汽车滑到山下或侧翻。就这样，这辆十轮大卡车终于翻越了这座大山，开创了汽车通过当金山口的历史。

继续一路向南。有一天，他们来到了一片土色黝黑，一望无际的大荒原。他们在这黑色荒原扎下帐篷后，开始就地挖灶生火做饭。可是几镐头下去，地面上只出现了一个浅坑，过一会儿，坑里又奇怪地积满了水。无奈，他们只得就地拾了一些石块，垒了一个简易灶，总算对付着吃了晚饭。

第二天早上，他们开始仔细观察这片黑色的土地。之前远望平坦的地面，近看却是凹凹不平，有的坑里还积满了水。人们不禁说，这样的地方，汽车怎么能开过去！齐天然说，把坑用土填平，有水的坑，把水弄出来填上土，平整以后应该能过汽车。工人们拿出工具开始挖土取水填坑。令人没想到的是，这地方挖坑，只要超过 30 厘米深，就会有水涌出来，很快坑里就会再次积水。突然，齐天然像是想起来什么，蹲下身去，用手指蘸了一点水，放进嘴里尝了尝，然后说："咸的，这是盐水，我们可能走到盐湖上来了。"

这里正是位于柴达木盆地南部的察尔汗盐湖。该盐湖总面积达 5856 平方公里，蕴藏着丰富的氯化钠、氯化钾、氯化镁等无机盐，总储量达 20 多亿吨，为中国矿业基地之一。

齐天然带人到周边寻找牧民，调查了解盐湖的情况，探讨在盐湖上筑路通车的问题，可大家无一例外地回答，自古以来，就没听说有人从这盐湖上走出过，更不用说车辆了。你们要到格尔木，要么向东走日月山，要么向西走新疆，再就是掉头向北走，退回敦煌，唯独不能从盐湖上再向南走了！

齐天然正式召集大家开会通报了这个情况，谈了自己的意见和打算。他说，我们现在只有一条路可走，那就是坚持往南走。其理由，一是他已向慕政委立了军令状，青藏公路通车拉萨之日，敦格公路要通车到格尔木，时间紧迫，不能东转西转；二是从敦煌经祁连山脉的当金山口、察汗尔盐湖到格尔木，路程短，是最理想的线路；三是最重要的一点，前人没有办过和办成的事，并不等于我们今天也不能办和办不成，俗话说，路是闯出来的。实践出真知，实践出科学。他大声说，我就是不相信我们的人、我们的车过不了这个盐湖！大多数人鼓掌支持齐天然的讲话，但技术员却一屁股坐在地上，带着哭腔说："老婆孩子还在老家等着我，还有老母亲，这下可咋整？我不能把命丢在这里呀！"齐天然对他说："你有老婆和孩子，我也有，我小儿子刚三岁，老婆还正怀着孕，我们都不能把命丢在这里，但是这条路一定要尽快修到格尔木啊！"

齐天然带领工人们反复试验破解这一难题的办法。一次，他发现不少冒出地面的盐水，干了以后都变成了一块块极为坚硬的盐块。他仿佛看到了希望，又反复和工人们一起进行挖坑、取盐水、对干燥后的盐块加压等试验，便发现这些盐块愈压愈坚硬。于是，他召开会议提出了以盐治盐，解决在察尔汗盐湖上修筑公路难题的办法。具体办法是，在设计的公路路面上挖坑，将其流出的盐水取出，然后挖土将坑填好，平整好路面，再将取出的盐水灌注在路面上，待其干涸后又续加盐水。

这个方案一提出，先前担忧的技术员就说，我在学校学了那么多，从没听说在土上加灌卤盐水能铺路，没有这个先例。齐天然说，我们就是先例。我们在盐湖上把公路修通了，能走汽车了，就是先例。你老说先例，那我问你，在生命禁区修公路有没有先例？没有先例，那慕政委他们正在干什么？说得技术员哑口无言。

工人们按照齐天然所说的办法，把盐水灌注在平整好的路面上，等水干了一看，黑色的泥土被盐水浇筑成了石块状的坚硬路面，路面晶莹剔透。

工人们高兴得躺在路面上打滚，说这公路赶得上大城市的柏油马路了。

就这样，齐天然带领的这支队伍。在察尔汗盐湖走了一个月，修了32公里路。汽车载着他们来到格尔木附近时，当地牧民问他们是从哪里来的？他们自豪地回答说，是从察尔汗盐湖过来的。牧民们都不相信，纷纷说这不可能！

这32公里公路，就像一座桥浮在卤水上面。32公里，折合市制可达万丈。后被人们称为“万丈盐桥”。它是举世无双的一种路桥，也是柴达木盆地的一大奇观。“桥”上路面光滑平坦，山色湖光相映，景致很美。玉带似的盐桥，旁无护栏，下无桥墩，更无流水。整个路面平滑光洁，坦荡笔直，将盐湖从中间劈成两半，使所有人惊叹不已。

此后，青藏铁路也通过了察尔汗盐湖，飞机场、工厂也陆续在这里建立起来。

人民和国家感谢齐天然，当然也禁不住会想起善于用人的慕生忠。

敦格公路于1954年底通车，此时青藏公路也已通车拉萨。齐天然和慕生忠如约在格尔木会师了。

难忘的会见

1954年12月15日下午二时，青藏公路终于修到了拉萨。仅用七个月零四天的时间，就在高原上修出了一条长达1283公里的公路，这是世界奇迹。

汽车开过来了！包括慕生忠在内的所有青藏公路的建设者，全都哭了。想想一路上死去的战友，想想一路受的苦，遭的罪，他们怎能不哭！只有哭，才能渲泄七个多月的喜怒哀乐。

1954年12月25日，上午10点40分，在拉萨河大桥，西藏工委领导张国华将军为康藏公路通车剪彩。11点15分，在布达拉宫西侧，张国华又为青藏公路通车剪彩。12点整，从两条公路上开来的350辆满载筑路人员的汽车，在布达拉宫前会师。下午一点，庆祝康藏、青藏公路通车的大会在布达拉宫前举行。达赖喇嘛从北京发来电报称："这不仅是几千年历史上从未有过的辉煌奇特的壮举，同时也标志着毛主席的光辉普照着整个西藏。"班禅从北京发来电报称："这两条公路的修成和通车，所经历的艰难和困难，不仅在中国，而且就在全世界来说也是罕见的。"这个时候，就要过61岁生日的毛泽东，在北京中南海展纸狂草："庆祝康藏、青藏两公路的通车，巩固各族人民的团结，建设祖国"。这一胜利，令毛泽东久久不能忘怀。之后，在1957年12月9日晚，慕生忠自新华门进入中南海，被引进一间陈设俭朴的会客室。

毛主席从沙发上站起来，微笑着握住慕生忠的手："你就是慕生忠同志？好像没见过！"

"我可见过主席！1935年在陕北欢迎主席的时候，我见过您。"

主席请慕生忠坐下，同他亲切地谈起西藏的形势，问起筑路的情形。一谈起筑路过程中的种种，慕生忠的话匣子就难以关住了。

毛主席风趣地说："你慕生忠好大胆，竟敢在没有人烟的地方修路！"慕生忠说："我们是按您所说，凡事都调查研究，一调查研究，克服困难的办法也就有了！""几千里地无人烟，你向谁人调查，又如何研究？""没有人就向自然调查，向自然研究。"他举例说，他们在一处江边修路时，工程师担心路被水淹。他就对工程师说，你看这江边有江柳，我已作过调查，这种江柳是一年长一层皮，它已长了60层皮，这就说明在60年里，这里都没有发生过大的洪水，不然江柳就会被洪水淹死，从而解除了工程师的担心。

毛主席大笑，说："这是向大自然做调查研究，科学，的确是科学。"

当谈到在察尔汗盐湖修建"万丈盐桥"时，慕生忠说，当时有人质疑称，教科书上讲，土的含盐量超过7%，公路就要改线，可我们说，你说7%不行，那17%行不行？70%行不行，100%行不行？你都没有试过，怎么就断定盐瑚上不能修盐桥通车呢？不是有否定之否定，质量互变的辨证法吧！

毛主席听后大加赞赏说："你慕生忠真把哲学运用到工程建设上了！好！好！"

毛主席又问慕生忠："高原缺氧，你们是怎么对付过去的？"

慕生忠答："要做到心理上不害怕，眉头要松，吸气要深，举手要轻。"

毛主席笑着说："你们修公路，做不到举手轻。真是太难为你们啦！"慕生忠向毛主席汇报了他给青藏公路沿线取的一些地名，当他谈到"开心岭"的地名时，毛主席说，怎么取个这样的地名，谈谈由来。

慕生忠说，公路修过地势高寒、特别缺氧的五道梁后，前面又出现了一座大山。大家认为又要翻山越岭了，可大家爬到山上一看，四面一马平川。这天，我们又收到狩猎队的报告，说在这座山的附近发现了煤矿，晚上，兰州军区又通知，要我们派人去领取军委批的100辆汽车并接收1000名工兵。几喜临门，大家格外高兴，所以就取了这个名字。

毛主席听后高兴地说："好！开心岭这个名字取得好，有一种革命乐观主义精神。"

毛主席又问雁石坪这个地名的来历。慕生忠说，公路修到雁石坪那个地方时，有个战士想家，哭了。我就问他，你家在什么地方，那个战士说，我家住在一个叫雁石坪的村子里。我就说，这个地方就叫"雁石坪"了！高原虽然离家千里万里，故乡就在你的身旁。毛主席听后又是一笑，夸赞慕生忠，你真会做思想工作呵。当晚，毛主席设家宴款待慕生忠，那顿饭吃的是鸡丝面条。慕生忠连吃四碗，也没有吃饱，但他不好意思再多吃下去了。事后，或者说在他一生中，他向他的儿子慕临峰十遍百遍地讲过这个故事。他调侃毛主席家的碗太小了。他说，以他的饭量，最少能吃 10 碗。这是一种“委屈”，但也是他一生中最难忘的幸福。

后来，杨尚昆同志碰见慕生忠时，还亲热地对他说：“主席在政治局会议上赞扬你了，说慕生忠同志用科学办法解决了许多实际问题，把哲学也运用到工程建设上了。”慕生忠听罢，心里甜滋滋的，倍受鼓舞。

1956 年，毛泽东作了进藏交通以青藏公路为主的批示。中央政治局决定将青藏公路由辅助线路改为主要干道，列入国家公路网，成为一条具有国道地位的交通大动脉。新任中共中央总书记的邓小平主持专门会议，研究提高青藏公路的等级问题，决定派出勘测队和工程技术人员，一次拨款 3800 万元，上马两万多人，投入青藏公路的改造工程。慕生忠又任青藏公路管理局局长兼党委书记，负责青藏公路格尔木至拉萨段的管理和改造。经过两年的努力，青藏公路达到四季畅通；全线没有一个回头弯路，可以行驰拖车；全线路面加宽至 10 公尺，可以行驰队车；全线没有超过 5%的坡度，可以行驶煤车；桥梁载重 60 吨，可以通过重型汽车。在这同时，慕生忠还为筹建青藏铁路四处奔走。1958 年，国务院任命慕生忠为青藏铁路工程局局长兼党委书记。

在 2006 年青藏铁路建成通车以前，进藏 85%、出藏 90%的物资，都是由青藏公路负责运输。

修一条公路，建一座城市

1953 年慕生忠率领运输总队进藏送粮时，格尔木还只是一个地域概念，遍地是荒草和沙丘，运输队一路走走停停，见人就得问哪里是格尔木，谁也讲不清具体地址。忆及这段历史，慕生忠回忆说："当时格尔木空旷的原野上，没有一顶帐篷、一棵树。有的只是枯草和大漠戈壁，向南望去，昆仑山巅白雪皑皑，向北看沙丘一座连一座，恰似一片破败的慕葬群。有同志问我，格尔木到底在哪里？我回答说，格尔木就在我们的脚下，我们的帐篷扎在哪里，哪里就是格尔木。"

慕生忠选择一个地方扎起六顶帐篷，定下了格尔木的地址。

运输总队在这里建起了转运站。慕生忠来到转运站，对工作人员说："祝贺你们成了格尔木的第一代居民。从现在起，格尔木的居民将会越来越多。"

为抵抗野狼的袭击，转运站人员又到十几公里以外的地方运回沙柳，围着帐篷垒起两米多高的围墙，转运站成了城堡似的小院，他们给这个城堡起名"柴禾城"。

1954年春，慕生忠率筑路大军来到格尔木，"柴禾城"周围一夜之间出现了近百顶帐篷。集中连片的帐篷，似是一个别有风格的庄园，慕生忠为其取名为"望柳庄"。他在筑路大军的会议上激动地宣布说："我们是青藏公路的建设者，也是格尔木的第一代居民。我们一定要修一条平坦的公路到拉萨，也一定要把格尔木建设成一座美丽的花园城市！"他又说："我喜欢城市，但我更喜欢自己用双手建设起来的城市！"

人们要安心当格尔木的永久居民，并努力建设这个未来的美丽花园，首先就得有能较好地挡风避雨的住所。青藏公路全线通车后，慕生忠立即率领民工，在格尔木建造了首批四排百余间砖拱顶式窑洞，同时修建了许多土木结构的平房。格尔木出现了第一批土木建筑。

慕生忠说："安家"的"安"字，是宝盖下面加个'女'字。无女不成家，这是千古真理。他率领的筑路队伍，绝大部分人是从部队转业的年轻战士，只身从四面八方来到格尔木。这里有了住房后，他们就纷纷回到老家结了婚，然后夫妻双双回到格尔木定居下来，成为格尔木的永久居民，在建设格尔木的事业中发挥了骨干作用。

1956年，慕生忠又带领大家打土坯烧青砖，在格尔木建起了小二层楼房，作为青藏公路管理局的办公用房。开始了格尔木的楼房建筑史。这是一座亦窑亦房亦楼的建筑。它的第一层，是用自己烧制的砖石砌成的一排仿陕北窑洞式的五间平房，后来又在上面加盖了三间砖木结构的小房子，然后用一个明廊式的过道将这三间房子相连。当年，在这千里荒漠上猛然拔地而起这样一座楼房，确实显得新奇。

据传这座楼首先并没有名字，后来这里先后接待过朱德、彭德怀、习仲勋、杨成武、洪学智等将军，所以就获得了一个实至名归的名字——“将军楼”。

格尔木属高原大陆性气候，市区平均海拔2780米，气候干旱，植被稀疏，自然环境恶劣，年平均降雨量41.5毫米、蒸发量3000毫米以上；全市沙化土地面积为231.9万公顷，其中重度、极重度沙化土地面积165.8万公顷，占71.5%。

60多年前，人们来到被称为“八百里翰海无人烟”的格尔木，除了深感这里地域辽阔外，也因为此地生态环境的恶劣。风一起，沙尘就满天飞舞、满地翻滚，顿时天昏地暗水黄。晴天，人们身上一身沙土，雨天一身泥，上路走沙滩，蚊蝇满天飞。

1954年4月，慕生忠在格尔木正紧张地忙碌着为青藏公路即将在此破土动工而进行各项准备工作。令人没想到的是，此时的他，却派人从远在八百多公里以外的青海湟源市拉了14万株树苗到格尔木，并立即组织和带领筑路队伍抓紧栽培，种下了格尔木的第一批树，筑路大军离开格尔木时，他又安排了力量对这些树苗进行后续管理。最终，这批树苗的成活率达到90%。

慕生忠说："建设格尔木，就必须把治理此地脆弱而恶劣的自然生态环境作为重中之重的大事来抓，并且抓得越早越紧越好！否则，连人都难以在此定居，何谈建设花园式的城市！"

此后，慕生忠又和当地的党和政府领导共同勾划出格尔木发展的最初坐标，一方面大力发展生产和交通事业，一方面大力推进造林绿化，防风固沙工程。

青藏公路全线通车后，慕生忠紧接着又带领部分筑路人员，在格尔木陆续建起了格尔木第一个砖瓦厂、石灰厂、皮革厂、汽车大修厂、煤矿、农场和六个大小牧场，以及第一个商店、第一所学校、第一家医疗卫生所、第一个剧团、第一个电影放映队，等等。

慕生忠说，只有经济和文化教育卫生事业不断得到发展，居民的生活水平和生活质量不断提高，我们才能最终实现把格尔木建成美丽花园城市的梦想。

如今，格尔木已发生了改天换地的变化，成为初具规模的现代化宜居城市。

这里是柴达木盆地最大最美的绿洲。人称这里"树绿、天亮、地净、水蓝"，"春有花，夏有荫，秋有果，冬有青。"人们进入格尔木，就可见那路旁两边比路面还宽的茂密的绿化带，就似一堵堵厚厚的绿色林墙，将风沙紧紧锁住，令人惊叹。全市形成了以城市园林绿化为中心，以四个出口绿色通道为生态主轴的城乡一体化城市森林体系。"城在林中、林在城中"的发展目标得以实现，外围防沙生态屏障基本形成。

这里，土木和砖石结构的居民住房比比皆是，市区还建起了众多高楼；这里已有工业园，工厂林立；这里的商场、商店和超市遍布全市；小学、中学布及居民聚居区，唯独尚未办起大学；这里有医院、卫生防疫站、妇幼保健站、乡卫生院、卫生所等大小医疗卫生机构数十个；这里有众多的书店、电影院，有剧团、歌舞队，还有宽敞、明亮的大剧院；这里的农场及大棚，春夏秋冬都生产着各种蔬菜，及时满足市民的需要；众多的市属乡、村牧场，牲畜兴旺，源源不断地向市民供应各种畜产品；这里使用的燃料是既环保又节能的天然气。

格尔木已成为青海省第三大城市，辖区 12 万平方公里，是连接祖国内地与西藏的交通枢纽。

格尔木人称："慕生忠是格尔木的奠基人"，又说："慕生忠是青藏公路之父，也是格尔木之父"。

逆境不忘梦圆

1959 年庐山会议后，彭德怀被冠以"反党"的罪名罢官，在全党对其进行批判。慕生忠则以"彭德怀的黑干将"的罪名被打倒。毛泽东指示，对慕生忠实行"三不动"，即党籍不动、军籍不动、工资级别不动。最后，慕生忠被撤销职务，送交兰州军区处理。此年，他才 48 岁。

1960 年，被打倒的慕生忠被安排到甘肃八一农场当了一名副场长，场长是一位正连职干部。"僵卧孤村不自哀，尚思为国戍轮台"。慕生忠参加劳动，从不落后，并出谋献策，为农场的发展出力，还组织当地农民发展副业，增加收入。

后来甘肃省委书记汪锋找到慕生忠，让他出任甘肃省交通厅副厅长。

汪锋话语恳切:“为党工作了半辈子,把半条命都献给党的事业的人,为什么不能用,出了问题我顶着。”于是,在汪锋的鼎力举荐下,慕生忠做了甘肃省交通厅的副厅长。1963年,由于政治气候的原因,慕生忠担心为汪锋带来麻烦,坚决辞去交通厅副厅长一职,以身体多病为借口,在家休息了。

但是,一个历经南征北战出生入死的战将,一个指挥和带领筑路大军在生命禁区历尽艰险,成功修筑共达两千多公里公路的领导者和英雄,怎能独自安心于这区区小室?他每天面对挂在墙壁上的中国大地图,久久地看着、搜索着、思考着,有时一站就是几个小时。他仿佛又回到了他战斗过的地方,特别是回到了他日夜魂牵梦绕的青藏高原,似乎又看到和听到了那绵延的雪山、奔腾的江河、呼啸的风沙,工人们挥舞镐锹凿壁铲土的身影和他们遍布工伤、冻伤的身躯也呈现在眼前。有儿女在场时,他还常吩咐儿女说出青藏公路沿线的一些地名,他闭着双眼,用手指点出这些地方各自在地图上的位置。儿女们见此情景,个个眼含泪水,可慕生忠非常安静。他想,总有一天,他要回到战斗岗位,回到青藏高原。他下定决心,好好活下去,每天坚持散步做操,锻炼身体,等待着那一天的到来。

一天又一天,一年又一年过去了,昆仑山上的雪,化了又落,落了又化;格尔木的树,黄了又绿,绿了又黄。慕生忠等待着,等待着。他生命中四分之一的时间就在这默默的等待中度过了。

1978年12月24日,在党的十一届三中全会刚刚闭幕不久,中共中央在北京为彭德怀举行了隆重的追悼大会。彭德怀的骨灰移放于北京八宝山革命公墓。慕生忠的平反,经历了19年后,由于彭德怀问题的平反而露出了希望之光。

也许是太久的折磨,也许是希望即将到来的激动,慕生忠病倒了。慕生忠被送上手术台,手术整整做了四个小时……但一个月后,由于第一次手术不成功。他又不得不接受第二次手术，之后便长时间处于昏迷状态。在慕生忠病重期间，西藏自治区党委副书记热地从拉萨飞赴兰州，他是代表自治区党委专门来宣布为慕生忠平反之决定的。热地来到慕生忠的病榻前，俯下身轻轻地呼唤："慕老，我是热地，西藏自治区党委派我来宣布给你平反。"慕生忠并不认识热地，但他认识西藏，西藏来的每一个人，都是他日思夜盼的亲人。在冥冥之中徘徊于死亡门口的慕生忠，听到"西藏"二字，竟神奇地睁开了双眼，艰难地问热地："给我……平反……吗？"热地点点头："你平反了！中央批准的。"

泪水从慕生忠的双眼流了出来。慕生忠平反之后，身体很快恢复了健康。鉴于慕生忠高龄年迈，组织上没有安排他回西藏工作。他被安排在甘肃省政协，任政协副主席一职。

一位将军同慕生忠开玩笑说："老慕啊，虽然你受到 20 年的迫害，但细想起来，你也应该满足了，拿我们俩相比，我一生修了好几条铁路，但有谁还能记得我呢？而你，修了一条青藏公路，就被人们永远铭记了。人们说起西藏，谈起青藏公路，不能不提起你慕生忠啊！"

慕生忠爽朗地笑了！他说："人生做事几春秋，遗憾的是，我又失去了回西藏工作的机会了！"

高龄三次重返青藏线

慕生忠的心无法离开西藏，他仍然是时刻关心着西藏的人和事。1982 年、1989 年、1993，他不顾年迈，又三上青藏公路。他说："我一生最美好的岁月，是在青藏高原上的荒漠、冰川和冻土间度过的，我思念这里的一山一水，思念奋战在这里的人们！"

1982年，72岁的慕生忠“复出”不久，甘肃省委的领导考虑到他的身体状况，提议他到离北京不远的风景优美、气候宜人的北戴河去休养一段时间。可慕生忠却趁此机会提出了休假去青藏公路和格尔木看看的要求。

这年五月，慕生忠开始了重回格尔木，重走青藏线的旅程。一天，汽车载着他和他的妻子、一个女儿向格尔木进发。格尔木刚进入他的视野，他就叫司机停下车，自己起身走出汽车，面对远处隐约可见的格尔木市大声说：“格尔木，我又回来了！我想念你！”

三天……慕生忠穿梭于格尔木的东南西北、大街小道，寻找和感受自己离此地20多年后所发生的变化。慕生忠看到这个曾经的戈壁、沙滩、荒漠，已经变成初具规模的现代化宜居城市，心里甚为欣慰和兴奋。他激动地写诗一首：

过去帐房沐凄风，今日繁华塞外城。

族团结力量大，改天换地变新容。

他并问妻子和女儿，我在有生之年还能为格尔木做点什么事呢？

接着，慕生忠又从格尔木坐车向南进发了。他要看看如今的青藏公路。一路上，他看到路比当年更宽了，路面也由当年的沙石路变成了沥青路，来往的车辆更是比当年多得多。他甚是高兴。

汽车开到海拔4600米的昆仑山口停了下来，慕生忠快速下车。他放眼四望，禁不住朗诵起他当年带领筑路队伍将公路修过昆仑山时写的诗：

头枕昆仑巅，脚踏怒江头，

零下三十度，夜宿陶儿久。

上盖冰雪被，下铺永冻层，

熊鹿是丘邻，仰面望星斗。

月夜度昆仑，风吹雪转移，

野狼双眼照，疑是有人烟。

接着，他又一手拉着妻子，一手拉着女儿说，你们往四周看，这青藏高原多美啊，多么值得我们去爱去珍惜，再看看公路上，那通往西藏的运输是多么地繁忙，这说明西藏有多少事等待着我们去做啊！我离不开青藏高原，离不开西藏。他并表示了自己死后，骨灰也要洒在昆仑山、沱沱河的意愿。

"我重返青藏公路，不是为了怀旧，而是为了建设。"慕生忠如是说。

1988 年，已临近 80 岁的慕生忠又一次来到了格尔木。这次，他主要奔波于居民住家、市属部门和企事业单位。他以一个青藏公路的建设者和格尔木第一代居民之一的身份，向大家致以慰问，并一起讲述格尔木的发展进步，畅谈格尔木的大好发展前景，会见亲切热烈，振奋人心。

中国银行格尔木支行的工作人员，大都是二十岁出头的小年轻。二十世纪八十年代，是一个改革春风吹拂的年代，但也是一些年轻人心态浮躁的年代，行里有的年轻人不安心工作，总感觉外面的世界更精彩，想离开高原跳槽外出闯世界。这对行里的工作带来了不利的影响。

慕生忠从行里了解到这一情况后，立即按行里的要求，向该行全体工作人员作了一个报告。在报告会上，慕生忠用朴实无华的语言讲述了格尔木这座城市从无到有、从简陋到繁荣的发展历史，用大量生动感人的事例，讲述了老一辈人是如何为在这曾经的戈壁沙滩荒漠的土地上建设起现代化城市而献出自己的青春甚至生命，使自己的人生得到升华。他满怀期待地讲述了这座城市是何等地需要大家，特别是需要年轻人的热爱、守望和建设，在这里谱写最美丽而有意义的青春和人生。

两三个小时过去了，慕生忠在热烈的掌声中结束了他的报告后，挥笔题写了"扎根高原，奉献青春"的题词。

后来，时任该行行长的刘颖女士说："那次报告打动了很多年轻人，许多人对人生有了新的认识，对自己的前途有了更清晰的规划。中国银行格尔木支行后被评选为创建精神文明的先进单位，人们赞它为'高原绽放的文明之花'"。

1993年，已至83高龄的慕生忠，又来到了格尔木。

这年是格尔木在西藏的基地成立40周年，西藏驻格尔木办事处邀请慕生忠赴格尔木参加庆典和纪念活动。

家人考虑到慕生忠已如此高龄，身体又欠佳，多方劝阻他前往。然而，慕生忠执意不肯。他对家人说，这么重要的日子不去，那什么日子才该去？再说了，我这一生还能去青藏高原几次？况且大家都在盼望着我去。我不能让大家失望，也不想永远为此不安！无奈，他的妻子与儿女只得陪同他再次前往格尔木。临行前，前来迎接慕生忠去格尔木的西藏自治区驻兰州办事处负责人杨立言问慕夫人还要做什么准备时，慕夫人回答说："老头已做好充分的思想准备，他万一回不来，就把他安葬在青藏公路上他曾经战斗过的地方，这是他的心愿。"

在主办方的组织和引领下，慕生忠和参加这次纪念活动的人们一起，来到了阔别已久的察尔汗盐湖。他们在这里得到了最热情隆重的接待。一下车，就被工矿企业请上了开发盐湖的工作船。他们荡漾在波澜起伏的盐卤水海洋中，看到了晶莹如玉的盐花，形态各异，像珍珠、像珊瑚、像花从，美若仙境；看到了似长龙的一列列火车和一辆辆汽车奔驰驶过盐湖的身影，伴随着隆隆鸣笛声，人人一饱眼福。

各企业负责人还向他们介绍了上世纪50年代后察尔汗盐湖资源开发利用所取得的巨大成就和今后发展的美好前景。这使慕生忠深感欣慰。

这里的企业负责人在谈到察尔汗盐湖的发展进步时纷纷表示，这首功应给慕生忠将军。他们说，这里的企业，都是慕生忠将军当年指挥率领的筑路大军利用察尔汗的盐卤水筑起万丈盐桥修通格敦公路后，才陆续建起来的，没有筑路大军的辛勤付出汗水甚至生命的当年，真不知哪一年才能找到开发利用察尔汗盐的办法啊！慕生忠说，在共产党的领导下，这种开发利用是历史的必然。

在纪念活动结束，要离开格尔木的前一天，慕生忠来到了将军楼前，他久久地望着眼前的将军楼，不禁热泪盈眶，却一句话也说不出……他在转身要离开将军楼时，却留下了这样的话："这可能是我一生中最后一次来青藏线了，如果有一天马克思要见我，我一定还会回到青藏线！"

这是慕生忠在格尔木，在青藏公路上留下的最后的声音。

一年后，慕生忠走完了他为国家和人民亡命奋战的光辉的一生。果然，马克思又来召唤他这个共产党员了。他又回到了青藏公路，永久地守护着这段自己和战友们的血肉筑成并为之魂牵梦绕的祖国交通大动脉，永久地守护着大美青藏高原！

盖世英雄李狄三和他的先遣连

60 多年过去了，至今，在辽阔的雪域高原，还广泛流传着当年毛主席赞为盖世英雄的李狄三和他的先遣连的英雄事迹，那是一段令人动容，令人振奋的惊天地、泣鬼神的事迹。

1950 年春，毛泽东指示西北军区司令员彭德怀，从西藏与新疆、青海的交界地域，分别派出两支先遣部队，一支由第一军组建骑兵支队，配属十八军指挥，包抄昌都，另一支则由新疆军区王震所部第二军组建，从新疆于阗直进西藏阿里地区。

从新疆于田至西藏阿里，路程一千四百多公里，沿途大部分地区是荒漠的无人区常有狂风、大雪和沙尘暴发作，还要翻越海拔六七千米的昆仑山，高寒缺氧，并时有山洪和冰川泥石流暴发。进军任务极为艰巨。

王震对前来受命的二军军长郭鹏说，考虑到这次任务的重要和艰巨性，经彭总请示毛主席同意，决定在二军选择一个战斗作风过硬，又能吃苦的加强连，充实大量懂政策，军事过硬，政治合格的干部到这个连，让这个连做先锋，步步为营，在藏北建立若干兵站，大部队再梯次进入。

二军独立师一团保卫股股长李狄三正在所住小院墙边郁郁葱葱的葡萄架下吹笛子，团部干事找到他，称师团首长要他去团部。

李狄三，身材魁伟，时年 33 岁。他整了整衣服，快步来到团部。他一看，师长何家产和团长、团政委都在这里等着他。他预感到一定是有重要任务要交给他。

何家产热情地拉着李狄三的手说:“我们的李股长笛子吹得还是那么棒,刚到团部就听到你吹的笛声啦。《兄妹开荒》,一下子就让人想起了热火朝天的南泥湾。”

团长忙说:“他可不是只笛子吹得好,枪也打得不错呢!”

团政委补充道:“李股长纺线也不错,是咱们南泥湾的劳动模范,纺织能手!”

何家产笑着说:“李狄三,我的兵,连王震司令员都认识他,在南泥湾的时候,王震同志还亲手送了他一支金星钢笔呢!我都为他感到光荣!”

李狄三谦虚地笑着。禁不住问道:“请问首长有任务交给我吗?”

何家产严肃地说:“新中国成立了,全国大陆各省份,除西藏外都已获得解放,目前西藏人民还在封建农奴制度的残酷统治下,过着牛马不如的生活。帝国主义势力和西藏内部的反动分裂势力,又在千方百计地阻挠我军入藏。现在毛主席指示,进藏宜早不宜迟,并决定人民解放军从四川、云南、青海、新疆四路进军西藏。我们二军一团准备从于阗过昆仑山,进军西藏阿里。”

何家产又接着说:“彭总和王震司令员让咱们师以一团一连为基干,组成一个加强连先期进藏。经研究并报军党委和军区党委,决定李狄三以团政委和团长的身份任这支先遣连队的总指挥,曾到昆仑山进行过侦察的师部侦察参谋、特级战斗英雄彭清云,协助李狄三工作。”

李狄三听到命令,敬礼说道:“谢谢各位首长的信任,我一定不辜负组织的重托!”

何家产又接过李狄三的话说:“狄三啊!翻昆仑、过达坂,是要死人的。我们访问过几位走这条路去朝圣的老乡,都说有些人就死在这条路上。没有过硬的体质和过人的智慧，这段路可不好走。你要记住，同大自然搏斗，也是一种战斗，要同在枪炮横飞的战场上同敌人拼命一样重视！”

李狄三说：“为了西藏人民的解放，就是死也值得！不完成任务绝不回来见您！”

路途遥远而艰险，何家产并受王震司令员的委托，转送了一盒盘尼西林（青霉素），供进军阿里的先遣指战员在关键时刻救命用。他说，这盒盘尼西林，是王震司令员当年从延安赴新疆时，毛主席送给王震司令员的。

1950年8月1日，中国人民解放军23岁生日。李狄三率领由汉、藏、维吾尔、哈萨克、锡伯、蒙古、回等七个民族、139名干部战士组成的进藏先遣连，唱着“挺进！挺进！挺进！向西藏，向阿里，向祖国的边疆进军……”的《挺进歌》出发了。这首歌是李狄三在先遣连誓师出征前亲自填词的。

阿里，你在哪里？天之边缘，还是地之尽头？在先遣连艰难跋涉的队伍里，没有一个人知道他们此行的目的地噶大克还有多远。他们只知道，自己是跟随保卫股长李狄三去解放祖国大陆上最后一块土地。

李狄三带领部队仅凭借着一张地图（陈毅同志托人从香港买的，只是分省地图，还是英文版，整个阿里上面只有一个噶大克和几个湖泊）和指北针，在崎岖陡峭的山峰之间行进。

昆仑山，被称为“万山之祖”、“万冰之源”，终年积雪，雪峰林立，山顶上面是无际的蓝天和缓缓飘荡着的白云，起伏的山峦上矗立着一座座冲上云端的冰塔，冰塔通身云气迷漫交融，变幻不定，苍茫壮丽。行进中的强壮、精干的蒙古族战士巴利收住马，举头四望，禁不住大喊，大家快看，这景色多美啊！战士陈信之接着说，赶路吧！前边的景色会更美，越是人来得少的地方越美！走在他俩前面的李狄三回过头来笑着说，同志们，只要我们不怕累、不怕苦，前面有的是好景色犒劳我们啊！

但是，昆仑山很快给了先遣连一个下马威。

一天，他们来到地处喀喇昆仑山腹地的赛虎拉姆峡谷。这里水流潺潺，草木丛生，乱石横亘在谷底。

正当他们一路走着一路赞美着这峡谷的美景时，忽然听到山谷的远处隐约传来轰鸣声，接着又看到八丈高浊黄的泥土和石块，疯狂地奔泻到了谷底远处的转弯处，霎时就将这里的乱石和草木淹设，并发出可怕的轰鸣声，仿佛要把整个峡谷的一切吞噬。

身处谷底的彭清云迅速反应过来，大声对李狄三说："老李，泥石流！"

李狄三立即扯着嗓子命令："快，通知同志们，赶快向高处去，人马骆驼都隐蔽到山窝里和大石后面！"

李狄三和彭清云来回指挥着队伍迅速藏身。

战士们大都从未经历过这样的场面，一个个被那巨大的轰鸣的声音惊得紧张、凝重起来，匆匆地拉着马和骆驼往高处挪动。

这当口儿，浑浊、浩荡的泥石流已经从拐弯处呼啸而来，似一堵飞速移动的厚厚的泥石墙，冲着队伍所在的方向咆哮奔腾。泥石流以势不可挡的阵势，发狂般地从战士们的脚下冲过。

李狄三紧靠着崖壁，一手紧紧勒住马缰绳，一手紧扣住崖壁的石缝，扯着嗓门指挥着队伍……

一匹马被淹没在黄绿色的泥石流中卷走。战士刘好志撕心裂肺地喊了一声："我的马——"他着急地往前一探身子，脚下一滑，整个身子几乎被泥石流冲倒，此时一棵大树的断根又直朝刘好志冲来，眼看刘好志要被泥石流卷走。远处的李狄三见此情景，立即向当时离刘好志最近的彭清云大喊："老彭，快！危险！"眼快手疾的彭清云立马赶到刘好志身边，冒着自己有可能被泥石流一同卷走的危险，奋力救起刘好志。

十多分钟后，泥石流终于过去了，赛虎拉姆峡谷又恢复了平静，先遣连指战员们长长出了口气。

将近一个月过后的8月29日，先遣连到达了新疆与西藏的接壤地——界山达坂脚下，这里流传着一首有名的顺口溜："骑行新藏线，堪比蜀道难；界山达坂险，犹似鬼门关；界山达坂旋，九十九道弯；界山达坂高，伸手可摸天……"

面对5000多米的界山达坂，不少战士感到畏惧："排长，我是爬不过去的"，"解放阿里的任务怎么这么难，咱们能完成吗？""听说界山达坂海拔5000多米，硬过非得死人不可……"

晚上，李狄三在避风的山谷燃起了一大堆篝火，这是先遣连进入阿里前的最后一次党员大会。他从怀里掏出南泥湾时期就陪伴自己的笛子，吹了一曲《兄妹开荒》，并和党员们一起跳了欢快的秧歌。

全连20多名党员和当时还是非党员的连长曹海林都到会后，李狄三说道："同志们，现在我们开个党员大会，主要是研究解决目前面临的困难，稳定部队情绪，坚定必胜信心……明天，我们就要翻越界山达坂了，那里海拔更高，我们面临着更大的困难——极度严寒与缺氧。但是如果没有困难，要咱们这些共产党员做什么？什么是党员？党员就是在党最困难的时候，向党要副重担子扛在自己身上的人。红军长征时，又是雪山又是草地，国民党前打后追，咱们都过来了，难道我们还能翻不过这座山，进不了西藏？"

李狄三又请彭清云介绍他此前曾过界山达坂的情况。彭清云说："我前段侦察探路时走过三次达坂，两名同志因缺少应对严重高山反应的经验，牺牲在达坂的路上了。达坂海拔5000多米，必须一天翻过去，一旦过不去，就会被冻死。明天我带几个战士打前站，到山底下安顿一下，再来接应大家。"

指导员李子祥补充道:“我看这样,明天除几个重病号外,所有的党员都把自己的马让出来,驮物资和武器弹药,尽量减轻战士们的负重。”

全体党员纷纷向支部要任务,有的说“我刚入党,给我一个任务吧,我能吃苦”,有的说“明天给我一个伤员吧,我背着伤员过达坂”,还有的说“我的腿伤好了,明天就让我照顾伤员吧”。还不是党员的连长曹海林几乎是流着眼泪恳请道:“李股长,我有个请求,我请求入党。我知道我还不够格,可我一看到你们有难处,我就着急,让我为你们分担一点吧!”

第二天拂晓,先遣连的官兵们全部挺直了腰杆,连病号也坚持着要自己爬过山去。冰封雪岭上又回荡起了那首《挺进歌》。

李狄三还特地为大家朗诵起毛主席的诗作《长征》:红军不怕远征难,万水千山只等闲。五岭逶迤腾细浪,乌蒙磅礴走泥丸。金沙水拍云崖暖,大渡桥横铁索寒。更喜岷山千里雪,三军过后尽开颜。

绚丽多彩的霞光中,战士们在崎岖陡峭的山路上缓缓行进,李狄三、曹海林夹在战士们中间行走,李子祥走在队伍最后收尾。

随着行走线路的不断升高,沿途气温越来越低,空气越来越稀薄,极度的严寒和缺氧,严重地折磨着行进在这里的每一个指战员,他们的步履更艰难了,有时还不得不停下前进的脚步。

战士刘好志哇地呕吐起来,同时,又有几名战士也控制不住哇哇大吐起来。顿时,呕吐声不绝于耳。队伍放慢了前行的速度。

李狄三对卫生员徐金金说:“战士们高山反应很大,队伍需要休息一会儿。”他带着卫生员徐金金沿着队伍看望战士们,鼓励大家坚持住,说翻过山就好了,并嘱咐大家互相帮助,对严重呕吐不止者,要帮助其减轻负重,扶着或者背着他们行走。

他俩来到正在大口吐呕吐着的甘玉兆和王洪面前,轻轻地拍着他俩的背。

甘玉兆吐完一阵黄水，上气不接下气地说：“李股长，头都要炸了，要把肠子吐出来了！”

“甘玉兆，坚持住，把你的机枪给我。”李狄三说完，就解开了甘玉兆身上的机枪。

这时，前面队伍中又有几位战士呕吐起来。李狄三见状，心里一急，也从嘴里呕出一口黄水。他使劲咽了咽唾沫，用力把顶到嗓子眼的东西压了下去。

李子祥和曹海林一前一后牵着驮辎重的战马来到了李狄三身边。他们交流了队伍行进中的一些情况。李狄三的声音越来越微弱。突然，他身子一歪，仰倒在马背上，休克过去……

曹海林和李子祥赶紧把李狄三从马背上抱下来，大声呼喊：“李股长，李股长……”

“他已经吐得没有力气了，马背上又太颠簸，继续这样肯定还会休克，只有背着走。”李子祥说后又大声朝前面的队伍大喊：“鄂鲁新，你来背李股长！”

走在前面的鄂鲁新闻声立马折回。他看了看昏迷的李股长说：“请指导员、连长放心，我一定背着李股长走过达坂！”

这时，战士周奎祺也赶上来，对李子祥说：“我还没有太大的高山反应，我也来背李股长吧！”

“好！你们俩负责背李股长，一定要坚持住！”

鄂鲁新背着李狄三，周奎祺扶着鄂鲁新的胳膊，继续向前行进！

李狄三从休克中醒来，见自己被周奎祺背着，坚决要下来自己走。

卫生员徐金金正在呼呼地喘着粗气，一瘸一拐地顽强行走着，李狄三问他怎么了?小徐说,腿肿了,走不稳走不快。李狄三立即叫周奎祺停下说:“周奎祺,我命令你把我放下来,去背小徐。”刚说完,又昏过去。

鄂鲁新走过来,什么也没说,背着休克的李狄三,对周奎祺说:“周文书,你背卫生员吧,我先背李股长走。”

这时,曹海林走过来说:“周奎祺,你先和鄂鲁新走吧,小徐交给我。”周奎祺答了一声,跟着郭鲁新的身影走去。

徐金金下意识地看了一下自己的腿,腿肿得很粗,几乎要把裤脚撑破了。

曹海林挽着徐金金的裤脚往上拉,却怎么也拉不动,只看到徐金金肿得发亮的腿脖子。他说:“小徐,我背你吧,快上来!”徐金金说:“不,曹连长,你还有更重要的任务,我自己慢慢走就行了!同时,我还可以在这儿给大家说段快板,鼓鼓劲。”

曹海林:“过会儿指导员带领的收拢队就会跟上来,你和他们走也行,可一定要坚持住。”他帮小徐整理了一下衣服,转身走了。

徐金金坐在略高处的一块石头上,给正在艰难行进的战友们说起了自己编的快板:

昆仑山,滑达坂,
革命战士不怕难。
迈开大步向上攀,
界山踩在脚下面。
想想一十五年前,
红军怎闯岷山关。
挺进藏北举红旗,
坚持革命要到底。

解放西藏立大功，

喜报献给毛主席。

李子祥仰头看见在高处说快板的徐金金，大声说：“卫生员，真是好样的！”

李子祥和几个战士走到徐金金跟前，动手拉他起来时，发现他的棉裤已经和冰石头粘在一起。他们急忙一齐对着裤子和石头的粘合处哈气，哈开一点儿，就扯一下徐金金的棉裤。徐金金被李子祥等扶上了马，向达坂山顶前进。

休克的李狄三又一次醒来。他看到自己仍是由鄂鲁新背着走，就让鄂鲁新把自己放下，让周奎祺扶着走。

此时，彭清云和巴利从山脚下折回来接应后续队伍。

彭清云向李狄三报告说：“队伍表现得很顽强，大部分人马都已在下山，有的已经走到山脚下。我们已在山脚下支好帐篷、烧着热水等着大家。”

李狄三呈现着黄疸色的脸庞露出了微笑，他声音微弱地问彭清云：“我们的两位年轻藏族翻译员怎么样？”

彭清云遥指前面远处的人影：“你看，泽仁和贡布都在那里。刚开始他俩坚决不骑马，最后还是在我们坚持下才上了马。”

李狄三又笑了。他对彭清云说：“你快继续往回走吧！和李子群的收拢队汇齐后，一起来追队伍。记住，不能丢下一位战士。”

晚八时左右，先遣连全部人马翻越空气含氧量不及海平面50%的界山达坂，齐聚山脚下的草地。指战员个个眼里噙满泪水，脸上洋溢着胜利的笑容。李狄三说：“今天翻越达坂，证明我们是一支铁的队伍，个个都是英雄好汉。过了达坂，从地理上讲，我们就进入西藏了。”

一片沸腾的欢呼声，响彻高山草地。

一天，先遣连的队伍抵达野马滩草原，计划在此休整两天。

星空下，宁静的高原之夜，深蓝、清澈的天空中悬挂着亮晶晶的星星。星星很低，仿佛伸手就可摘到。李狄三坐在野马滩湖边的草甸上，用笛子吹着河北老家的《小放牛娃》。

随着渐渐消失的笛声和草地上一顶顶帐篷内熄灭的烛光，指战员们进入了甜蜜的梦乡。

但是，高原的气候变幻莫测。过了半夜，天空突然变成灰色，大片大片的雪花从天而降，飘落在草地和帐篷上的雪愈积愈厚。

拂晓，曹海林被射进帐篷的光柱照醒，他起身走出帐篷，踩着有他半条腿深的积雪，去找住在另一顶帐篷里的李狄三。他看到李狄三正同彭清云一起，站在没膝身的雪里，眺望无边的雪野，并用指北针确定着方向。他快步走到他俩身旁。

少许，李狄三说："好大的雪啊！你们说怎么办？"

曹海林："根据我在新疆多年奔波的经验，雪越大，越要强行军。这样既不挨冻，又不耽误时间。"

彭清云："我同意曹连长的意见，我们不能在这里休整，既挨冻又误事。

李狄三说："就这么办！通知部队，收拾行装，雪地强行军！"

战士、战马、骆驼都呼呼地喘着热气，有节奏地踩着松软的没膝厚的积雪，身体与雪层的磨擦发出断金碎玉的吱吱声，似一曲雄浑的乐曲在高原的茫茫雪野流淌。

走在队伍最前面的彭清云拉着师长何家产送的战马黑流星吃力地踏雪前行。

黑流星累得呼哧呼哧，喘气声异常急促。突然，扑通一声，他倒在了雪地上。

“黑流星……”彭清云的喊声传遍了辽阔的雪野。

黑流星头一耷拉，停止了呼吸……

这时，李狄三、曹海林、李子祥等都赶了过来。

李狄三悲痛地抚着彭清云的肩膀说：“黑流星是为解放西藏人民牺牲的，我们给它就地修个坟吧！”

黑流星的墓矗立在皑皑的雪野。墓的向阳面侧壁，是醮着锅灰写的几个大字：“革命功臣黑流星之墓”。

队伍继续艰难地前进着，渐渐消失在雪原的边际……

然而，先遣连在进入野马滩的第二个白天，雪盲症又在队伍中爆发开来。

“我的眼睛好痛！睁不开眼了！”“我的眼睛看不清楚了，什么都看不见了！”队伍中四处是这样的声音。很多战士一路不停地揉着自己的眼部。一百三十九人的队伍拉得足足有一公里长。

李狄三的眼睛也肿了。他看了一眼头上耀眼的太阳，赶紧眯起眼睛。

这时，彭清云和李子祥、曹海林到了。

彭清云着急地说：“李股长，全连大多数人都看不见了，同志们的眼睛都肿得像桃子，无法再继续行军。”

曹海林也急切地说：“李股长，我们怎么办？”

李狄三沉思片刻后说：“这可能就是于阗老乡常讲的雪盲症。今天上午，队伍先不要开拔，我们几个人分头到各班，发动大家开动脑筋，想办法，战胜雪盲症。”

帐篷前，炊烟在雪原上袅袅升起，两口大锅正冒着热气。炊事班长张长富趴在雪地上，使劲呼呼地吹着微弱的火苗，好让火势更旺些。待他起身后抬起头，脸上黑乎乎的锅底灰把彭清云逗得哈哈大笑。“笑什么？”张长富问。“老张，我在笑你的脸啊！”张长富用手抹了一下自己的脸，弄了一手黑，自己也笑了。突然，彭清云上前几步，拉着张长富问：“张班长，大家都患了雪盲，看不清东西，你怎么看得见呢？”“我也不知道啊！我只是感觉到眼睛有些酸疼，但不影响看东西。”彭清云似恍然大悟。他从旁边一口锅底抠下一把锅灰，顺势抹在巴利的脸上，又把剩下的锅灰抹在自己的脸上。一会儿，他对祥子说：“这锅灰还真管事，我抹了它，眼也不酸了。你快去告诉李股长，说张长富发明了战胜雪盲的办法。”祥子也说：“是啊，我抹了它，眼睛也好多了。”

帐篷内，于洪、阿廷芳、甘玉兆躺在地铺上。

甘玉兆说：“阿廷芳，你不是从小就生活在新疆吗，见过的大雪可比我们这些中原人多得多了，是不是能找到战胜雪盲症的办法？”

阿廷芳似乎没有听甘玉兆的说话，忽然起身说：“等我，我马上回来。”

阿廷芳跑到几匹战马后面，分别揪下几绺马尾，兴奋地跑回自己的帐篷。他认真而灵巧地编织着马尾眼镜。编好一个，戴在眼睛上，脑袋晃一晃，试着看看帐篷顶，他满足地笑了，接着又编第二个、三个....

他找到李狄三说：“股长，你看！”说着，将四个马尾巴眼镜交给了李狄三。

“这是什么？”李狄三问。

阿廷芳说：“我想起了小时候常戴着这种马尾眼镜在草地上玩耍，太阳大时，眼睛也没痛过。现在咱们用这个玩意儿试试，没准能管用。”

“太好了！把你这办法和手艺教给大家吧，真是太谢谢你了！”

三个臭皮匠，顶上一个诸葛亮。

下午，战士们脸上涂着锅灰，头上戴着马尾巴眼镜，由看得见的战士带路，手牵着手，拉着马和骆驼，又继续雪地强行军了！

气象资料显示，阿里高原和相连的藏北高原年均风速 3.8 米/秒，平均每年有 100 天以上的时间刮大风，每年发生的沙尘暴天气超过七天。专家称，其严重度超过我国北方沙尘暴主要尘源区河西走廊，与阿拉善高原相当。因此，西藏高原尤其是阿里、藏北一带，是我国沙尘暴多发区，也是我国第二个主要的沙尘暴源区。

先遣连行进在戈壁滩上，与李狄三并马前行的曹海林问："李股长，我们走出雪原已经两天了，快到阿里了吗？"李狄三："按说这就是阿里了，但具体到了哪里，地图上也没有标明。"

一只体长 60 多米、展翼在 1.3 米以上、被称为猛禽的苍鹰，从晴朗干躁的天空急掠下来，在队伍的上方盘旋了几个大大的圆圈。几匹受惊的战马骚动起来。

鄂鲁斯盯着盘旋而去的苍鹰，突然大声叫喊："不好，有沙尘暴！沙尘暴要来了！"

彭清云催马折回到李狄三跟前，急促地说："李股长，沙尘暴马上就要来到戈壁滩。我们已经在戈壁滩上走了一百多华里，现在怎么办？"李狄三用手背搭起凉棚，仰望着苍鹰飞来的方向说："不可能再往回走了，看来我们要同沙尘暴打一场遭遇战了。告知战士们做好迎战沙尘暴的准备。"

戈壁滩的地平线上，遮天蔽日的黄沙被狂风裹挟着，像一匹巨大的怪兽，凶猛地向先遣连的队伍扑过来。

刹时，天昏地暗，白昼变黑夜，整个队伍似被昏黄的沙尘吞没。战士们一个个眯着眼睛，东倒西歪，战马狂乱地嘶叫和踢腾，只有被称为"沙漠之舟"的数十条骆驼还保持着既有的镇定，仍旧昂着脖子，身躯直立。

李狄三顾不上沙尘侵入嘴里，张着大嘴、放开嗓门大喊："抓着马尾巴，跟着前面的骆驼走，不要掉队！"

人被风沙刮倒了，手还紧拉着牵马的缰绳，奋力爬起来继续前行；

呼啸的碎石不停地打在战士们的头部、面部和身上，他们只能忍着痛，牵着马继续前行；

战马走不动了，人躬着身子，推着马屁股前行。

这样前行了九个小时，肆虐的沙尘暴终于停息了。这戈壁滩的夜空显得格外的宁静和美丽。

在先遣连的宿营地，十几堆篝火组成了一个大圆圈。有些战士的嘴里，还在噗噗地吐着沙子，有的舒展着脚腿、大口大口喘着粗气，有的已经裹着行军被，相互依偎着进入梦香。

彭清云："到明天，我们这支队伍正好走了一个半月，这次千里行军，大家受的罪可真不小。"

李狄三："我的家乡冀中平原有句俗话，有享不了的福，没有受不了的罪。我们革命军人，则更要能受别人受不了的罪，让天下穷人享更多的福！"

部队进驻海拔 4500 米的西藏阿里地区改则县的扎麻芒保（藏语，意为水草多的地方）。

10 月下旬的一天，军部电告，昌都守敌在我军的强大攻势下已土崩瓦解，昌都宣告解放。彭清云看了电报，右手很有气势地一挥，大声说："李股长，咱们也打吧！一口气拿下噶大克，多痛快！"

李狄三微微一笑说："西藏是中国的一部分，阿里是西藏的一部分，现在的大棋是解放全西藏，我们也要跟着大棋一起下，与藏东南的部队一致。看来我们打昌都主要是要打服西藏的反动势力。"

李狄三发电报给师长，请示先遣连下一步的行动计划。

王震："根据毛主席的指示精神，各路进藏部队就地休整，补充给养，等待和谈。我已经请示过彭总，李狄三部也停止前进，就地休整，继续做好发动群众的工作，待后续部队跟进后，共同进军阿里首府噶大克。”

阿里噶本，即阿里地方政府惊恐起来，他们一面组织藏军备战，一面发布不准当地群众与解放军接触、与解放军做买卖、给解放军带路的命令，并派代表来到先遣连，一面表示所谓慰问，一面提出要解放军退出阿里的要求。先遣连与其进行了有理、有利、有节的斗争，着重向其阐述了解放军进藏的重大意义，表明了解放军解放西藏、解放阿里的信心与决心。同时从军事上挫败了反动势力的一次次挑衅。最后噶本政府与先遣连签订了和平协议。这是解放军进藏时与西藏当地地方政府签订的第一个和平协议。彭德怀收到协议后立即报告毛主席。毛主席高度赞扬了先遣连取得的成功，说这次谈判很有意义，促进了整个西藏和平解放的进程，并满怀喜悦之情给阿里噶本写信表示赞赏。

10月，阿里高原的冬天来到了，大雪封住了草原，到处都是望不到头的冰山雪原，扎麻芒堡成了一座孤岛。先遣连既不能前进，也不能后退，更令人担忧的是，由二军副政委左齐亲自抓的后方向先遣连运送补给的运输队伍，也因这年昆仑山的冬天提前到来，鸟兽都已绝迹，无法翻过昆仑山，一次次地失败了，这年冬天再也过不来。先遣连的粮食、食盐、药品和被服都相继告急。先遣连顽强的生产自救活动在扎麻芒堡驻地展开了。

先遣连组建了四个小组：修工事和地窝子小组、打猎小组、打柴小组、侍候连里马匹和骆驼的放牧小组。

当年参加过延安大生产运动的李狄三在全连越冬备战大会上动员说：“虽然我们目前面临的困难比延安时期还要大，但我们绝不能坐以待毙。我们的帐篷难以抵御阿里高原极度的严寒，但这里有地，可以筑地窝子；阿里雪地里长不出庄稼，种不出棉花，但有野兽可以就食，兽皮的御寒功能超过棉花。雪山草地都过来了的队伍，没有什么困难是战胜不了的。”

指战员们在冰天雪地里掘地修工事、挖穴筑地窝子。零下三四十摄氏度的严寒下，一镐下去，地上只留下个白点。许多人虎口震破，鲜血染红了镐柄，一天也挖不出一筐土。他们“生火烤地，边烤边挖，钢钎撬，牛角铲，一层层地剥，一间间地垒，最后建起41间地窝子、八座马棚、249米交通壕、九个防御掩体、两座碉堡。阿里的亘古荒原上，终于有了共和国的第一座军营。

营建任务完成后，连里每天都组织几十人外出打柴，一个冬天准备了二十多万斤柴火。

没有食物，他们组成打猎小组，每天外出打猎，共猎取两万多斤兽肉。这一切，来自于战士们的忘我奋战精神，来自于他们的智慧，也来自于李狄三知人善任和善于听取大家意见的工作作风。

李狄三的地窝子里，蜡烛突突地燃烧着，李狄三的脸映照在烛光中，显得格外冷峻。

周奎祺：“李股长，我们打猎组已行动多天了，你随我们打猎组行动也有一天了，但都没见到猎物的影子。现在我们组的人都很着急。嘴上都起泡了！”

李狄三默默地望着墙壁，反思着当天的打猎情况。

曹海林：“奇怪了，我们两个月前刚到阿里时，还不时看到这里有成群的野羊、野牛和野驴，怎么现在忽然一点影子都没有了？”

彭清云一向喜爱巴利，此时，他转向巴利问：“巴利，你在巴音布鲁克草原就是有名的猎手，你说说，这些野物会跑到哪儿去？”

巴利：“在我们草原上，一到冬天，猎物都会躲起来，尤其是大风雪之后，如果再像夏天打猎那样等待猎物出现，永远也等不来。”

曹海林着急说：“巴利，你这话等于没有说。”

李狄三:“巴利说得对,让他继续说。”

巴利:“我觉得我们现在的打猎方法不对头,七八个人一起行动,满地跑,动静大,大老远就把动物吓跑了。”

彭清云:“那你巴利有什么好办法?”

巴利:“我想,我们还是要把七八个人分开,两人一组,往不同方向寻找猎物。天再冷,动物还是要出来喝水觅食的。所以,要多找有水的地方,悄悄等它们来喝水。动物喝水时,我们出枪要快,使它们在混乱中乱。这样,我们打的猎物肯定不会少。”

彭清云:“现在这里连地都冻得嘎嘎的,哪里还有化开的水。巴利,你不是做梦吧!”

李狄三:“不!老彭,巴利说的办法是对的。你们难道没有注意,这里的一些山坳里,总有一些没有冻的温泉,还不时冒出一些热气来。依我看,这里的地热资源很丰富。我们就来个守株待兔吧。明天就两人一组,先寻找没有冻结的水源,到那里守候猎物。”

又一个清冷的黎明,启明星闪耀在东南的天空,阿里高原一片岑寂,先遣连营地的几个哨位上,哨兵端着冲锋枪来回走动。

打猎组的巴利和鄂鲁新骑着快马从营地地窝子的马道上飞驰而出,很快消失在远方。

鄂鲁新:“巴利,我们还要走多远啊!”

巴利:“能走多远走多远。李股长同意了我的请求,咱俩这一组今天尽量走远一些,把近一些的地方让给其他组。”

鄂鲁新:“这么大雪,动物们早猫起来了,我不相信能打到猎物。”

巴利:“雪再大,动物也要觅食喝水!我亲爱的草原雄鹰,就看你会不会找地方,你的眼睛尖不尖。”

鄂鲁新苦笑一下说:“巴利,跟你说实话。我也想像雄鹰那样飞起来,可总也吃不饱饭,还怎么飞啊！我们打猎的意义可不一般。”

巴利使劲打了战马一鞭,那马儿加快脚步,在雪地上小跑起来。

鄂鲁新也用力抽了马屁股一鞭,紧紧跟随。

两人来到一个草甸子前,鄂鲁斯手指前方,大声说:“巴利,你看,前面在冒一缕缕热气,不会是李股长说的温泉冒出的气吧！”

巴利放眼一看说:“看到了,太好了！李股长说过,这里的地热资源不错,可能就是温泉。”

鄂鲁斯:“那我们就下马坐在这雪地上守株....守株待什么来着……”

他结结巴巴想不起最后两个字,巴利补充道:“守株待兔！”

鄂鲁斯:“李股长真有意思！让我们守着猪,还等着兔子。”

两个人都哈哈大笑。

正说笑着,约十多只野羊从远处慢腾腾地凑近了清泉,接着就在水边神情专注地饮水。

鄂鲁斯兴奋地说:“这不就是‘守猪等到羊’了吗？”

巴利手指竖在嘴前嘘了一声,生怕惊动了野羊。

他俩端着枪、弯着腰,从两个侧面迂回包抄了野羊群。

巴利英俊的脸上肌肉紧绷,眼睛睁得很大,紧紧咬着嘴唇,右手食指轻轻勾着冲锋枪扳机。显然,因为怜悯,他紧张了,并且迟迟不肯扣动扳机。

鄂鲁新着急地轻声说道:“巴利,快开枪,要不野羊喝饱了水就跑啦!快开枪吧！”

冲锋枪冒着猩红的火舌,哒哒哒哒,一梭子弹向野羊群扫射过去。

野羊群混乱了,七八只野羊应声倒在水里,其它野羊淡出了他俩的视线。

巴利和鄂鲁新飞快地跑到水泉边。

鄂鲁新边跑边喊："我们终于打到猎物啦！我们打到野羊啦！"

他没想到，巴利竟然跪在泉边，呜呜地哭起来，哭声还越来越大，并且泪如泉涌。

鄂鲁新："我亲爱的巴利兄弟，咱不是巴音布鲁克草原上的雄鹰吗？这会怎么像个娘儿们了？我们全连 139 人，在当前情况下不打猎怎么生存？怎么去完成进军解放阿里的任务？你这样心软，往后还怎么打猎，又怎么打敌人？"

难过的巴利止住了哭声，不好意思地用手背擦了擦眼泪，站了起来。

他俩收拾好死了的野羊，放到马背上，驮回了营地。

次日中午，炊事班给大家改善伙食，准备了巴利和鄂鲁新打来的野羊肉。战士们闻到野羊肉的清香，纷纷咂巴着嘴，叫着"真香啊！"

这时，李狄三端着一碗野羊肉说："同志们，咱们部队现在已经没有盐了。别说是今天，就是到明年开春后续部队到来之前，我们都得天天吃没有放盐的清汤肉了，也腥！为了革命，我们一起吃吧！"说完，他夹起一块肉，放在嘴里大嚼起来。

"为了革命，我们大家连性命都豁得出去，难道还怕这膻味！"战士们接着如是说。

有的战士连吃了两三碗。

卫生员徐金金对李狄三说："要是有些鲜菜就好了！"

李狄三说："别说鲜菜，哪怕是一把青草，吃了对大家的身体也有好处。我总感觉这无盐的清汤肉吃得太多，身体会受不了。

他又叮嘱徐金金："你是卫生员，一会到每个地窝子去瞧一下，让大家一定多喝开水，把体内的肉毒冲下去。"

黄昏，先遣连营地稍远处，李狄三、彭清云、曹海林踏着夕阳余辉映照的雪地交谈。

李狄三："经过这段时间辛苦的备冬储备，我心里有底了，相信我们能熬过这个冬天，明春迎候大部队到来。"

彭清云："现在备冬工作停不停？"

李狄三："不停。我们储备的野牛羊肉和柴草多一些，后续部队可以用。"

曹海林："现在战士们穿的衣服都破烂了，鞋子也只剩下穿在脚上的最后一双了，我看鞋底和鞋帮也大都快分开了。怎么办？"

李狄三对大家说："咱们现在吃的和住的问题得到了解决，但身上和脚上穿的问题尚未得到解决。这段时间大家忙于修地窑、打柴、打猎、放牧，许多同志的衣服已经破烂得不像样子了，有的班有十几个人，却只有两条棉裤，外出执行任务也没有穿的，大部分人的鞋也磨破了，实在不能再穿。今晚把大家请来，就是请大家出谋献策，迅速有效地解决这个问题。"

一时间，会上没有人说话。

过一会儿，阿廷芳说："我倒有个办法，能不能用咱们盛粮食的旧麻袋缝衣服呢？"

大家七嘴八舌议论起来。

李狄三："这个办法可以，但到哪里去找针和线啊！"

鄂鲁新急不可待地说："这不难。我们蒙古族人在草原上经常把羊毛捻成线，用羊角骨做针。我看这样就能把麻袋缝成衣服。"

李狄三："你以前做过这种针和线吗？"

鄂鲁新："我小时候看见大人做过。"

这时，阿廷芳又站起来插话说："我想我们还可以用毡子加野牛皮或野羊皮做皮靴。”

李狄三:“好啊！怎么做？”

阿廷芳:“这个暂时保密。你让我先试着做吧！”

彭清云接着说:“阿廷芳在我们翻过界山大坂进入野滩时发明了马尾巴眼镜,为战胜雪盲立了功,看来今天又要立新功啦！”

李狄三:“好！时间紧,任务重,这两个任务就交给张廷芳和鄂鲁新去完成了,希望尽快听到你们试制成功的好消息！”

没过几天,战士们就试制成功了麻袋衣服和皮靴。同时还试制成功了牛皮衣服。

战士们穿着这自制的衣服和靴子,自豪地说:“真是任何困难都难不住我们先遣连啊！”

彭清云禁不住对李狄三说:“老李,你那开诸葛亮会的招数真灵！”

李狄三说:“群众才是真正的英雄啊！”

一天,李狄三正在同彭清云、曹海林等同志开会研究开展春节联欢活动的事宜,陈信之拿着一份电报,一边跑、一边大声喊着:“李股长！大喜事！西北军区党委给我们记大功了！”

李狄三上前接过电报,激动地看了一会儿,眼里噙满泪水,对陈信之说:“你读给大家听吧！”

全体人员站了起来。陈信之清了清嗓子,认真而严肃地念到:

独立骑兵师一团一连李狄三、彭清云及全体同志:

你们奉党中央毛主席之命,先行进军阿里后,在藏北高原上历尽千辛万苦,模范地执行了党的政策、纪律,在极端困难的情况下,发扬了高度的革命英雄主义和革命乐观主义精神,不怕艰苦,不怕牺牲,团结了藏族群众,打击了阶级敌人,官兵团结一心,战胜了高原上许多难以想象的困难,出色地完成了党和人民赋予你们的各项任务，为后续部队进藏创造了条件。你们是党的忠诚战士，军区党委决定授予你连“进藏英雄先遣连”荣誉称号，并给全体同志各记大功一次。

牺牲的同志们永垂不朽！

西北军区党委

1951年1月30日

屋里的寂静立即被大家的掌声和欢呼声打断了！

李狄三激动地说：“同志们，这是党对我们最大的关心和鼓励，特别是对我们战胜困难渡过难关将发挥无尽的作用。请老彭和信之立即将电文原原本本地传达给每个战士，包括牺牲了的同志，让每个战士都能听到。一个战士也不能落下！”

“是！让每个战士都听到！”彭清云和陈信之应声回答。

彭清云和陈信之来到一片土坟群，这里安睡着20多位革命烈士。陈信之笔直地站在坟前，彭清云在坟前宣读着电报。然后两人一起跪在地上，向烈士们致敬。

接着，彭清云和陈信之来到一个个地窝子，神情激昂地向战士们宣读电报。期间，掌声、欢呼声、蹦跳声，使整个地窝子一片沸腾。有些战士还拥抱在一起，眼里淌出了泪水，有些躺在床上的病号，也禁不住挣扎着从坑上起身下到地上，同人家一起欢呼。

快到除夕了，怎么让大家欢快地过个年，鼓舞一下士气？李狄三找彭清云、曹海林、陈信之商量。

彭清云：“首先是大家一起会个餐。”

曹海林：“还可以搞些娱乐活动，让大家在一起唱歌跳舞，表演各种节目，玩个够。”

李狄三：“好！这两个活动都好。重要的是，要动员和组织大家积极参加。病号也得积极参加。”

彭清云：“只要身体吃得消，还都得表演一个节目哟！”

除夕之夜，地窝子里一片欢笑声。

地窝子正墙上挂着红条幅：“欢度春节，迎接胜利”。

指战员们有站着的，有坐在坑上的，有坐马扎的，还有趴在被窝里双手支着胳膊观看的。

主持人陈信之走到中间，大声宣布：“春节茶话会现在开始，请看第一个节目《兄妹开荒》。”

坐着的李狄三用悠扬的笛声伴奏，两位扮演陕北兄妹的战士走到中间的空地上边唱边跳：“雄鸡，雄鸡，高呀高声唱......”战士们也随着旋律唱起来。

陈信之又走上前宣布：“第二个节目，请李狄三同志为大家表演笛子独奏《跑驴》。”

李狄三神情专注地表演，笛声悦耳动听，加上他边吹奏边以表情配合着旋律的起伏，赢得了大家的阵阵掌声与喝彩。

随着陈信之报节目的响亮声音，战士们又合唱了一首又一首革命歌曲。那《南泥湾》、《挺进、挺进》的歌声再一次响彻了整个地窝子。大家倍感激动和振奋。

在热烈的掌声中，李狄三还教大家唱了他和陈信之写的一首新歌：

八月里来是秋天，我们进军到藏边；

艰苦牺牲都不怕，人人争当英雄连。

自力更生度危机，艰苦奋斗数第一。

解决困难靠自己，光荣称号属大家。

藏汉人民团结紧，帝国势力滚出去。

三月初的一天，先遣连营地阳光灿烂，李狄三正带领指战员在地窝子外面晒太阳。耀眼的阳光照射的雪墙脚下，曹海林和陈信之在闲聊。

曹海林："信之，你注意到没有，李股长这几天说话有气无力的。"

陈信之："其实李股长早就病了。前几天，他刚跨出地窝子就又晕倒在地，还吐出一大口血，只是他怕别人知道了影响部队的情绪，所以千方百计隐瞒了自己的病情。"

曹海林："我们要劝劝李股长，请他注意爱护自己的身体。但我还没看出他身上有什么其他的不良反应。"

这时，李狄三走过来，乐呵呵地说："你们俩在嘀咕什么呢？"

陈信之微笑着说："没事儿，李股长。"

曹海林拉住李狄三的胳膊，满含情谊地望着他说："老李啊，我们刚才在谈你的身体情况呢。"

李狄三呵呵笑着："我的身体有什么好说的？"说着，用拳头打了一下雪墙，"看，这不是很强壮嘛！"

陈信之："我们是说前天你突然晕倒吐血的事。"

李狄三："早没事了。我的身体要是不行，早就起不来床了。今天天气很好，我们晒会太阳吧！"

一天，阳光如同往日，李狄三和战上们玩起了"瞎子捉跛子"的游戏。玩了一会儿，应罚当瞎子的周奎祺说："这个瞎子我一定当，但我提个建议，让李股长先当一回瞎子，看他能不能识别出咱们的脚步声。"

李狄三高兴地说："好，我来当回瞎子，请周干事给我蒙眼吧。"

蒙了眼的李狄三，东一下西地一下地捉"跛子"，引得大家发出阵阵笑声。

突然，他一个趔趄，扑通一声，倒在地上。周围的人见状迅速围了过来。彭清云抱起李狄三，大叫：“老李，老李！”

李狄三疼得咧了一下嘴，汗珠子顺着额头往下流，他半睁着眼，下意识地摸了一下自己的左腿。

陈信之小心地将李狄三小腿上的裤脚往上撸，惊讶地发现，李狄三的小腿已肿得发亮，绷带都勒进了肉里，裂口上还渗着黄色的液体。

陈信之看着，忍不住大哭了起来。他哭着说：“看来李股长的腿早就肿了，他是为了不让别人发现，才用绷带把肿腿勒成这个样子的。”

李狄三清醒了许多，睁开眼睛，有气无力地说：“我没事，大家继续玩吧！”

彭清云背着李狄三往他的地窝子走，大家谁也没心思再玩游戏，一起跟着彭清云前行。

大家围着躺在炕上的李狄三，谁也不说话，都在静静地抹眼泪。彭清云给李狄三喂水，李狄三慢慢喝了两口，可头一歪，又昏迷过去了。

满屋子响起了哭声。

曹海林连忙对大家说：“都不要哭，李股长暂时没有事，大家继续到外面去晒太阳，开饭再叫你们。”

战士们恋恋不舍地离开了李狄三的地窝子。

党支委会在另一间地窝子开始了。

彭清云：“李股长一直瞒着病情坚持工作，我看我们得形成一个决议，限制他再走出地窝子，好好休养，一直等到后续部队到来。”

曹海林：“我们不能再看着李股长这样不要命地干下去了。看到他的腿肿成那样，我心里像刀割一样！”

陈信之看着彭清云:“举手表决吧！”

彭清云:“同意我的意见的举手。”

大家一起举起了右手。

彭清云:“决议通过,生效！”

表决完毕,大家又来到李狄三的地窝子。

烛火燃烧着,彭清云、陈信之默默地守在李狄三身边。

李狄三这时醒过来,静静地望着地窝子顶,声音微弱地说:“我现在就是感觉像块棉花一样,浑身一点力气也没有。”

彭清云和陈信之惊喜地看着他:“李股长,你终于醒了！”李狄三:“我睡了多长时间？”

彭清云看了看表:“快30个小时了。信之一直在守着你,始终没合眼。”

李狄三感激地望望陈信之。

彭清云:“老李,昨晚咱们支部委员形成了一个决议,你以后不能再带着病工作,大家决定让你多休息。”

李狄三激动了,撑着双臂想坐起来,无奈使不上力气,又躺下了。

陈信之:“李股长,你是咱们先遣连的最高领导,你不能倒下啊！”

李狄三有些生气:“不,信之,老彭,正是因为我的职责,我才不能光躺着呀！快扶我起来,请支委们来开会,我建议撤销昨晚的那个决议。”

彭清云神情激动地大声说:“我们已经有50多位同志牺牲了，你不能工作起来不要命啊！大家都牺牲了,怎样将革命进行到底？只要你活着,咱进藏英雄先遣连就有主心骨！”

李狄三躺在坑上,两手伸出来,一手抓住彭清云,一手抓住阵信之,久久哽咽不语。

扎麻芒堡又是阴冷的一天,彭清云和曹海林从营地远处往地窝子方向走来，一路走一路聊。

彭清云语气沉重地说："昨天我们都出去巡逻了，回来的时候杨排长告诉我，李股长出去了一天。陈信之要跟他去也不让，只好把马牵来，让他走了，吃晚饭时才回来。我真担心出事！"曹海林："他病成这样了，还独自外出一整天，太危险了，还得好好和他谈谈。"

彭清云："我注意到他最近写日记特别用心，可能是想尽可能把扎麻芒堡的一切都写清楚交给后续部队。"

曹海林点点头。

彭清云和曹海林哪里想得到，地窝子里的李狄三只要一清醒过来，就没有一刻停止过为连里的一切做各种工作。

彭、曹走进李狄三的地窝子，坐定。彭清云急不可待地说："老李，你昨天已经一个人外出忙了一天，依的病情你这样子是很危险的，万一出个事怎么办？"

曹海林："上次支委会不是已经做了决定，李股长只能在地窝子里做些工作嘛！怎么不遵守呢？"

李狄三始终没有停止搓绳子，他抬头笑笑："唉，我是想着后续部队可能快过来了，我之前记下的扎麻芒堡的情况还不够详尽，所以昨天就骑马去看了看，实地考察一下没有去过的那些小山包。"曹海林："李股长，你可以为了革命不要命地工作，可你就不能为了革命暂时休息一会？"

彭清海："下不为例！请老李同志记住两条，一是自己的病情，二是支委会的决议。"

曹海林："李股长在地窝子的主要任务也是休息，再也不能像现在这样，没日没夜地写日记、搓绳子，甚至到炊事班做饭炒菜。"

新疆军区司令部办公室内，王震正与彭德怀通电话："彭总，我部先遣连已坚守扎麻芒堡、雨水泉近六个月，已有50多位同志在与大自然的抗争中牺牲了。现在他们没粮没盐没医，当地海拔又高达四千多米，严寒缺氧，比咱们当年长征遇到的困难还要大，我想尽可能快地派后续部队过去。”

彭德怀：“王胡子，情况我都清楚了，先遣连英勇顽强，做出了重大牺牲。这些我已向主席报告，主席和恩来同志都非常感动。我同意你的意见，只要昆仑山的雪开始融化，你们就马上派后续部队过去。”

先遣连地窝子里，李狄三翻开自己的日记本，在牺牲同志的名字后面，又写下了三个字：陈名义——一个临死也要坚守在碉堡的岗位上而不愿意躺在地窝子休息的战士。

曹海林来到问：“明天给陈明义送葬的仪式还要不要搞？”

李狄三：“当然搞，就是一天牺牲七位同志，我们也没有马虎对待过一个战士的葬礼。”

这时，陈信之手里拿着师部发来的电报走进了李狄三的地窝子。电报称：“五月一日，后续部队两个加强连将从于阗出发。”

“终于要来了！终于要来了！”战士们拥抱、欢呼，整个地窝子沸腾了。

当晚，李狄三召开了全连各班班长、排以上干部和共产党员会议，通告这一喜事。他坐在炕头上，气力微弱，坚定又认真地说：“阿里的春天到了，后续部队就要来了，我们要抓紧时间，多掌握情况，多准备柴草，迎接战友们的到来！”

彭清云：“各排再抽出一些身体好的同志扩大巡逻范围，争取再可能多地获得一些情况。”他又问周奎祺：“咱们连现在还有多少马匹？”

“只有十一匹了，其中两匹已病得起不来了。”周奎祺回答。

李狄三接了话：“我们带来的马是三百多匹，还都是从全师挑出来的啊！”他低头停顿了一下，又仰起头来，鼓足气力大声说：“请今天参加会议的同志将后续部队快要来了的喜讯传达到全连每一个战士，让大家坚持用乐观的革命精神与病魔斗争到底！我们不能再牺牲一位同志了！”

疾病无情，加上李狄三心里装满先遣连肩负的重大使命，放不下工作，无法安心静养，这使他的病情愈来愈严重。时而昏迷不醒、时而又干咳不止。彭清云、曹海、陈信之、周奎祺商定，给李狄三注射连里最后一支盘尼西林。然而却一次又一次地被李狄三坚定和断然地拒绝。

一天，彭清云、曹海林和背着药箱的周奎祺轻轻走进李狄三的地窝子。

此刻，李狄三正躺在炕上闭目养神，陈信之照看着他。

李狄三听到动静。就说：“信之，快把我扶起来！”

李狄三看着刚进来的几个人，带着虚弱的笑意说：“你们都来啦，欢迎！”

周奎祺一声不响地将医药箱放在炕边，取出了注射器，又拿出那个盛有最后一支盘尼西林的小扁盒。

李狄三立即问：“小周，你这是要做什么？”

周奎祺不说话，继续着他的动作。

彭清云诚恳地说：“老李啊！我们商量了，给你注射这支盘尼西林。”

李狄三立即火了：“胡闹，没有我的命令，谁也不能动这支盘尼西林。”

彭清云也有些火气：“老李，再这么硬撑下去，恐怕到最后再打这一针也来不及了。”

李狄三身子猛地歪了一下，被曹海林扶住。

李狄三：“我现在身体还没事。你们听我的，还是把这支盘尼西林留给其他同志吧！”

曹海林：“李股长，就打上这一针吧，这是我们大家的共同心愿！”

李狄三：“信之，你向他们复述一下军党委给我的政治任务。”

陈信之:“李狄三同志以团首长的身份指挥先遣连进军阿里。”

李狄三:“彭参谋、曹连长,我现在以团首长的身份命令你们,把这支盘尼西林收起来,给最需要的同志用!”

曹海林一声长叹说:“老彭，李股长这股子劲，咱们怎么也拗不过他啊!”

彭清云:“放心,我有个办法,让他过几天一定愿意打这一针。”

地窝子口儿,陈信之快步走到彭清云和曹海林面前:“快,军部左齐副政委来电报了,李股长让咱们几个支委快去听电报。”

李狄三披着衣服坐在炕上,身上捂搭着军棉被,惨白无力的脸上洋溢着笑容,双眼放出炯炯的光芒。

李狄三:“刚才我们收到军部进藏指挥部和左齐同志的来电,我们的后续部队已于今天,也就是5月1日,由二团副团长安子明同志带领三百多人,从于阗普鲁村出发了,估计二十多天可到达扎麻芒堡。”

彭清云一听就激动地站了起来:“太好了,终于出发了,我现在就开始想念安副团长了!”

曹海林望着彭清云:“老彭,看把你激动的,是不是觉得咱们李股长的病也有救了。”

陈信之:“是啊!安副团长他们一定带着盐、药品和医生,我们的病号战友们都有救了!”

周奎祺:“这二十多天,咱们一定要坚持住,要用钢铁般的信心和意志来坚持。”

李狄三:“小周说得对,不过,老彭、老曹,咱们迎接后续部队的准备工作还得加紧。”

说着,李狄三因讲话用力过度,呛着了嗓子,不住地干咳起来,陈信之赶紧走到他身后，轻轻地拍着他的背。

李狄三收住咳嗽，使劲咽了口唾沫，吃力地将话说完："我的日记也还得补充补充，好交给安副团长。"

一天，曹海林去给李狄三送自己所画的先遣连一路所经之地的地图，一进李狄三的地窝子，欲起身的李狄三就说："老曹，快来扶我一把，我的腿软得怎么也抬不起来了。"曹海林连忙将他扶起来，在他背后垫上一摞被子。

李狄三："我对迎接后续部队的准备工作做得如何让还不放心，得找你老彭再谈谈。"

曹海林："我们都准备得差不多了，本想这几天就向你详细汇报。"

接着，他又将自己画的几张图纸给了李狄三，并说："看你密密麻麻的写了那么多文字，我这就给你配几张图吧。这也可算是为迎接后续部队做准备吧？"李狄三认真看过后高兴地说："好，很好，这样就更直观了，成了文图并茂！"

随后他俩又拉起了家常。刚开始，你一句我一句的谈得很投机。但不久，李狄三就长时间不言语了。起初曹海林没在意，只管自己看着图纸说话。等他说完扭头一看，李狄三已经虚脱昏迷，斜倒在被子上。

曹海林着急地呼唤："李股长，老李，老李！"李狄三紧闭着双眼，身子一动不动。

曹海林大喊："快来人，快来人啊！"随即轻轻地将李狄三放平，并用手试了试他的呼吸。

李狄三苏醒过来后，看到彭清云、陈信之、周奎祺等人都在场，惊奇地问："你们怎么都来了？"

曹海林哭着说："李股长，你刚才昏过去，快把我吓死了，我还以为你.....”

李狄三:“我挺得住。我不但要看到后续部队的到来,还要同大家一起,把五星红旗插到噶大克!”

彭清云扫了一下周围的人,对大家说::“这样吧,咱们几个支部委员都在,小周的药箱子也在,我提个建议,咱们大家表决,同意给李狄三同志注射盘尼西林的,请举手!”

李狄三听后,急得惨白的脸上划过一道红晕,有气无力地说:“老彭,你,你这是做什么?”

彭清云看着陈信之:“信之,你是政治干事,你认为这样妥当不妥当?”

陈信之看了看李狄三,顾不得李狄三反对的神情,立即说:“我举双手赞成!同志们,大家表决吧,同意彭参谋建议的,请举手!”

支委们都高兴而果断地举起了右手。

李狄三无奈地闭上眼睛,用倚在被摞上的手搓着额头。接着又用手支撑着腰起身。陈信之一只手举着,另一只手帮了李狄三一把。

陈信之:“好,李股长,你看清楚了,大家都同意,决议有效。”

李狄三无奈地说:“同志们,我的好兄弟,我知道大家都是为我好,但这是我们连最后的一支盘尼西林,必须留给更需要的同志救命用,我决不会打这一针。算我求大家了,快把手放下来。你们形成了决议,我不执行,就等于我破坏党的纪律和组织原则啊!”

彭清云几乎是带着哭腔:“老李,你就听大伙的,打上这一针吧!你不同意,我们的手绝不放下。”

几个人都哭了,哀求地说:“李股长,打上这一针吧!”李狄三已经是泪流满面:“同志们,算我求你们了,别让我带头破坏党的纪律。”

屋里陷入一阵沉默。

李狄三又哭着说："把这一支盘尼西林留给更需要的同志救命用吧，我以大哥的身份求你们放下手来。"

曹海林哭着叫了声"老李"，一把将李狄三拥在了怀里，其他人也拥了上来，大家抱成一团，呜呜地大哭起来。

营地前，彭清云和曹海林边漫步边聊。

彭青云又想起了李狄三："老李连续三天滴水不进了，真是急死人，我真想现在就去接安副团长他们。"

此时，已极度虚弱的李狄三躺在炕上，只有游丝般的气息了。他睁开眼就问守着他的陈信之："老安他们到了吗？""估计还得等一两天。"陈信之回答说。

李狄三又闭上了眼睛。

彭清云和曹海林轻步走进来。

"老李怎么样了？"彭清云一进屋就问。

陈信之："刚才还问安副团长到了没有。"

李狄三突然睁开了眼睛，嘴里还费力地呢喃着什么。陈信之弯下身子，将耳朵凑到他嘴边听他说些什么。

然后转身对彭清云说："李股长问咱们迎接后续部队的准备工作呢！"

彭清云再靠近一些，轻声告诉李狄三说："我们都准备好了，柴草储备好了，老曹的地图也画好了，每个指战员还写了这次进军阿里的心得和体会。你就放心吧。"李狄三闭着眼睛听着，但已经虚弱得说不出话来。

忽然，李狄三的呼吸又急促起来，呼呼地吐着气，似乎要把所有的真气都吐出来。

彭清云知道不好，大声叫着："老李，老李，你不能走啊！"

曹海林和陈信之也哭着呼唤李狄三……

阳光下，先遣连营地北面的远处，后续部队的红旗在春风中飘扬，红旗下是长长的队伍。战士们高兴地大声喊："我们的大部队来啦，大部队来啦！"

彭清云、曹海林迎着队伍奔去，安子明飞身下马，大步朝彭清云、曹海林走来。彭清云说："你们终于来了！"安子明说："同志们受苦了！"三人紧紧拥抱在一起，激动之情溢于言表。

安子明问："李狄三同志怎么样了？"

彭清云："恐怕不行了。"

安子明："快快快，请你俩立即带我去看李股长。"

他们来到地窝子，李狄三已处弥留之际。

彭清云凑到李狄三耳边："李股长，咱们的后续部队来了，安子明同志看你来了！"李狄三奇迹般地"嗯"了一声，竟睁开了眼睛，喃喃说："安——副——团长，辛苦了——"

安子明弯下身子，凑到李狄三耳边，轻声说："老李，西藏和平解放协议，已于本月二十三日在北京签订。兵团和军、师首长都知道了你的病情，军长、政委把咱们二军最好的医生都派来了。你安心休养吧，过几天送你回新疆。"

李狄三微微笑着，又喃喃说："日——记、日——记——"

彭清云从李狄三的枕头底下取出两个牛皮纸封皮的日记本，递到安子明的手中。

就在这时，李狄三头一歪，停止了呼吸。

安子明大声呼唤着："狄三同志！"

彭清云、曹海林、陈信之、周奎祺悲痛地哭喊着："李股长，好兄弟！"

此时是 1951 年 5 月 28 日 12 时 15 分。

李狄三的日记，记载了先遣连1950年8月1日出发至1951年5月所经历的一切。其内容充分反映了中国共产党领导的这支队伍，为了西藏人民的解放事业，发扬党和人民解放军的光荣传统，不怕苦不怕死，同严酷的自然环境、反动分裂势力和疾病所进行的顽强斗争，特别是在无粮无盐无医的情况下，坚持生产自救和与死亡进行的最顽强之斗争。这是李狄三向党的汇报，也是他留给后人的生动教材。

李狄三牺牲后，王震发来唁电，同时命令："为李狄三同志举行隆重追悼会，厚葬烈士，竖碑永志。"

阳光下，李狄三的葬礼隆重而简朴地举行。

安子明、彭清云、曹海林、陈信之、周奎祺等人庄严地抬着用野马皮裹着的李狄三的遗体，表情沉痛地缓步行进，先遣连的战士们紧随其后。

队伍两侧，站满了藏族同胞和后续部队的战士。藏胞们有的擦着泪水，有的默默地祷告着，边上还有两位红衣僧人在不停地摇着转经筒，口中念诵着经文。

这里有一个墓群，先遣连已有62名烈士长眠在此。李狄三的遗体被安放在位于墓群中心的墓坑，是墓群中最大的一座坟茔，坟前竖着一根帐篷杆子，杆子上挂着一块白布，上写"李狄三烈士之墓"。

李狄三安葬后，安子明，彭清云率领先遣连和后续部队继续向噶大克挺进。

1951年8月3日，五星红旗在噶大克升起!

1952年，中央军委追授李狄三"人民英堆"荣誉称号。

1952平3月，彭清云代表进藏先遣连到北京参加第二届全国新民主主义青年团代表大会。3月18日，在中南海怀仁堂，彭清云受到毛主席、周恩来、刘少奇、朱德等党和国家领导人的接见。毛主席听彭清云汇报了李狄三和先遣连的事迹后，连说了三声“盖世英雄”，并对彭清云说：“请你代我向阿里的指战员问好！”周总理对彭清云说：“彭清云同志，你和你的战友都是硬汉子，你们为党和人民做出了非常大的贡献，阿里人民不会忘记你们的！”

李狄三在日记的最后一页，记录了他对后事的安排：我可能很快就要不行了，有几件事请你们帮助处理。两本日记是我们进藏后积累的全部资料，万望你们交给党组织；几本书和笛子留给陈信之；皮大衣留给鄂鲁新，他的大衣打猎时丢了；茶缸留给周奎祺；金星钢笔一支，是南泥湾开荒时王震旅长发给我的奖品，如有可能请转交给我的儿子；还有一条狐狸尾巴是日加木马送的，请转给我的母亲。这就是一位共产党人的最后清单，一位人民功臣的全部财产，一个儿子留给母亲的全部孝心。

是啊！以人民利益为中心，永远把人民和国家的利益放在首位，这是中国共产党人的本质所在，也是我们党伟大、光荣、正确之根本所在。

草原英雄布德

1964年夏，我在藏北草原采访一个多月，我忘不了这辽阔草原的美丽、神奇、富饶和丰厚的文化宝藏。但我更忘不了这里的人们。

在这里，我不止一次地听到人们传颂牧民布德为了保护几十名汉族工人兄弟的生命安全，不畏被叛乱分子残忍地挖掉双眼的事迹。每逢此时，我总是双眼满含泪水听人们讲述。

布德是藏北那曲地区巴青县拉西乡的贫苦牧民，生于1932年。他从小就是当地牧主家的牧奴，过着非人的生活。布德谈及那时他的生活时说："那时我还不如一条狗。因为狗还能吃饱，我却很少吃饱过；狗有自由，可以随便跑，我却连一点自由都没有。"他从八九岁开始，就得不论风雨大雪，每天都早早赶着羊群去放牧，迟走一步，就得挨牧主管家的抽打。

1951年西藏和平解放，人民解放军来到那曲地区，布德第一次见到了这样全心全意为西藏人民服务的军队。为了修建青藏公路，解决桥梁、道班房屋所需的木料问题，由18军一批转业干部组建的索县养护段在索县绒布区怒江边的纪路通森林地带办了一个林场。该地离巴青不远，索县、巴青的一些藏族农牧民被招收到纪路通林场当伐木工人，布德是其中一员。布德当了伐木工后，破天荒第一次能按月领取工资，不再受人欺压，生活有了保障，衣食住行都大变样了。林场和养护段领导人能够爱护、尊重这些藏族工人，是布德从未想到过的。初步摆脱了牧主的统治，个人地位大大提高的布德，焕发出极大的劳动积极性。他很快成为林场工人中的一名积极分子，并在1958年加入共产主义青年团，第一次到拉萨参加西藏地区共青团员代表会，大开了眼界。此后，布德在学习、工作方面更加努力，阶级觉悟不断提高，越来越感到共产党、解放军太好，农奴制度太坏。林场领导觉得布德是一位优秀工人，安排工作时常把他视为骨干交代任务。

西藏的反动农奴主们看广大农牧民群众纷纷心向共产党，既怕又恨，深感他们的封建农奴制度开始动摇，便打着“西藏独立”、“反对汉人”的旗号来策划叛乱。1958年12月，以索县百户哲热本和绒布寺基索(寺中主管财务的上层喇嘛)为首的一千多名叛乱武装，杀害了纪路通林场负责人王宪章和索县养护段会计邓宜宾，包围了纪路通林场。当时林场只有干部、职工30多人。敌数十倍于我，企图一口吃掉林场。林场同志虽奋勇作战，一次次打退叛乱武装进攻，但场里储存的粮弹越来越少，情况十分危急。场领导决定选派布德和另一名藏族工人乔装成当地牧民，向索县养护段和驻那曲的解放军部队送信，请求派来援军。接到任务后的布德立即换上牧民的羊皮袄，把场领导的信揣在内衣袋里，同另一各工人出发，趁着夜色混出敌人的第一道封锁线。但是，走到第二道封锁线时，布德二人却碰上绒布寺基索亲自率领的300多名匪徒。匪徒们恶狠狠地拦路盘问。布德沉着回答说自己是巴青牧民，但另外那名工人却吓得脸变色、身发颤。敌人见状更凶相毕露，抽出腰刀追问。那工人经不住惊吓便求饶说：“是给解放军送信的，求求你放了我！”匪徒问：“信在哪里？”布德见状不妙，马上伸手将信掏出塞进口中嚼吞下去。匪徒们扑上去将布德捆绑押到哲热本的官寨中。绒布寺基索令匪徒们捆住布德的双手，悬空吊起，又将一包重五六十斤的盐口袋绑在他悬空的脚上，再扒光他的上衣，用皮鞭猛抽他的胸背。基索在一旁看着布德说：“你不是藏人嘛！我们吃糌粑的藏人要起来反对吃大米的汉人。我只问你两条:第一,你是跟达赖喇嘛走,还是跟毛泽东走? 第二,你是吃大米,还是吃糌粑?”布德忍着剧痛,毫不屈服地说:“第一,我当然跟毛主席走;第二,糌粑、大米我都要吃。我倒要问你:汉人哪里不好,为什么要反汉人? ”基索向匪徒们狂叫:“给我打狠点,看他跟毛泽东走!看他吃大米去!”道道皮鞭更疯狂地抽向布德的胸背,直打得他皮开肉绽,鲜血直流。布德因剧痛而失去知觉,垂下了头。匪徒们叫喊:“不能让他这样便宜地死,得慢慢儿死! ”基索说:“先剜他的眼珠。”匪徒们解开绳子,把布德放倒在地。布德从半昏迷中还是听到了敌人的上述对话。只见基索取来一把铜匙,亲自前来动刑。这个口念佛经、身披袈裟的上层喇嘛,竟然根本不顾“慈悲为本、普渡众生”的佛教教义,极残忍地将铜匙插入被匪徒们按在地上的布德眼眶里,顶着硬生生将眼珠剜出,并抽出小刀将眼珠连接眼底的筋肉割断,直到布德的一双眼珠完全脱落,血流满面。匪徒们将晕倒在地的布德踢来踢去,狞笑吼叫:“看你嘴还硬不硬? ”布德被踢醒,听一匪徒说: “明天剁他一个手指,后天再剁一个,十天剁十个,叫他慢慢死。”布德没吃没喝,就用手摸着自己流下的血块塞进嘴里充饥。死亡威胁着他,但更激起了他对敌人的仇恨。

这时,西藏军区已经从别处获悉纪路通林场告急,即派部队火速支援。索县养护段段长崔鸣琴(原 18 军干部)带着部队赶到纪路通,打跑了叛乱武装,歼敌一部,给林场解了围。接着,崔鸣琴派人寻找送信未归的布德,到哲热本官寨门口发现了三天三夜没吃没喝、已经奄奄一息的布德。崔鸣琴立即派车送布德去医院抢救。经三个月的治疗和休养,布德恢复了健康,但双目已永远无法再见光明。

不久,西藏反动上层于 1959 年 3 月在拉萨发动了全面叛乱。人民解放军奉命平叛,并遵照中央关于边平边改的指示,在各地大力发动群众,揭露反动农奴主和叛乱分子的罪行。布德在那曲、巴青、索县等地的群众大会上，多次现身说法，控诉哲热本和绒布寺基索等叛乱头子极端凶残的行径，使广大群众看清反动上层打着“反汉”旗号却干下残害藏人的恶行，其目的完全在于维护黑暗的封建农奴制，不让西藏农牧奴翻身解放。布德的现身说法，有力地激发了群众支援平叛、投身民主改革的积极性，他本人亦成为平叛改革的积极分子。

在民主改革中，布德被拉西乡群众一致推选为副乡长。他虽失去双目，但坚持经常深入群众和生产第一线，工作干得很出色。在本村，他熟悉每家每人，常摸着房墙和帐篷，挨户走访，询问乡亲们的生产生活情况。哪家缺粮，布德要亲自去那家摸摸快要空了的粮口袋。哪家育幼接羔成活率低，布德要亲自去那家羊圈中摸摸牛羊。这些事，他都和干部、群众一一研究，认真解决。到别的村里去工作，乡里给他配了一匹老实的马。他熟悉去各村的道路、岔口，常骑马去各村访贫问苦，同大家商研工作。

狂风卷着雪花刮过唐古拉山谷，天气奇寒，到处是没膝深的积雪，悬崖上挂着光溜溜的冰凌，布德和给他拉着马的牧民加江在山谷里赶路。他们要赶往松奇牧场，那里有四户牧民同他们的牲口被大雪困住了，布德要去帮助他们抗灾保畜。他们正翻越一座陡险的石坡时，突然马蹄一滑，滚下坡去。布德老半天才爬起来。加江劝他说：“回去吧！等雪化了一点再去。”布德说：“不，牧场上有咱们 21 口人，120 头牲口。穷朋友好不容易有了牲口，要是饿死了，他们怎么生活？”加江说雪大路险太难走。布德说：“爬也要爬到牧场！牧民兄弟有困难，这时候不出头，要我这干部还有啥用？”他们抵达松奇牧场时，手脚都冻麻木了，牧民们一面拨火烧茶，一面心疼地埋怨布德说，这大雪天，你根本就不应该出来。布德给牧民们出主意，开放冬季牧场，转移部分牲畜，组织人力割树枝，帮助牧民度过了雪灾。

拉西乡是以牧为主的半农半牧区，过去当地产粮每年只够吃一两个月，大部分口粮要用牛羊肉、酥油、羊毛、皮张等畜产品到远处农区去交换。为了发展当地生产，改善群众吃粮状况，人民政府从 1963 年前后开始号召该乡宜农地区群众大力开荒种粮。布德响应号召，亲自带领群众开荒。他虽看不见，但依然和乡亲们一道下地抡镐挖地，还争着背石头。群众被副乡长布德的行动感动得流泪，大家迸发出巨大的开荒生产热情。经过两年多努力，到 1965 年，拉西乡种出的粮食就够全年吃五个月左右，接近半自给。

当年，布德光荣地加入了中国共产党。

我忘不了在这里不时见到的一排排坟冢，里面长眠的是那为了这草原的新生，在这里英勇献身的解放军官兵和各民族干部。1960 年 5 月，中共班戈县委派出多个工作组下部落开展民主改革，该县有两个部落的反动牧主发动了叛乱，极其残忍地杀害了该县副县长李坚措等七名藏汉族干部和民主改革积极分子。这些被杀害的人的遗体没有一具是完整的，有的被砍下了头，有的被挖去了眼睛，有的被割掉了鼻子。新结尔部落工作组的干部高振宏和索秋从群众的反映中得知，附近德庆部落已出现叛乱迹象。他俩立即去德庆部落调查了解有关情况。因为叛乱分子早有准备，他们刚到德庆部落，叛乱分子就对他们动手了，在经过一番搏斗后，终因寡不敌众，高振宏和索秋都被叛乱分子杀害，俩人的人头也被叛乱分子砍下。这是一对藏汉夫妻。高振宏是陕西人，解放军十一师的一个排长，在县里帮助工作，索秋是西藏那曲县人，系从西藏公学毕业后回西藏参加民主改革的青年学生。他俩牺牲时刚结婚不久。

忘不了啊！“血浓于水”的藏汉情。

果列谿卡的风雷

中央决定:“边平叛边改革,先叛先改,不叛缓改。”随着人民解放军平息西藏上层反动集团发动的武装叛乱的进行,彻底埋葬政教合一的西藏封建农奴制度的伟大的民主改革运动,在西藏大地如火如荼地开展起来。大批在上世纪50年代进藏的“老西藏”、西藏开始平叛后从内地各省地和中央各部门调进西藏,参加民主改革工作的富有基层工作经验的干部、从中央民族学院和西藏公学毕业和提前毕业回藏的藏回族学员、驻藏部队抽出的支援西藏开展民主改革工作的解放军指战员,组成成百上千的民主改革工作组,浩浩荡荡地开赴西藏广大农村、牧区、城镇和寺院,以极大的热情,与百万农奴、贫苦僧人、爱国进步中上层人士一起,同世界上最黑暗、最野蛮、最残忍、最落后的西藏政教合一的封建农奴制度展开了决战,谱写了当代最壮丽的人权史。

那时在西藏工作的干部,都渴望自己能直接到基层参加民主改革工作,因为推翻西藏的封建农奴制度,把西藏人民从水深火热中解放出来,是他们渴望已久的最大心愿。我当时在新华社西藏分社工作,是1956年春从中共中央办公厅调到西藏的,时年22岁。经过多次申请,我的参加民主改革的要求得到了组织上的批准。1959年9月的某天上午,在西藏山南地区乃东县境内的一条骡马大道上,我和刚从西藏公学毕业、后来曾任中共西藏自治区党委副书记、西藏政协党组书记和副主席的藏族姑娘巴桑结伴而行。我们各骑一匹白色大马，马鞍上都搭放着一个装满被褥的帆布套子，我身上还挎着一支驳壳枪和四颗手榴弹。我俩是去乃东县亚堆区参加民主改革工作的。巴桑比我小一些，她当时大概是19岁。她在西藏公学只学习了三年，但汉语已讲得相当流利，能顺畅地用汉语同我交谈。在一路的交谈中我了解到，巴桑原是山南地区扎囊县一个豁卡庄园主的朗生（给主人做家务活的家奴），受尽了庄园主及其代理人的折磨。有一次因为不堪忍受而逃跑，庄园主的代理人将她抓到后，竟把她的双手绑在马尾巴上拖行数百米，险些丧命。她不甘心，仍然寻找机会逃跑，最后一次终于如愿以偿。她被解放军收留并送到西藏公学学习，从此脱离了苦海，开始了崭新的生活。谈到自己即将投入西藏民主改革的工作，她很激动。她对我说，作为一个奴隶，我深深知道西藏的封建农奴制度给世世代代的西藏人民带来了多么深重的苦难，自己能直接参与埋葬西藏封建农奴制度的斗争，真是太令人高兴和激动了，这将是一生中最大的幸福。我当即表态理解她的心情，也说我们这些汉族干部也为自己能参与这个对西藏的发展具有划时代意义的斗争而兴奋不已啊！

中共亚堆区委和亚堆区人民政府的驻地，是一个颇为壮观的藏式宅院。它原属于一个已外逃的叛乱庄园主。平叛后，当地政府已按政策将其没收。这个宅院的四周都是围墙，一进门，一个大约有二百平方米的铺满石块的空地就呈现在你眼前，空地两侧是马棚、佣房。面对着大门地处空地中央的是一栋三层的藏式楼房，石砌厚墙，房间甚多，底层是仓库、灶房和客房，二三层分别是主人的经堂和居室，窗外垂落着宽大的黑色牛毛帘幕。紧靠宅院南墙，还有一个面积约一千平方米的林卡（林园），内有茂密的杨树、柳树和绿茸茸的草地和野花。宅院还紧靠通往山南地区重镇泽当的交通大道。一条小溪将宅地与交通大道分开，在宅院这边的小溪岸边还有一排茂盛的杨柳。从宅院放眼望去，一面是农田阡陌，一面是草地与密林相连。看来西藏的农奴主是很会为自己营造“天堂”的。

我被安置在宅院二层楼的一间大房子里，一进门，一股浓重的灰尘味扑鼻而来，檐下，麻雀、燕子噪个不休。接待我们的藏族干部乌金还高兴地对我说，你清晨一醒来，就可听见外面树林里鸟儿的啼叫声，还可看见麻雀从房间敞开的窗子飞来飞去，一定会觉得惬意。

这个区的中共区委书记和区人民政府区长都是新近从湖南调来西藏的干部，都是湖南人，都操着一口浓重的湖南乡音。作为一个远离故乡湖南已达七年之久的我，在这里居然遇到两个同乡，并且将与我共事，自然感到特别高兴，听到他们的乡音，更是倍感亲切。他们俩在湖南都长期从事基层党政工作，有丰富的基层工作经验。调来西藏前分别是湖南农村一个区的区委书记和区长。区委书记名叫李习珍，25 岁左右。区长名叫唐芳阶，30 岁左右。前者给人感觉是精明干练，后者给人感觉是纯朴忠厚。他们虽然来西藏不久，但对这里的气候和生活似乎都已习惯。与他们共事的过程中看，我没有看出他们有任何不适应的表现。令我印象特别深刻的是，他俩虽然刚刚远离家乡的亲人和熟悉的工作环境，但精神状态很饱满，工作热情很高。

我和巴桑抵达区里时，他俩都下村里检查工作去了，但他俩傍晚回到区里后，立即向我们介绍这里各方面的情况，特别是开展民主改革的准备工作情况，直到深夜才离开去休息。第二天一早，他俩就起床做了面条，招待我们吃早餐。李书记笑呵呵地对我说，老乡，可惜这里没有米粉，不然我可以做碗地道的湖南米粉给你吃，以尽老乡的心意。他接着又说，不知老乡是否吃得惯酥油糌粑，到了村里，这可就是你的主要食品啦。不过没有啥，我刚吃酥油糌粑时也不习惯，现在不仅习惯了，还很想吃呢！唐区长插话说，老李，你别自以为是，刘老弟入藏的时间比我们长，现在对西藏的适应能力肯定已经远远超过了你和我。李书记不服气地说，那也不见得。老乡过去主要是生活在拉萨机关，生活习惯主要还是汉族干部那一套，现在可就要完全改变了。我连忙说，李书记说得对！我应该向你们两位学习，尽快过好生活关。吃罢饭，李书记拿了几份材料给我，并对我说，这是中央、中共西藏工委和西藏自治区筹备委员会有关西藏民主改革的几份材料，还有一份材料是我们区委、区政府最近调查和整理的亚堆区的情况介绍。你今天好好看看，我和老唐今天还要下村里了解情况。傍晚，李书记和唐区长从乡下回来后立即来到我的房间，李书记对我说，我们决定由你去果列村开展民主改革工作，那里已有一位藏族干部在等你，你们两人组成果列村民主改革工作组，由你负责。那位藏族干部名叫卓嘎，是从西藏公学毕业的学生，能担负藏汉语的翻译工作。他并说，你考虑一下是否明天就能去果列村开展工作。我事先未料到他们会安排得这么紧，就说，我想找你们好好了解一些相关情况再去村里。话语不多的唐区长接着说，西藏封建农奴制度太残酷了，西藏人民受的苦太深了，我们早去一天，果列村的人民就少受一天苦！我没有想到这位区长会这样说，于是只得同意区里的安排。

次日上午，李书记、唐区长和我从区里骑着马前往果列村。我们动身时，唐区长告诉我说，他昨天晚上已派人把我们今天上午要去果列村的情况通知卓嘎。李书记为此还大发感慨说，目前村里没有电话，架设线路工程又大，所以我们传递信息只有靠人力来回跑，费时费力又容易误事，这也是我们在这里工作的一个困难……一个多小时后，我们抵达了果列村村头。村头一男一女见我们到来，立即迎上前来接过马缰，我们下了马。卓嘎向我作了自我介绍。我定睛看了看她，身高一米六三左右，脸色略显黝黑，说话声音宏亮而稍显急促，动作利索，看模样也只有20岁左右。我也向她作了自我介绍，并说能和她在一起工作非常高兴。快言快语的她立即接着说，我更高兴，区里早就说要给我派一位汉族老师来，今天果然来了，真是太高兴了！希望您以后多多帮助我。接着她向我介绍了那位藏族男子。此人名叫彭措，是个“堆穷”，现在是她的房东，很快就会成为她和我共同的房东。彭措用藏语对我们表示了欢迎，接着我们徒步往彭措家里走去。一路上，并看到许多衣衫褴褛、面如土色、蓬头垢面的男男女女和老人，还有一丝不挂着与乌鸦、老狗在一起寻食、滚爬的孩子们。不一会，我们到了彭措家里，并被请到了这家最好的一间房子当中。这是一间向阳的房间，光线较好，十平方米的样子，房子的中间有一个方形茶几。有两面放了藏式垫子。房子的一侧是卓嘎的睡铺（藏垫上铺着褥子和床单、摆放着被子），另一侧放着两个藏垫，等待我把被褥铺放上去。我们坐下后，卓嘎和彭措连忙给我们一一端上装满香喷喷的酥油茶的杯子，说了一句“恰通”（藏语，请喝茶的意思）。卓嘎亲切地问我说，您以前喝过酥油茶吗？开始可能不习惯，不过到后面不但会习惯，而且喝酥油茶还能增强您的高原适应能力。李书记喝完酥油茶后郑重地说，现在果列村工作组的人员已经齐全，从今天起，果列村的民主改革正式提上日程，这个担子就交给你们二位了，拜托！唐书记则对彭措说，我们盼望你能带领果列村群众积极投入民主改革，支持工作组的工作，还要特别关注工作组人员们的安全。彭措说，请两位领导放心，我们果列村的人早就盼望着这一天了。然后李书记和唐区长离开彭措家，跨上马往另一个村去了。望着他俩渐渐远去的身影，我站在那里，陷入了沉思……是啊！从今天起，我就将在这块对我来说人生地不熟的地方，同这里的百姓们一起，或者说带领这里的百姓们完成一次具有划时代意义的变革。可他们又与我语言不通，生活习惯不同，我能做得到吗？遇到困难又有谁能帮助我？我一时不禁感到迷茫，还夹杂着少许凄凉。卓嘎见我久久不动，连忙问我，刘老师，你怎么啦？不舒服吗？我连忙回答说，没有，我在想些事。卓嘎说，那我陪你在村里走走吧，看看这里的环境。果列村地势较平坦，一眼可以望到边。它的东面是一个河滩，宽约三十米。河滩上有一条由南向北的小河，河水静静地流淌，阳光下银光跳跃闪烁。与河滩相连的，是一片大约有二三平方公里面积的缓缓上升的大山坡，远看是高山，近看是平原。山坡南面、西面和北面的边缘是大片的树林，主要是杨树，林间开着淡黄色的野刺玫，还有红下颏的小鸟，不住鸣叫的布谷令人觉得清爽、幽静、心旷神怡。山坡上大片大片的农田与盛开着多种野花的绿茸茸的草坪相连。在有些农田与草坪之间还有稀疏的林地。我脑海里禁不住浮现一个念头：多美的田园诗般的环境啊！可是千百年来，这环境下映衬的却是农奴们痛苦呻吟的悲惨生活，今天，他们才开始酝酿着解放。我对卓嘎说，这里很美，并有发展农林牧业的极好条件。这位刚从西藏公学毕业的藏族姑娘却对我说，这里的山水很美，整个西藏的山水都很美啊！可是在封建农奴制度统治下，西藏却成了世界上最大的人间地狱。这里是有发展农林牧业生产的自然条件，但不是有了这种条件就能发展起来，关键的问题是要彻底摧毁封建农奴制度，改变生产关系，解放生产力。她并指着那些衣衫褴褛、神情忧郁地在地里劳动的农奴对我说，生产力里最活跃最积极的因素是人，不把他们从苦难中解放出来，把他们的积极性调动起来，这里能有发展前途吗？这就要看我们在这里工作做得怎么样了？我没有办法，只有服气，连忙对她说，卓嘎，你还真有水平啊！不但正确，而且很深刻。她接着说，光说得好有什么用，主要还得看我在今后工作中的表现啊！如果我的工作做得很出色，我就会很乐意接受您的表扬。看来，卓嘎的确是一个不简单的姑娘，有她这样一位合作者和助手，顿觉轻松了不少。忽然，卓嘎停住脚步，放低声音对我说，刘老师，也许你还不知道，我家就有一部血泪史啊！她说，她家是拉萨附近堆龙德庆县一个谿卡的堆穷，靠租种谿卡的小块土地为生，地租很高，又有乌拉差役，全家人天天在饥寒交迫中过日子。父母看到女儿吃不饱饭很是心疼。在她15岁那年，就把她送到拉萨一个机关的建筑工地当小工，活不重，吃的住的都好，还使她增长了见识，那段时间她很快乐。可是，这个工程很快就完工了。怎么办？她实在不想再回到那可怕的谿卡，就向工程负责同志提出，希望能把她留在机关干活。这位同志说，机关没有适合她的工作。她又说，不是有不少藏族青少年到内地学校学习吗？能不能把她也送去并表示自己一定好好学习，将来回西藏为人民服务。那位同志被她的坚定和求学渴望所打动、答应帮她。没过几天，她就如愿接到了送她到设立在陕西咸阳的西藏公学学习的通知。临走的前一天，她悄悄回到家里看望和告别父母。没想到，父亲正躺在床上呻吟，刚从外面讨饭回到家的骨瘦如柴的母亲告诉女儿，她去当小工不久，父亲就因为交不起地租，被谿堆的狗腿子重重地打了一百下皮鞭。几个月过去了，还是不能起床。她问母亲，往后你们的日子怎么过？母亲摇摇头说，不知道！听天由命吧！第二天天刚一亮，她抱着躺在床上呻吟的父亲大哭了一场后，便头也不回离开了家。卓嘎说，这次她从西藏公学回来，曾高兴地回到家去看望父母，没想到家已经没有了，只剩下一间空空的土房。村里的人告诉她说，她去内地学习后不久，她父亲就慢慢起床干活了，没想到的是，此时谿堆又收回了她家租种的小块地，并牵走了她家唯一的一头小毛驴，拿走了所有的农具，并 要他们夫妻俩到谿堆家去当朗生。当晚她父母就逃离了谿卡，四处流浪去了，谿堆派的人也没抓到他们。她就这样再次含着泪水离开了家。卓嘎这时突然高声地喊，可怜的阿爸阿妈，你们现在在哪里啊？随后便哽咽着再也说不下去了！

在返回住地的路上，我问卓嘎，目前这里群众的生活情况怎样？缺不缺口粮？卓嘎告诉我说，由于农奴主对农奴的剥削压迫极端残酷，这里农奴的生活一直是很困苦的，有些农户一打下青稞就断了口粮。去年以来叛乱分子盘踞山南地区时，又经常来这里抢夺和掠杀，使这里的情况更是雪上加霜。今年春耕前，这里绝大多数农户都断了口粮，也没有春耕的种子，不少人家几个月吃不到油、盐和茶。四月间叛乱被平息后，解放军和政府工作人员来到这里，马上给大家发放了种子和口粮，供应了大批酥油、盐和茶，宣布庄园主的土地今年实行谁种谁收，才使这里逐渐开始恢复生气，群众都有了饭吃，也没有荒一块土地。我说，是不是可以这样认为，目前这里大多数群众的吃饭没有大问题。卓嘎说，是这样的。我说，那好，这样我们就可以直接开展民主改革工作了。

在内地进行土地改革，工作组干部必须做到的最重要的一条是，自己必须赢得当地群众的最大信任。这样，你的话才有人听，农民才能起来斗争地主分田地。在西藏同样如此，但工作组要取得这种信任，难度却大大超过内地。这主要是因为，世世代代与世隔绝的西藏广大农奴，除了极少数在西藏和平解放后同解放军和汉族干部有所接触，因而也或多或少相信西藏的封建农奴制度迟早会灭亡的道理外，绝大多数农奴都认定自己世代受苦受难，是命里注定的，是因为前世造了孽。他们不敢想也不相信会有什么变化。因此对有关推翻封建农奴制度、农奴翻身做主人之类的道理，他们很不容易听进去；同时，民族、信仰、文化的差别，也增加了工作组取得这种信任的难度。我问卓嘎，我们如何赢得这种信任呢？卓嘎想了想说，我看最主要的是我们要认认真真地深入群众，通过我们的言行，使农奴们了解我们，感受到我们同藏政府的官员根本不同，我们是来为他们谋利益的，是他们的朋友，同他们是一家人。这样，他们就会相信我们，我们讲的道理也才能被他们听进去。我高兴地接着说，你说得很对，这一关突破了，往后的事情就好办了。我们俩从来到果列村的第二天起，就深入农奴们家里，与农奴同吃同住同劳动，让农奴们在我们与他们的“三同”中了解我们，并理解和相信我们讲的道理。

这“三同”中，最难做到的是“同吃”。这也是我们要取得农奴们的信任要过的第一关。农奴们长年累月喝酥油茶，并且习惯用衣角擦洗盛酥油茶和盛菜的碗杯，又长期不换衣服不洗澡，甚至不洗脸和手，身上散发出一种浓重的酥油腥味。你靠近他们，这种腥味就会扑鼻而来，你顿时就会感到被熏得头晕。这一步，我咬咬牙就比较轻松地过了。卓嘎还夸我适应力强。可吃喝就不一样了。我来到这个村的第二天去一户农奴家访贫问苦时，看到主人用身上穿的衣服擦鼻涕，接着又用这擦过鼻涕的衣服擦洗杯子，再把酥油茶倒入这杯子中，端给我们喝。我见状久久没有端杯。主人看我迟迟不喝，就三番五次地催我快喝，说喝了好再添点。这时我也想，这杯酥油茶不能不喝啊。如果我不喝，主人肯定认为我看不起他们，不尊重他们。这样，他怎么能同我们工作组一条心，怎么能听进去我们讲的话？任务怎么能完成？可是一想到这酥油茶里有鼻涕，就觉得太难受了，喝下去估计会呕吐，我仍然是口头说喝，手却不端杯。谈话快结束时，主人见我杯子里的酥油茶还是满满一杯，就说，怎么？酥油茶都凉了，你还没有喝，重新换一杯吧要不？卓嘎也在旁边示意我快喝。我心想，自己已无路可走，反正喝了也死不了人。我没有再犹豫，端起茶杯一饮而尽。主人高兴地说，我们能够这样吃喝在一起，就是一家人了。从这户农奴家里出来，卓嘎对我说，全村除我们的房东彭措家里已因为她多次提议而改变了用擦鼻涕的东西擦洗杯碗的习惯外，其他农奴家擦鼻涕的东西与擦洗杯碗的东西都是不分开的。我说，随着封建农奴制度的被废除，西藏社会的进步，西藏人民目前这种极端落后的不科学、不文明的生活习惯，也肯定会改变。可是为了这种改变，我们今天还得去适应它啊！这就是事物的辩证法吧。我们在这里的饮食，除酥油茶之外，主要的就是吃糌粑。它是将青稞（大麦中的一种）磨成粉与茶水一起搅拌，条件许可，则再放上酥油和白糖一起搅拌，然后抓成一小团一小团放在嘴里。对这我很快就习惯了。酥油茶、糌粑是我们的主食，其他食物却只是偶然能吃到了，包括风干羊牛肉、炒牛羊肉等，至于蔬菜则根本吃不到。

刚来到这里时，我很难适应吃生牛肉，看到村里人把刚宰的牛的肉割下来，用刀剁碎，然后放上盐和辣椒粉，加以搅拌，就大口大口吃起来，并且吃得非常香，我感到呕心，心想，这不又回到原始社会了吗？况且这很容易使体内滋生细菌导致患病，因此，我基本都不吃，遇到群众把装着生肉的碗端到我跟前，我也总是找借口推辞。后来，考虑到这也是过生活关的一个内容，不能因为这一件事影响大局，我也就硬着头皮吃了起来。一次，在堆穷扎西家里了解情况时，扎西看到我大口吃他家的生牛肉，就惊讶地说，你也能吃生肉了？怎么样？味道还好吗？我说，大家能吃，我也就能吃啊！扎西高兴地说，你能与我们用一个杯子喝酥油茶，用一个牛皮袋子抓糌粑吃，又能用一个碗吃生肉，真是与我们融为一体了。这时，堆穷多吉又接过话题说，他还与我们同在一块地里劳动，同在一个藏垫上睡觉呢！扎西又接着调侃道，他如果学会讲藏话，就和我们果列谿卡的农奴一个模样啦！

在共同的生活中，在无拘束的交流中，我和卓嘎同村里农奴们的关系逐步融洽，彼此的了解逐步加深。我深深感受到了农奴们勤劳、淳朴和善良的品质，也清楚地了解到了农奴们在农奴制度下的极其悲惨而苦难的非人生活，这更增添了我们搞好果列村民主改革的信心与决心。农牧们也感受到我们干部是和他们站在一起的，是真正维护他们的利益的，于是开始勇敢地控诉农奴主及其代理人的罪行；而且还能主动找我们商量家事，请我们帮助他们解决家里的各种困难。有一天，农奴拉珍来到我们住地，对我和卓嘎说，她家的羊圈最近连续在夜里遭狼袭击，还有两只羊被狼咬死，真不知如何是好，希望工作组能帮帮她家。我告诉她唯一的办法是，守夜观察和猎狼。她为难地说，她家没有男人，只有她和她阿妈。我就建议我和卓嘎去她家羊圈守夜，我们有枪，必要时还可以猎狼。拉珍连忙说，那怎么行，你们都是官，怎么能让你们去羊圈帮我们守夜。卓嘎说，我们共产党的干部，都是人民的公仆，为老百姓办事，是自己的职责，也是自己最高兴做的事。我们同封建农奴制度的官是完全不一样的。拉珍说，是，是，是这样的！那就太感谢了！那我晚上在我家羊圈等你们。当天傍晚，由房东彭措领路，我和卓嘎拿着一条麻袋样的粗毛毯子和一个装满糌粑的牛皮袋子，来到了拉珍家的羊圈。拉珍正在等候我们。她带来了一壶酥油茶，两个茶杯。彭措把我们送到后就回家了。我让拉珍回家睡觉，拉珍不依，担心地说，你们不害怕吗？我怕你们被狼咬。我指指挎在身上的驳壳枪说，你看，我有这个，必要时我就用这个来对付狼。没什么好怕的放心吧！拉珍这才离开。我和卓嘎轮流值班，上半夜，我躺在粗毛毯子上休息，她守夜。下半夜，我俩则换角色。我俩都是睁大眼睛，竖起耳朵，注视着羊圈及周围的一切动静。但整个夜晚，除了不时传来的风声及羊叫声外，一切都很安静，狼的踪影和声音都不曾出现。天亮后，拉珍又送来了酥油茶。我和卓嘎向她通报了当晚的情况。等我和卓嘎喝了酥油茶和吃了糌粑以后，拉珍说，谁也不知道狼什么时候才会再出现，今晚你们就不要再来守夜了！这样实在太辛苦了！但我们没有依她。第二天傍晚我们又来到了羊圈。可守到天亮，还是一无所获，只好作罢。第三天傍晚依然如此。奇怪的是，自此以后，这里再也没有出现狼袭羊圈的情况。出乎我们意料的是，我和卓嘎在羊圈守夜的事情很快在果列村传开。很多农奴见到我们都大加赞扬。有的满脸笑容地对我们说，本加（亲人），雅古都（好）！雅古都！有的见到我们还说，共产党干部的心，真是像金子一样纯洁。

我和卓嘎来到果列村已经快一个月了，我们走遍了这里的每一个角落，访问了这里的每一户农奴。在农奴们的支持配合下，我们弄清楚了这个谿卡的基本情况：全谿卡共有耕地一千三百多克，克即斗，一克地就是可以撒一克种子的地，相当一亩，住户65户（含庄园主代理人，即谿堆一户，为谿堆跑腿的“根保”一户，农奴63户、朗生和差瑶32人），总人口280多人。这个谿卡是拉萨一个大贵族的庄园。这些土地，连同住在这个土地上的农奴，都是属于这个庄园主的。他派一个谿堆驻守在这里，全权管理。他就是农奴主代理人。这个谿堆参加了叛乱，后又在人民解放军平息叛乱时逃跑。这里的土地经营方式有三种：

一是谿卡自营地，即由谿堆直接经营，靠向农奴派“乌拉差役”（无偿劳役）耕种的土地，共八百多克，即总耕地的百分之六十多。这些自营地都是上水好地，收入全部归庄园主及所派的谿堆所有；

二是“差岗”，即差地，这是庄园主分给“差巴”耕种的地。“差巴”耕种这种土地，就世代为庄园主支差、纳贡和交税。差地共四百多克；

三是谿卡出租地，一种是租户按谿堆规定的定额，向庄园主及谿堆交租；一种是收入由租户与庄园主和谿堆对半分。这种出租地只有100克左右。

这里的农奴也分三类：

一是“差巴”，意思是支差的人，全谿卡有二十六户。他们是耕种农奴主差地的农奴，按差地多少给农奴主支差和缴纳贡赋。差巴附属于差地，谁耕种了这块差地，谁就成了拥有这块差地的农奴主的农奴，并且世代为差巴，只有当他们逃亡或无法耕种的时候，农奴主及其代理人才把土地收回，派给其他农奴耕种。沉重的乌拉差役使绝大多数差巴户都不堪重负。他们劳累一年，仍然是饥寒交迫，还负债累累，给庄园主和谿卡支差，还经常要挨打受骂，有的甚至被打成残废或被打死，不少人就死在支差途中。破产弃地逃亡流浪和无力耕种而转当“堆穷”、“朗生”、“差谣”，成了不少差巴户最后的归宿；

二是“堆穷”，是没有差地的农户，共三十七户。他们分别靠耕种豁卡的小块出租地、替差巴户支差、做木匠、织毡毯氆氇、纳靴底维持生活。他们都要向庄园主缴纳人头税和出乌拉，种有出租地的还要交租。堆穷无差地，但也不能随意离开庄园。堆穷子女仍为堆穷。他们之中的大部分是差巴户破产而成，除租种小块土地的堆穷有几头牲畜外，其余堆穷都一无所有；

三是“朗生”、“差徭”共三十二人。他们都是毫无人身自由的奴隶。朗生，意思是家里养的，干家里活的，就是家奴。差徭，就是干地里活的常年乌拉。朗生、差徭的子女仍为朗生、差徭。庄园主、豁堆和少数大差巴家里都有朗生和差徭。他们吃的是每天一升(斤)糌粑，每年一件麻布一样的牛羊毛混织的毛褐衫外套，白天当衣服穿，晚上当被子盖，住的是马棚和屋檐角落，挨打受骂是家常便饭。若是生病了不但得不到治疗，还得继续干活。不少朗生和差徭就在饥饿、寒冷、劳累和皮鞭抽打、脚踩脚踢中悲惨地死去。一个农奴主的话语道出了朗生、差徭的悲惨人生。他对一名朗生说：“人是我家的，我愿把他团成团装在口袋里由我；愿把他拉成条缠上由我。

一天，全村 200 多人聚集在村里一块平坦的草地上。阳光洒落下来，把这里的一切照耀得格外明朗，我禁不住放眼仔细地端详这一大片人群，忽然一阵酸楚涌上了心头：他们之中没有一个人穿着一件完好的衣服，全是破烂的像麻袋似的粗毛衫裙，并且布满补丁和油污。妇女和孩子们几乎个个光着脚。这 200 多人无一例外地都是垢面乱发，很多人的目光显得呆滞无神。他们接到通知：今天工作组召开农奴大会，选举农民协会委员，成立村农民协会。他们很早就从四面八方来到了这里。是啊！西藏人民的苦难太深重了，他们早就该把命运掌握在自己手里了！

这个大会由卓嘎主持，区长唐芳阶也来了。我首先作了发言。我说，亲爱的父老兄弟姐妹们，世世代代受苦受难的兄弟姐妹们！给你们带来无限苦难的西藏的封建农奴制度垮台了，残酷剥削压迫你们的那些农奴主和他们的代理人，包括我们果列谿卡的庄园主和谿堆也垮台了，我们的苦难要结束了！但是，今后谁来带领我们彻底废除旧制度，建设幸福的新生活呢？我们不能老靠工作组，得靠我们自己。今天开会就是要选举村农民协会委员，成立村农民协会，以后村里的事情就是由这个农民协会来管理。谁能当这个农民协会的委员呢？我看在旧社会受苦大、受苦深，又热情为大伙服务，办事公正的农奴就可以。简单地说，今天开会，就是要选好村里的当家人。

我们工作组从进村那天起，就十分注意从农奴中选择当家人。我们的方法一是观察各人的表现，了解各人在旧社会的受苦情况；二是广泛听取农奴们的意见。在这次开会的前几天，我们还把工作组初步提出的村农会委员候选人的名单，交给部分有代表性的农奴去讨论和筛选，然后又根据大家的意见做了一些变动，才最终确定包括了三名朗生、差徭，两名堆穷、两名差巴的七名候选人的名单。我在大会上发言后，卓嘎便宣布了这七名候选人的名单。

主任候选人次仁拉姆，她虽然只有30岁，苦难的生活却在她的脸上和额头上布下不少皱纹。她的双眼炯炯有神，不论说话做事都是麻利有序。平常同人打交道，没有一般农奴容易表现的那种弯腰吐舌的习惯动作。她家里原来是差巴，其父亲在一次给庄园主支乌拉时，因为过度劳累生病又得不到治疗，留下妻子和一个女儿一个儿子离开了人世。那时他的儿子还不满一岁，是次仁拉姆和妈妈撑起了这个家。不久，次仁拉姆和堆穷阿旺登增结了婚。阿旺登增在一次给谿堆支差时，在一条小山路上摔倒在地，背上背的东西也滚到了山下。虽然他立即冒着危险下山把东西找了回来，可他仍然不但遭到豁堆管家的恶骂毒打，还被其拷上了脚镣，要他拖着沉重的脚镣行走。阿旺登增气愤、痛苦而又无奈。一天夜里，他砸掉了铁镣，并剪掉了豁堆坐骑的马鬃和马尾，欲逃出豁卡却被豁堆的管家抓住。豁堆就给他戴上了"红镣"（即把铁烧红，套死在脚脖子上）。阿旺登增的两腿被烧得焦烂，不断地流出脓血，不久就被活活折磨致死。阿旺登增的惨死，给次仁拉姆全家带来了极大的痛苦。过度的悲伤，加上长期的饥饿和劳累，次仁拉姆的母亲也离开了人世。豁堆收回了她家的差地，将她姐弟俩拉去做了朗生。次仁拉姆的弟弟索朗多吉，此时才刚满七岁，就每天要被管家赶去放牛和拾牛粪，并且一去就是一整天。次仁拉姆则每天从早到晚忙着挑水、煮茶、做饭，还要捻毛线，更令姐弟俩难熬的是他们相互的思念和担忧。弟弟那么小就外出干活，没有人带他，更没有人关心和爱护他，他哭了怎么办？他出了事怎么办？想起这些，姐姐的心就像被刀绞。有时干活想到此，就发起呆来，她为此不知道挨了管家多少皮鞭；弟弟更是一天当中不知要流多少眼泪，他想起姐姐就哭，看着牛走了而自己又跟不上也哭，拾不到牛粪也哭，还不时大声喊："姐姐"。是啊，他有什么办法，他只能是不停哭泣。每天晚上，姐弟俩回到自己住的马棚里几乎都要抱着痛哭一顿。就这样，姐弟俩每天都在饥寒交迫、挨打受骂中生活着，直到豁堆和他的管家逃离果列村。

副主任候选人次仁多吉，25岁，个头不高，脸色黝黑，额头突出，外表正气、憨厚而刚毅。他的阿爸和阿妈都是豁堆的朗生。次仁多吉从生下来那天起，也就成了豁堆的朗生。在次仁多吉九岁那年的一天，他阿爸因为饿得慌，偷了豁卡自营地里的一株青稞穗，生吃充饥，豁堆的管家发现后将他阿爸打成重伤。他阿爸流着血爬回自己住的马棚，当天晚上就死了。次仁多吉放牛回来，看到躺在马棚草堆上的满身是血的阿爸再也不能说话，再也不动弹，便抱着阿爸号嚎大哭……第二天一早，管家又把他赶去放牛。失去父亲的伤痛，使次仁多吉变得少言寡语。他每天除了和可怜的母亲拉珍说说话外，和谁也不讲话。一个他怎么也想不通的问题始终浮现在脑子里，有一次他问阿妈，我们同豁堆他们一样都是人，为什么他们天天生活在天堂里，我们天天生活在地狱里，他们还可以随意打骂甚至打死我们？阿妈说，孩子，这是命里注定的，不要去多想，我们只能是认命。次仁多吉摇摇头说，不！我不懂什么是命。由于想念父亲，心中对于父亲的惨死又是极度不平，他干活自然更没有劲头。这样，豁堆管家的皮鞭就越来越频繁地落在他的身上，有时，石头也会扔向他。有几次，还被石头打破了头，无奈之下，母亲找到豁堆，她双脚跪在地上，为孩子向豁堆求情：孩子小，不懂事，我也没教管好，恳请老爷对手下人讲讲，多教育孩子，不要总是打他。豁堆却说，你和你的孩子都是我的，我怎么处置你们都可以，我可以随时打你们、骂你们，也可以让你们去死。你丈夫的死就是一个例子，一切都取决于我的心情。孩子妈连忙说，是！是！然后弯着腰倒退着走出了豁堆的房子。次仁多吉的母亲明白了，求情是没有用的。她回到马棚，抱着儿子痛哭了一顿。次仁多吉说，妈！不要哭，哭是没有用的。我以后干活少想点事就是了。次仁多吉就这样给豁堆当了二十多年朗生，直到豁堆因参加叛乱逃跑。工作组进村以后，这个受尽了苦难的朗生，是最早觉悟的。他对工作组的工作很支持，能积极向工作组介绍情况，并且很爱听工作组讲革命道理，政治思想上进步很快。有一次，他还当着他阿妈的面，对我和卓嘎说，过去我们世世代代受苦，阿妈说是我们命不好，要我忍了。怎么我们农奴的命现在却突然都变好了，而农奴主的命却突然都不好了呢！这不是命的问题，是制度的问题。旧西藏是封建农奴制社会，是保护农奴主利益的，现在毛主席、共产党要在西藏建立的是保护我们农奴利益的制度。他阿妈连忙说，对！对！感谢毛主席，感谢共产党!

候选人名单公布后,我提议分成差巴、堆穷和朗生差徭三摊进行酝酿讨论,然后大伙举手表决。这时会场热闹起来。有的说,这个名单我们前几天就讨论过了,不用再讨论了。有的说,提起次仁拉姆受的苦难,天上的星星都会掉泪,她和我们大伙是同一个命运同一条心的;她还很聪明能干、热心为大家办好事,喜欢帮助人,就是要选这样的人来当家,带领我们在共产党领导下建设新生活。有的说,次仁多吉是大家看着他在苦水里泡大的,他为人忠厚老实,还很能干,这样的人当家,我们放心;有的说,感谢工作组为我们村挑选出了这样好的当家人。一个面孔干瘪多皱的老太太,靠着身旁一个年轻姑娘的搀扶,站起来对大家说,今天的候选人都是我平常在心里为他们祈祷的人。她把两只枯瘦颤抖的双手合在一起,没了牙齿的嘴哆嗦着,"托基齐啦! 托基齐啦! "(谢谢啦!)

大会当即开始表决。果列村史无前例的农奴选举当家人的历史性一幕开始了。我看到大家既兴奋又略微有些紧张。排成一列站在会场前面的七位候选人更是如此。候选人中,有的人额头上、鼻子上渗出了汗珠,有的人不好意思正视与会的人们,低头微笑着。还有人不知如何放置自己的手脚。由卓嘎主持,年轻姑娘格桑卓玛点票。大家对七位候选人一一进行了表决,几乎都是全票当选。卓嘎宣布了选举结果,会场上响起了长时间的掌声。

卓嘎请当选果列村第一任农民协会主任的次仁拉姆讲话,会场上再一次响起了热烈的掌声。次仁拉姆向大家深深地鞠了一躬,又给我和卓嘎再一次鞠了躬。人们看到,她的眼泪夺眶而出,刚说了一声:"乡亲们,兄弟姐妹们……"声音就哽咽了,她定了定神,继续说下去。她说,今天我太激动了!我真没有想到会有今天,我们农奴还能像人一样活着,还能过上人一样的生活,还能翻过身来做主人。今天大家选择了我,我只有一个想法,就是紧紧跟着救命恩人毛主席和共产党，团结全谿卡的农奴，在果列村彻底废除封建农奴制度，同农奴制度的残余势力作斗争，求得我们农奴的彻底翻身解放，努力建设我们的新生活。大家对她的讲话给予了一次又一次的掌声。

散会后，我来到了平日比较熟悉的堆穷阿旺扎西身边。35岁左右的他爱思考问题，悟性也不错。我问他，你参加这个会有什么感想？我没有想到的是，他没有回答我的问题，而是伸出双手对我说，你看我的手有什么变化吗？我看了看他的手，不假思索地说，你的手好好的，我看没什么变化呀！他说，手是没有什么变化呀！但如今手的作用有了变化。过去，我们农奴的手是受农奴主和谿堆们摆布的，这双手整天为他们拼命干活。现在，我这双手终于是自己的了，今天又按照自己的意愿举了七次手，行使了当家作主的权利。真是太兴奋了！

农协会在其成立之后的第三天举行了第一次会议。会议的内容是研究这以后的一个时期的工作，主要是民主改革的工作。农协会七名委员和工作组的卓嘎与我都参加了会议。我向大家传达了中央和自治区党委、政府有关民主改革的任务、步骤、方针和政策的文件：西藏农业区的民主改革，划分农奴主阶级（包括农奴主和农奴主代理人）、农奴阶级（包括富裕农奴、中等农奴、贫苦农奴、奴隶），但不划富裕农奴。民主改革分两步走，第一步以“三反双减”（反叛乱、反乌拉差役、反人身奴役及减租减息）为内容。第二步以分配土地为内容。改革的阶级路线是，依靠贫苦农奴和奴隶，巩固地团结中等农奴和一切可以团结的力量，打击叛乱的和最反动的农奴主及其代理人。废除农奴主阶级的生产资料所有制，实行劳动人民的个体所有制。对叛乱农奴主的土地，一律没收分给农奴，对未叛乱的农奴主的土地，除其应留的一份外，其余全部实行赎买分给农奴。

大家通过讨论，对中央的这些方针政策进行了认真的学习。委员们都表示拥护和坚决照办，但对有的政策也表示尚不理解，其中最主要的是，委员们都觉得所有农奴主的土地和财产都是残酷剥削农奴取得的，没收他们拥有的土地和财产分给农奴是天经地义的事，为什么对未叛乱的农奴主的土地和财产，还要国家拿钱赎买后再分给农奴？我对大家说，是否参与叛乱，是衡量农奴主对封建农奴制度态度的一个根本界限。参与叛乱，就是死心塌地维护封建农奴制度；没有参与叛乱，则是相反。如果不论是否参与叛乱都在政策上没有区别，那不是是非不分、好坏不分，为叛乱农奴主找同盟军吗？我并强调说，在政教合一的封建农奴制度的统治下，西藏的政治权利和财产占有都极其高度地集中，阶级阵线分明，阶级矛盾突出，但西藏又是一个几乎单一的少数民族聚居地区和几乎全民信奉佛教的地区，情况比较复杂，多种矛盾并存。正因为如此，我理解中央有关西藏民主改革的方针政策，有一个总的精神是，要尽可能团结一切可以团结的力量，最大限度地孤立和集中力量打击最反动的农奴主势力，从而减少民主改革的阻力，保证民主改革的顺利进行。大家的思想疙瘩很快解开。

第二天，工作组和农会又召开会议，划分全村各户的阶级成分。由于大家在前一天认真学习了中央有关西藏民主改革的方针政策及划分阶级成份的有关规定，因而划分阶级成分的工作进展比较顺利。庄园主和谿堆分别被划为叛乱农奴主和叛乱农奴主代理人。“根保”（谿卡小头人）家有六名朗生和差徭，放有高利贷并出租土地，更为严重的是他作恶多端，甚至曾残害农奴致死，欠下了不少血债。在叛乱中，他又同谿堆一起，帮助叛乱分子干了很多坏事，大家经过讨论，也一致同意将其划为叛乱农奴主代理人。但在讨论划两户大差巴的阶级成分时，委员们的意见发生了分歧。两户大差巴都有好几个朗生、差徭，有较多的差地，还出租了一些差地，收取地租，牲畜也较多。有的委员说，他们的生产资料多，并且有剥削行为，应划分为农奴主代理人。有的委员说，这两户差巴虽然有剥削行为，但他们同时也受庄园主和谿堆的剥削，还是应划在我们农奴这边，不能把他们推到农奴主那边去。次仁多吉说，中央的文件说，民主改革划分阶级成份，应团结一切可以团结的力量。同时，正如有的委员所说，这两户差巴虽然有剥削行为，但他们更多的是受庄园主和谿堆的剥削，所以他们应该是我们的团结对象。根据他们的情况，应属于富裕农奴成份，但中央的政策规定，不划富裕农奴，所以还是应该把他们划为中等农奴。这样就把他们划到了我们农奴的阵营里，成了我们贫苦农奴和奴隶的团结对象，这对我们也有好处。大家觉得次仁多吉讲的很符合中央的政策，一致同意将这两户大差巴划为中等农奴。会议还围绕另外四户差巴应该划为中等农奴还是贫苦农奴产生了分歧。这四户差巴都有较多的差地和少量牲畜、农具，并且都有少量的差地出租，收取地租，但都负债累累，一年中大部分时间还是缺吃少穿。有些委员则认为应将这四户都划成中等农奴，有些委员赞成将这四户都划为贫苦农奴。经过一番讨论，大家一致同意了后面的意见。

果列村阶级成分最后划分的结果是：叛乱农奴主一户（庄园主，拉萨执行）、叛乱农奴主代理人两户（一户为谿堆，一户为根保 ），中等农奴 20 户，贫苦农奴 30 户，奴隶 32 人。

这样划分阶级成分，使农奴队伍更加团结，敌人更加孤立。在第二天召开的群众大会上，次仁拉姆宣布了划定的各户的阶级成分后，很多人当场就说，奴隶、贫苦农奴和中等农奴加在一起，这个队伍好大好强啊！虽然奴隶和贫苦农奴是依靠对象，中等农奴是团结对象，但是我们的奋斗目标是一致的，我们的敌人是共同的。次仁拉姆接着说，我们奴隶、贫苦农奴和中等农奴都是一家人，全场更是爆发出热烈的掌声和欢呼声。大家说，对！次仁拉姆说得对！我们奴隶、贫苦农奴和中等农奴是一家人！我们这一家人紧密团结在一起，什么叛乱份子、庄园主、谿堆、头人、管家，都不是我们的对手。有的奴隶和贫苦农奴说，我们是依靠对象，今后的责任更大了，我们要在对敌斗争和生产中起到模范带头作用，还要好好团结中等农奴，使我们的队伍更强大。有的中等农奴说，我们同奴隶和贫苦农奴是一家人，就不能一家人说两家话，想两家事。我们要真心实意地靠拢奴隶和贫苦农奴，共同对敌，共同建设新生活。有一户被划为中等农奴的大差巴脸上堆满笑容地对别人说，原来我还担心把我划到农奴主那边去了，今天宣布我还是划到农奴这一边，我悬着的心放下来了。我和我全家都要同全村的农奴一起，为彻底打垮封建农奴制度、建设新生活出力。还有一个过去的大差巴，今天的中等农奴对他家过去的一个朗生说，过去你在我家当朗生，受了不少苦，我向你赔罪。朗生安家时，你需要什么帮助，我一定不会小气。这个朗生回答他说，过去，我们受庄园主、谿堆的剥削压迫，你们差巴也受他们的剥削压迫，只是程度不同。叛乱分子、农奴主和他们的代理人是我们共同的敌人。我们农奴是一家人，好好团结才是最重要的。

以反叛乱、反乌拉差役，反人身奴役和减租减息为内容的“三反双减”斗争开始了！工作组成员和农会委员们，分别深入到各村民聚居点，召开农奴座谈会，算农奴主及其代理人对农奴的剥削帐。根据农奴们的血泪记忆，农奴们要负担的被称为“内差”的庄园主和谿堆的乌拉差役就达20多项，有些一个项目还包含很多小项；农奴们要负担的被称为“外差”的藏政府和宗教的乌拉差役又达10多项。内差外差相加为30项左右。仅这种乌拉差役，每年就要占去农奴劳动时间或者说劳动收入的70%到80%；摆乌拉差役、人身奴役和高利贷、地租造成农奴家破人亡、妻离子散、四处流浪，特别是不少农奴在支差中惨死的情况；谈反动农奴主发动武器叛乱，就是妄图阻止西藏的民主改革，永远保持封建农奴制度的罪恶目的。经过这一算一摆一谈，农奴们普遍说，乌拉差役，人身奴役、高利贷和地租是压在农奴头上的四座大山和缠在农奴身上的四条毒蛇，叛乱分子就是要阻挠我们搬掉这四座大山和杀死这四条毒蛇，让农奴主世世代代骑在我们头上作威作福，让我们农奴永远过牛马一样的生活。我们一定要消灭叛乱，把这四座大山搬掉，把这四条毒蛇杀死。紧接着，控诉封建农奴制度的诉苦会、斗争会，在全村如火如荼地开展起来……

每一次斗争会结束时，悲愤的呼声都会像春雷一样响起来："彻底摧垮封建农奴制度！""将民主改革进行到底！"

有一次，农会副主任次仁多吉在会上举起被收缴回来的参加叛乱的农奴主及其代理人放出的高利贷的借条，激动地对大家说，这些高利贷再也不存在了！另一农会委员拿起事先准备好的火把，将这些借契点燃化成了纸灰。

震天响的皮鼓声和"消灭叛匪"、"消灭乌拉差役"、"消灭人身奴隶"、"消灭高利贷"的口号声响成一片，有的农奴还高喊："吉别尼玛夏松（吉祥的太阳升起来了）！""我们翻身了！""我们解放了！""我们自由了！"

大会结束后，有些农奴三五成群地跑到河边去了。他们跳进河里，把头扎在水里洗起头来。他们说，今天太高兴了！我们要把头上的虱子都洗掉，开始新的生活！当晚，这些沉浸在无限喜悦中的人们又聚集在一起唱歌、跳舞、擂鼓，喝"羌"（青稞酿成的酒），欢庆自己世代牛马生活的结束，欢庆自己第一次有了做人的尊严。我、卓嘎和次仁拉姆来到这欢乐的人群中，人们给我们端来了三碗青稞酒，一位约摸40岁的中年男子端起酒碗对着我们唱道：

我们是终生的朋友，

是牛皮船的伴侣。

船头不要转向，

船尾就跟着来了！

聪明的次仁拉姆立刻意识到这位中年男子对我们唱这首歌的意义。她对我说，这个歌太好了！他唱出了农奴们希望我们永远跟着共产党，带领他们建设新生活的心声。我说，重要的是不要转向。次仁拉姆说，“格啦”（老师），放心吧！觉醒的西藏人民是无论如何也不允许转向的。你等着看将以崭新的面孔出现的新西藏吧！

“人身奴役”被废除了，朗生、差徭获得了人身的解放，成了自己命运的主人。但是在封建农奴制度下，他们只是既没有人身自由，又一无所有的躯壳，并且封建农奴制度还有种种不准朗生、差徭成家的规定，比如非同属一个主人的男女朗生、差徭要好，就不能成家，甚至生了孩子也不能成家。因此，绝大多数朗生、差役都没有自己的家庭。在民主改革中，朗生、差徭要求政府帮助他们安家立灶的愿望非常强烈。他们说，没有自己的家，我们怎么能算彻底翻身？怎么能说有了自己的新生活？因此，在“三反双减”后，我们工作组和农会立即着手帮助朗生、差徭安家，在正式安家前，我们做了四项工作。一是对朗生、差徭的分布情况进行了统计：全村 32 名朗生、差徭，有 16 名在差巴家，有 10 在豁堆家，有 6 名在根保家；二是召开朗生、差徭座谈会，了解他们对安家的打算和意见。三人因其配偶属于同一个主人，已成家，12 人打算回原来的老家，同父母生活在一起，17 人需农会找地方安家；三是召开家有朗生、差徭的差巴户主座谈会。他们都表示，愿意在住房和生产、生活资料等方面帮助朗生、差徭安家；四是工作组和农会决定，将没收的参加叛乱的农奴主及其代理人的财产的一部分及其宅院的部分房子作为朗生、差徭的安家之所。接下来，工作组成员和农会委员便都深入现场安排落实朗生、差徭安家所需的房子和生产、生活资料。

豁堆的宅院住进了十户朗生和差徭。一天，我和卓嘎走进这十户看了看，房子都比较宽敞，打扫得干干净净。房内，有的角落堆放着装有青稞、糌粑、酥油、茶叶、盐碱的袋子，有的角落堆放着镰刀、鹤嘴锄等生产工具，有的角落还摆着藏式柜子、锅罐、火盆、勺碗、茶具等，房外拴有奶牛、奶羊、小毛驴等。这些东西都是安家时从原来的主人那里拿来或是农会从没收的叛乱农奴主及其代理人的财产中分给安家的朗生和差徭的。

达娃次仁和他的一个弟弟和妹妹，原先分别为三个差巴户的朗生、差徭。这次他们要求将三人的家安在一起。农会把他们的家安在豁堆宅院，实现了他们团聚的愿望。我和卓嘎走进他们的房间，一眼就看到房间的角落都摆满了东西，房子中间还有一个茶几，上面有几个茶杯，两侧是藏式垫子。看到我们到来，他们三人都站了起来，请我们坐在藏垫上，并忙着给我们斟酥油茶。我祝贺他们终于有了自己的家，哥哥、弟弟、妹妹团圆了。达娃次仁说，这次在人民政府的领导下，我们兄弟妹三人安了家，住进了原来豁堆宅院宽敞的房子，还各自从原来的主人那里带回一些安家需要的东西……对我们来说，这真像做梦一样。千百年来，我们西藏的朗生都是光着身子来，光着身子走，别说是成家，就是同亲人见面都很难啊！我说，现在总算好了，你们还有什么困难，可以找我们工作组和农会解决。妹妹连忙说，没有了，没有了，我们的困难，人民政府都给解决了。之后再一次往我们的杯子里斟满浓浓的酥油茶，然后又端到我们面前。我正要起身告辞时，卓嘎说，先别急着走，我还希望他们各自说说从原来的主人那里带回了一些什么东西，看看这些往日的主人对朗生、差徭安家的态度究竟如何。口快的妹妹立即接话说，她带回了一头奶牛、两克青稞、一克糌粑、半克酥油、一块茶叶，还有勺碗、镰刀等；弟弟说，他带回一头毛驴、一只绵羊、一头小猪、一克糌粑，两克青稞，还有碗、茶杯和两个小锄、一把镰刀；哥哥达娃次仁说，他带回了茶几、藏垫、一身衣服、一双靴子，一克青稞、一克糌粑、半克酥油、两块茶叶、一头牛犊，还有几件农具。卓嘎听后说，我看这几个主人的态度还算可以。达娃次仁说，他们害怕政府对他们有不好的看法。我说，这是几户差巴，他们既剥削朗生、差徭，又受农奴主的剥削，他们同农奴主还是不一样。同时，这几个月来，差巴们的觉悟也的确有了很大提高。

一天上午，农会和工作组开完会后，次仁拉姆对我和卓嘎说，听说你们俩到不少朗生和差徭的新家去看了，我是朗生，也安了家，为什么没到我的新家去看呐！对我有意见？卓嘎连忙说，你这样说就太冤枉人啦。我们去豁堆宅院看望朗生、差徭的新家时，就想到你家看看。可这里的人告诉我们说，你的新家没安在这里。我问你，你和你弟弟都是豁堆家的朗生，你的家为什么不安在豁堆的宅院？有变化也得告诉我们一声啊！次仁拉姆解释说，豁堆宅院的房间宽敞，条件好，我就让给了别的朗生，自己把家安到了没收的根保的房子里了。没有告诉你们，是怕你们不同意我这样做。卓嘎回答，怎么会呢，我们还觉得你这个农会主任果真有风格，没有辜负大家的信任，我佩服你！于是，我们三人就一起来到了次仁拉姆的新家。走到门口，我们看到门口放着一瓶“羌”（青稞酒），瓶口上沾有表示祝贺的吉祥酥油。次仁拉姆开门后，连忙把我们请进屋里，让座，并抱歉地解释自己太忙，她弟弟这些天又特别兴奋，就整天往外跑，安家时分的东西也没有时间整理，家里乱得很。趁她给我们准备酥油茶的时间，我站起来 看了看那些东西，看到这位农会主任安家时得到的东西比其他朗生安家得到的东西只少不多。我们正在交谈时，忽然有五六个年轻人闯了进来，他们看到我和卓嘎也在场，个个都为自己的鲁莽而不好意思地低下了头。

有的说，没想到工作组的同志也在这里，打扰了，对不起！有的说，你们在研究工作，我们还是走吧，改天再来。卓嘎说，看来你们是来找农会主任的，你们有什么事就说吧！一个年纪稍大一点的女朗生说，前些日子政府宣布废除“人身奴役”，我们朗生、差役获得了自由，这几天，又给我们朗生、差役安了家，我们的新生活开始了。朗生、差役们想好好庆祝一番，到草地上跳舞、唱歌、喝“羌”。我们想请往日的朗生，今天的农会主任次仁拉姆同我们一起庆祝这大喜事。工作组的刘组长和卓嘎同志如果愿意参加，我们自然是求之不得，热烈欢迎。我说，这是好事！走！让我们一起庆祝吧！我们走到草地上时，已有一些人在那里跳了起来！兴高采烈的人们笑盈盈地给我们端来了“羌”，并热情地拉我们 的手，跳起了“果谐”(圆舞)。他们唱道：

朗生兄弟们解放了，
有了自由的权利，
有了自由的权利，
歌唱在自己肥沃的田野里；
朗生姐妹们解放了，
有了自由的权利，
有了自由的权利，
生活在自己温暖的家庭里。

果列豁卡位于雅鲁藏布江南岸的一个河谷，这里水源充足，土地肥沃。但由于所有土地都属于农奴主，这块土地不仅浸透了农奴们的汗水，还洒满了他们的血泪。农奴主们用各种残酷的手段把农奴紧紧地束缚在土地上，使土地成了套在农奴身上的枷锁，让农奴拼命为农奴主卖命。因此，实行土地分配，变农奴主的土地所有制为农奴的土地所有制，从而摧毁封建农奴制度的基础，就成为民主改革的根本任务！

因此，在朗生的安家工作完成后，我们工作组和农会立即开展了分配土地的工作。我们召开全村大会宣布：根据中央、西藏党政领导机关关于对叛乱领主的土地实行没收，对未叛乱领主的土地实行赎买，然后全部无偿分配给农奴和奴隶的政策，果列豁卡的土地由政府全部无偿分配给果列豁卡的农奴和奴隶；在土地分配中，农奴户原来耕种的土地不动，人均数不够的，补足不够部分，超出者也原则上不抽走；参与叛乱的农奴主代理人根保耕种的土地收归村里进行统一分配，其本人与家人与农奴同等分一份土地，以维持生计。农奴们听后，个个为即将分到土地而兴奋异常。有的说，在农奴制度下，我们想也不敢想自己能有土地。工作组进村后，说我们将会有自己的土地，从那天起，我们就天天盼望着分地呀！我们农奴有了自己的土地，生活就有了可靠的保障了；而且从今往后谁也无法再用土地来压榨我们了。有的中等农奴还说，前几天听说要分地，曾担心现在耕种的土地会被抽走一些，今天政府说不抽走了，也就放心了。

随后，农会的正副主任次仁拉姆和次仁多吉分别带领一个小组深入田间地头，对全村土地进行丈量、评产和登记。参加这两个组的人员，除所有农会委员外，还有一些种田老手和两位会书写登记的全村极为少有的文化人。村里一千三百多克地，共有一千五百多块，他们块块走遍。白天，他们下地，到了晚上，两个小组碰头汇总情况并布置第二天的工作，共用了六天六夜才完成了这项任务。接着，工作组成员、农会委员和两个组的所有人员又开会研究土地分配到户的具体方案。在会上我提出，分配方案一要体现公平，二要有利于发展生产，要做到地块大小和地的好坏搭着分配，地块和居住地就近分配，单身和劳动力强的户适当多分配。大家对我说的这些意见都表示赞同。要把一千五百多块土地逐一分配到八十多户，是一项非常细致的工作，大家夜以继日地工作，用了三天两夜才完成。

土地分配的初步方案提出来了，工作组和农会召开大会，全村各户都派一个人参加，最后确定土地分配方案。大会开始前，拿着用藏文书写的方案对卓嘎说，今天请你在大会上给大家宣读吧！我说，还是由你或次仁多吉宣读比较合适。次仁拉姆压低声音对我说，格啦，你还不知道我和次仁多吉到目前还不识字吧！我忙说，对不起，我忘记了这个，那就只有请卓嘎代劳了。次仁拉姆和卓嘎走到会场中央，立即被人们围得紧紧的，听他们讲话。次仁拉姆向大家通报了这几天查地、评产，研究土地方案的情况。她说，全村共有一千三百多克耕地，全村共有 280 多人，人均可分地 4.6 克。由于有的中等农奴目前耕种的地超过了这个数，也不能抽出，以及要给单身和劳力强的要多分一点地，因此我们现在是按人均 4.2 克地进行分配。接着，卓嘎宣布分配到各户的土地数量和地块，包括谁家有多少人共分多少地，共多少地块，地在哪里等等。会场异常安静，个别人讲小话，也立即有人制止。卓嘎宣读结束后，次仁拉姆便请大家提意见。不妥的地方我们还可以改动，有的人立即站起来说，我们农奴和奴隶祖祖辈辈连巴掌大的地都没有，有的农奴种了几块出租地和差地，也被套上了沉重的乌拉差役和高额地租的枷锁，永世不得翻身。今天，我们就要有自己的地了，我们就要做土地的主人了，我们心里只有对政府的感激啊！有的人接着说，我们没有什么意见，方案很公平，没有偏袒谁和歧视谁，还照顾到了发展生产。有的人说，劳动力强的多分配土地，我没意见，这对发展生产有利，同时他们年轻力壮，吃的也多；但是劳动力弱的也分配那么多土地，他们种不过来怎么办？有人回答他说，这没关系，地的主人可以雇人来种地吧？有青稞糌粑和银子还怕请不到种地的人吗？不过立即有人反驳说，现在大家都有地种了，谁还去给你当“乌拉”，惹得大家都哈哈大笑。还有一些人说，今天提不出什么意见，等看了地再说吧！

次日，次仁拉姆和次仁多吉又分别带领农奴们分批分段认地。我和卓嘎上午与次仁多吉同行。我们来到村庄南边的一块大地里，这块地大约有三百克左右。刚走到这里，次仁多吉就抬手招呼一位年近六十、满脸络腮胡子的老人赶上前来。他指着身边的一块地说："这块地是你的了，两克五升！"老人久久地望着这块地，禁不住流下了眼泪，然后又弯下身来，双手抓起地里的一把土，放在自己的脸上。次仁多吉告诉我，这位老人叫边巴，原是谿卡自营地的一个"掌犁人"，是差徭。这块地是谿卡自营地中的一小块。在次仁多吉给向我们介绍他的情况后，他忽然抓住我的手、双眼满含泪水对我说，他在谿卡自营地干了四十多年，整天想的是如何少挨打、少挨骂、少挨饿、少挨冻。这谿卡自营地浸透了他的汗水和血泪。他怎么也不会想到，他还会有自己的土地。他激动地说，我们西藏人千百年来都说达赖喇嘛是我们的神，我看共产党、毛主席才是我们西藏人民真正的保护神。听着他的话，我的泪水也禁不住流了出来，我紧紧握住老人的手说，西藏人民已经成了土地的主人，往后的日子会越过越好的。离开边巴老人，我和卓嘎去追赶大队伍。我看到一个约摸30岁的妇女背着一个小孩，望着一块地久久不肯离去。她一会儿走到地的这头，一会儿又走到地的那头，一会儿从别处搬来石头垒到地的这头，一会儿又搬来石头垒到地的那头。我和卓嘎禁不住向她走去，卓嘎问道："这块地分给你了吗？""是的，这块地是我的了！""你搬石头到地头干什么？""作个记号。我还分了几块地，我都要作上记号。""你丈夫为什么不来分地？要你背着孩子来分地？""我和我丈夫家世世代代都没有地，靠打短工和乞讨为生，经常挨饿。我们昨晚听到了今天要分地，都特别激动和高兴。我丈夫早早就起来到猪圈堆肥。他说，赶快积肥吧！今年分了地，以后地上收的粮食就是自己的了。地要靠人伺候它，不好好伺候它，就像是石子投到深谷里，是不会有回声的。"这位妇女还告诉我们，她叫德吉，他们一家三口这次可以分得十三克地，收成好的话，每年收的青稞可以超过二百克，足够他们一家吃用了。这时孩子哭了，德吉连忙解开背带把孩子抱起来。她一边拍着孩子一边说："诺布(宝贝)你快看，这是我们自己的地啊！往后你们就不用像阿爸阿妈和祖祖辈辈那样受苦受难了！"

中午，分地的人们都来到附近的一个差巴家，我和卓嘎与大家一起各自拿出随身带的糌粑口袋，主人提来一木桶"羌"，大家一边吃着喝着，一边说笑。次仁多吉不忘工作，大家正吃喝和说笑得起劲时，他问道，对今天上午的分地工作，大家有什么意见？有人说，大家很满意，要说有意见吧，就是分得慢了一些，希望加快速度。次仁多吉说，上午只分了四户的地，的确是慢了一些，但为什么会这么慢呢？有人接着说，依我看，主要是农奴们看着自己的地太高兴太激动了，每分到一块地，就老舍不得离开这块地，总是看了又看，所以耽误了时间。我说，大家的心情可以理解，我们就只能耐心一些啦！

下午，我和卓嘎来看次仁拉姆带领大家分地。我们来到村庄北面一块大约有 400 多克面积的耕地里，一个约摸 20 岁的姑娘招手同我们打招呼，她走近我们说："还记得我吗？我是一个差巴用十两银子买去当朗生的格桑，前些日子的一个早上，我还拉着我的差巴主人到你们的住地找过你们……"卓嘎说："对！对！你当时还当着我们的面对那个差巴说，从今天起，我自由了！你买我的那十两银子无效了！"我说："我很高兴又看到你这个可爱的小姑娘，你怎么样？今天是来分地的吗？你安家了吗？""我安家了，我今天是来认领政府分给我的五克地的。"卓嘎说："你会种地吗？""有一个男朗生同我很要好，他会经常帮助我，我们打算结婚，然后搬到一起住，地也合在一起耕种，这样，你担心的这个问题就彻底解决了。"我说："你这个小格桑真有办法。"她说："我很高兴也很满意现在的生活，你们也为我高兴吧！”“是的，我们也为你高兴！”卓嘎又问她：“你分的地在哪里？”格桑指了指身边的地说：“这块地就是我的！两克五升。”她又抬起手指着远处说：“你们看那边，那里还有我的两克五升地。”

多么有派头啊！手一指，这块地是我的，那块地也是我的。的确，这里的农奴们今天已经成了土地的主人。小格桑招了招手，说了声“再见！”就奔向她分得的另外两克五升的地去了！

次仁拉姆见到我们，立即迎上前来。她对我们说，上午分地还算顺利，大家很满意，就是速度慢了。一上午只分完了四户的地。她说，照这速度，全村要分多少天才能分完呢？我们也向她通报了次仁多吉那边上午分地的情况，两边的情况大体一样。我就让她耐心点，说晚几天分完也没关系，重要的是要高质量，保证日后不再出什么问题。

傍晚，在同卓嘎次仁拉姆和大家回住地的路上，我问次仁拉姆：“你的地分在哪里？分了多少克？”“我和我弟弟两人，共分了九克，在村庄南面的那大片地上。”这时卓嘎说：“地是有了，就是缺少放水的人（指没有丈夫）。”同行的另一个人接着说：“这个放水的人不好找啊！”卓嘎问：“为什么？”那人说：“次仁拉姆是农会主任，又漂亮能干，谁敢攀她！”次仁拉姆究竟是过来人，不但没有脸红和回避，反而调侃道：“我很快就找一个，到时候看你还怎么说！”那人说：“那正好，那时我一定和大伙一起去热烈祝贺你！”我说：“我和卓嘎也等着那一天快些到来啊！希望主任你不要让我们失望。”一路上，大家谈笑风生，我和卓嘎很快就到了住地。

土地现场分配的工作，经过五天胜利完成。农奴和奴隶们举行了的庆祝大会。年过六旬的老农阿旺多吉在会上纵情唱道：

温暖的太阳升起来了，

天空升高了，

贵族老爷脚下的土地下沉了，

我们的天地多么开阔啊！

继分地之后，村里又分了牲畜。要分配的牲畜数量不多，除了有羊一百多只，耕牛十多头以外，其它每类牲畜都在十头（只）以下。这些牲畜原来都是谿卡的。由于庄园主和谿堆都是已经外逃的叛乱农奴主及其代理人，按政策需要没收这些牲畜，分给农奴。根据农奴们的意见，农会决定，耕牛公有公用公养，羊只公有公养，其他牲畜分配到户，主要是分给过去的朗生和差徭。一个已过六十岁的老朗生，给谿堆养了四十多年马。四十多年的岁月里，他一直睡在马棚顶上，雪天雨天都是如此。大家就让他挑自己喜欢的一匹马，他就选了一匹一岁的小母马，这小马儿活蹦乱跳的，老人高兴极了！她说，现在就给小马上鞍多调教，年后就可以骑了。一位老奶奶两代给谿堆家养奶牛，大伙就让她挑选了一头最好的奶牛。

至此，果列村民主改革的各项任务已胜利完成。在一次总结前段工作和研究下一段工作的工作组和农会的会议上，我提出我们有两方面的工作需要补课。一是要集中一段时间和精力抓生产，为夺取民主改革后第一年的丰收而努力；二是要办一所小学。我们农奴同样需要在文化上翻身。农会委员们说，这真是说到了果列村全体农奴的心里，他们坚决支持，并表示一定努力做好这两方面的工作。次仁拉姆自告奋勇说，办学校的工作交给她具体负责，次仁多吉接着说，抓生产的工作，他可以多做一些，其他五位委员也各自给自己分了工。

一天，我和卓嘎到前些天分配土地时背着孩子来分地的妇女德吉家了解积肥情况，看到她家猪圈的粪肥已全部被挖出堆积起来。她丈夫告诉我们说，最近农会委员彭措在抓积肥工作，全村所有养猪户都正在堆积猪肥，为明年的春耕做准备。我们接着又走了几家，看到果然如此。每家每户都堆了一大堆猪粪肥。我深有感触地对卓嘎说，受苦受难的人们一旦获得解放，建设新生活的热情真是不可估量啊！

这里的人们为保证明年春耕时耕牛能有足够的青草吃，也想了很多办法。其中令我感到新奇的是，他们竟将一些耕牛赶到牧区去放牧，以便省下干草供耕牛明年春耕时吃。

在一个马棚里，我和卓嘎还看到一个铁匠和一个木匠在打制和修理农具。那个打镰刀的铁匠对我们说，现在离春耕还有几个月时间，大家就找我们打制和修理农具了，看来郭列村的农民要大干一番了！

生产闹得热火朝天，学校的筹备工作进展如何呢？一天，次仁拉姆找到我和卓嘎说，设在原豁堆宅院的农会办公室面积较大，农会委员开会商议，决定把这间房子改作学校教室，再在这里找一间房子作学校老师的办公室，学校的房子问题就解决了。我说，农会委员们真的同意吗？次仁拉姆说，真的同意，是脖子以下（意为‘心里’。藏族俗语。）的话。委员们讲，我们西藏农奴世世代代受农奴主那么残酷的压迫剥削，也和我们没受过教育有关。因为我们没有文化，就总认为自己受苦受难是因为命不好所致，从而听任农奴主摆布……同时，我们以后建设新生活更是需要积累更多的文化知识啊！我说，委员们说得有理，那你们农会到哪里办公呢？次仁拉姆说，这好办，我和我弟弟有两间房，拿出一间作农会办公室，我和我弟弟住一间房。卓嘎听后禁不住激动地说，我们的次仁拉姆真是好样的！

学校没有课桌和凳子怎么办？又是次仁拉姆首先把她家的茶几和藏垫搬到了学校，接着，农会委员们也把次仁拉姆视为榜样，搬来了自家的茶几和藏垫。在农会委员们这种行动的感召下，村里很多家有茶几和藏垫的农户，也把茶几和藏垫搬到了学校。如此，不到三天时间，学校教室里就摆上了二十多个茶几和藏垫，满足了学校的需要。

在这里办学校，寻找合适的教师是个大难题。果列村的农奴中，没有人上学读过书，最有文化的人就是为数很少的在家学过藏文，能认识和书写一些藏文的人，其他的书本知识与这里是无缘的。农会决定学校开设藏语文、算术和文体三门课程。为寻找这三门课程的教师，次仁拉姆和另一名农会委员走遍了村里的大多数农户，他们选定一位年过半百的过去的差巴任藏语文教师，由一位在民主改革前跟随解放军部队修公路时学会了一些汉语也懂得一些藏文、性格活泼开朗的22岁姑娘任文体老师，教学生唱歌、跳舞和课间活动，可是算术老师却怎么也找不到。聪明的次仁拉姆想到了一个办法，她同工作组的卓嘎商量后，找到一个悟性较强、勤奋好学，又有一定藏文水平的青年，向卓嘎突击学习算术，然后再去教学生，即现学现用。我对次仁拉姆说，你们这个办法只能暂时解决问题啊！以后卓嘎走了怎么办？次仁拉姆以坚定的口吻说，我们是不会让卓嘎老师离开果列村的，再说了，如果真到了那个时侯，也许我们这个小伙子在卓嘎老师的培养下已经成为一名可以胜任的算术教师了。

学生用的课本，笔墨和纸张怎么解决？农会开会研究认为，这所学校是果列村历史上的第一所学校，这批学生是果列村历史上的第一批学生，它反映了果列村翻天覆地的变化，是全村的一件大喜事，村里应该大力支持。最终，农会决定解决课本、笔墨和纸张所需要的经费，从村集体所有的羊群的羊毛和羊粪的收入中解决。次仁拉姆又领着刚上任的文体老师来到山南地区的重镇——泽当镇，联系领取和购买了课本和笔墨、纸张。他们还特意买了毛主席像和国旗。

学校举行开学典礼的那天，学生和老师们都穿着新衣服来了，兼任学校校长的农会主任次仁拉姆和其他农会委员们来了，我和卓嘎来了，很多学生家长也来了。教室打扫得干干净净，墙上贴着毛主席像和鲜艳的五星红旗，讲台上摆着一张桌子，桌子上摆了一束鲜花。伴随着一阵牛皮鼓声，次仁拉姆宣布：果列村小学开学啦！她接着说，孩子们，你们上的学校，是果列村历史上的第一所学校。过去我们西藏农奴活得像牛马，甚至连牛马都不如，哪还能上学读书啊！所以我们都是不识字的睁眼瞎。今天，这一切都变了。我们农奴从地狱走进了天堂，农奴的孩子也背着书包走进了学校，学文化、学知识。这是翻天覆地的变化啊！共产党、毛主席给我们西藏人民带来了今天的幸福，还会带领我们创造更加幸福的明天。果列村的明天、西藏的明天，靠你们去建设，你们一定要珍惜这得来不易的机会，永远记住毛主席的话，好好学习，天天向上，使自己成为建设更加美好幸福的新西藏的优秀人才，报答毛主席的大恩大德，为我们翻身农奴争气！次仁拉姆简短的讲话说出了农奴们的心声，感动了在场的每一个人，几乎人人眼里都含满了泪水。前来祝贺的我应邀讲话，听着次仁拉姆的话语，看着今天穿着新衣服、端端正正地坐在教室里的孩子，想起我们工作组刚来这里时，看到他们还是些整天裸着身子在地里与狗和乌鸦争食的野孩子……想到这里，竟也一时哽咽、顿了好一会，才说："祝贺果列村村民的大喜事，祝贺果列村的孩子们……"

开会这一天，天刚一亮，我就起床走到了屋外，天公作美，这将是一个阳光灿烂的日子。我叫醒卓嘎，一同赶到了会场。我们看到次仁拉姆、次仁多吉等很多人都已在会场忙碌开来。会场的大帐篷已经搭好，帐篷内已挂上毛主席像和鲜艳的五星红旗。帐篷里的桌子上和帐篷的四周已摆上了人们从各自家里带来的绣球花、夹竹桃等鲜花。会场的四周还插有无数面红旗。一队队打着旗子、擂着牛皮大鼓、人人手持野花花束、妇女还头缠青柳枝的队伍，正向会场赶来，学校的学生们在老师的带领下也赶来了。这些队伍来到会场后的第一件事，就是给毛主席像献哈达。不多久，会场草地上就坐满了大片人群。他们之中很多人都穿上了新衣服，扎上了新辫子。有些人还穿着红绿绸缎、皮靴，戴着金丝帽。人们告诉我们，这些人是准备在会上跳舞，表演节目的。

忽然，牛皮鼓响了，我看到区委、区政府赶来祝贺的人们也来了。其中有区委书记李习珍和区长唐芳阶。我和卓嘎、次仁拉姆、次仁多吉迎上前去，请他们在帐篷内入座。李书记高兴地说，好一派吉祥而又热闹的景象！真是一个像模像样的庆祝大会。

在热烈的牛皮鼓声和“庆祝果列村民主改革取得伟大胜利！”“感谢共产党，感谢毛主席！”的口号声中，次仁多吉宣布庆祝大会开始，次仁拉姆讲话。次仁拉姆恭恭敬敬地给毛主席像献了哈达后开始了讲话。她说，这几个月来，我们果列村农奴的喜事多如天上的星星，一件接一件。我们太高兴了！我们要庆祝，庆祝万恶的封建农奴制度被摧垮了，庆祝千百年来过着非人生活的农奴翻身做了主人。我们唱吧！跳吧！让我们的歌声越过雪山、越过江河，飞向金色的北京城，祝福我们西藏农奴的大救星毛主席万寿无疆！让我们的舞姿化成美丽的图画，传遍祖国的山山水水，让祖国各民族的人们都知道我们西藏农奴今天的幸福生活。这位在旧西藏受尽苦难的奴隶、今天果列村的当家人，用她充满感情的诗意般的话语，激起会场热烈的掌声和欢呼声。她的话音刚落，一个年轻男子立即站起来唱道：

我们的歌千千万，
我们的舞万万千。
北京城里的毛主席，
翻身的人们心向您！
北京城里的毛主席，

翻身的人们想念您！

此人唱罢，又有人站起来要唱，次仁拉姆连忙让他坐下，热情邀请李书记讲话。李书记说，在这欢乐的时刻，我不愿意耽误大家的时间。他向果列村的翻身农奴表示了简单的祝贺后，就结束了讲话。接着，歌舞正式开始。由学校的文体老师领唱，青年男女们唱道：

获得自由的大鹰啊！

你勇敢地飞翔吧！

如今你的天地多么广阔，

你的道路比天宽。

获得自由的大鹰啊！

你高高地飞翔吧！

如今你的天地多么广阔，

你的日子赛天堂。

孩子们聚在一起，放声高唱“东方红”、“没有共产党就没有新中国”、“社会主义好”等歌曲。

“果谐”（圆舞）开始了，人们围成了一个圆圈，把李书记、唐区长和我与卓嘎也拉到了圈里，同大家手拉手跳了起来。雷雨般的急跳声，伴随这高昂欢乐的歌声和人们手持的马铃叮当声，使会场的欢乐气氛达到了高潮。

午后，人们开始轮批吃饭，喝“羌”。这时我才发现，在大帐篷的后面，有一顶灶房帐篷，里面支起了大锅，锅里煮着萝卜和肉，还有熬好的茶和煮好的“羌”。正如人们所说，只要有“羌”，歌儿是唱不完的。庆祝大会一直延续到第二天凌晨。

回到我们工作组的住地，李书记和唐区长对我和卓嘎说，果列村民主改革的任务你们已经圆满完成，村农会干部也培养出来了，老刘的单位也催他回去了，你们该撤离果列村了，接下来把果列村的工作交给村农会去做。我和卓嘎说，几个月来，我们同果列村的人民一起生活，一起战斗，我们对这里有了感情，一时还舍不得离开这里啊！李书记说，你们的心情我们可以理解，但工作组是迟早要撤走的啊！卓嘎说，那就让刘老师先走，我再同这里的农会干部一道工作一段时间，看看情况怎样。李书记说，可以这么办。李书记和唐区长接着又找农会委员们谈了这一决定。农会委员们在两位区领导面前一再诚恳而急切地挽留！他们说，哪怕让刘老师在果列村再多呆十天半月也好！

李书记和唐区长走后，农会委员们坐在我的房子里，大家不说话，也不离开，有的还流下了眼泪，次仁拉姆还大声哭了起来，卓嘎也劝不动。我只得说，大家辛苦了一天一夜，你们需要休息，我也需要休息，我还要考虑和计划我走后这里的工作，你们先回去吧。我们明天再一起开个会，作个告别。无奈，他们只得回去了。

当晚，我躺在床上怎么也睡不着。围绕果列村历史性的变化，我想了很多很多：我们党的光荣、伟大和正确指引，西藏人们的勤劳、纯朴和他们千百年来的非人生活与今日的翻身解放；我在这里工作的同事，卓嘎、次仁拉姆、次仁多吉、农会其他委员的悲惨身世和他们热情的工作态度与高尚风格等等。我庆幸自己能参与这场伟大的斗争，庆幸自己能通过参与这场斗争，真正认识了西藏人民，还庆幸自己结识和经历了这样一些令人感动的人与事物。

第二天清早，农会委员们就陆续来到我的住地。他们各自带来了一些吃的东西，包括酥油、奶酪、白糖、新鲜牛羊肉、风干牛肉、“羌”等。他们说，开完会后，要同我和卓嘎在一起吃一顿饭。会议开始，哭泣声又开始了，不仅次仁拉姆哭了，有的男委员也哭了，还是次仁多吉的话止住了这哭声。他说，“格啦”（老师）是回拉萨原单位工作，以后还有机会来果列村看我们，我们也有机会去拉萨看他，并不是永远见不到他了。现在最重要的是，我们要好好听听他对我们今后工作的意见，这对我们搞好今后工作大有好处。大伙这才平复了情绪。马上就要同他们告别，我心里也很难过，感到有很多的话要对他们说，可是又不知从何说起和究竟说些什么。我对果列村群众，特别是农会委员们对我和卓嘎在生活上的关心和工作上的支持表示了感谢。我又谈了我这段时间在工作上的经验与教训，供他们今后在工作中参考。对农会今后的工作，我提了几点意见。我说，我们要大力抓好生产，使全村群众逐步富裕起来，生活水平不断提高，要努力办好学校，培养人才，我们要始终牢记和坚持三点：一是跟党走；二是搞好团结；三是严防敌人破坏，特别是要严防敌人打着民族和宗教的旗号进行破坏，保住翻身果实。我讲完后，大家还是不言语，我只得改变话题。我问次仁拉姆：“你的放水人（指丈夫）找好了没有？我和卓嘎还等着当面向你祝贺呢！”“还没有，找好了的话，我一定会托人转达，到时请你到果列村来祝贺我们。”“可要抓紧啊！”“我会的！”我对次仁多吉说：“你母亲受了那么多苦，你该快些给她找个儿媳妇，好好侍候她！”没等他回答，另一委员说：“次仁多吉已经有了目标了，“羌”和哈达都准备好啦！”次仁多吉说：“不要听他们的，我对格啦是实话实说，目前还没有目标，不过我会努力的。”我又向其他五名委员问了一些类似的问题，大家热情而诚恳地作了回答。慢慢地，会议由沉重变得轻松。

一起吃过午饭后，我对大家说，今天下午我还要去看望几位老人，之后同他们告别，请卓嘎陪我去。正当我们准备动身时，看到一群人正向我们走来，其中也有我正准备前往探望并告别的几位老人。他们走到我的身边后，有的说听说格啦要离开我们了，怎么也不说一声！有的说，你不能走，我们舍不得你呀！有些人还把特地带来的奶酪、鸡蛋和风干牛肉交到我的手里或塞到我的衣服口袋里。因为我的房间里坐不下这么多人，我一边把他们送给我的东西交给次仁拉姆，请她在我走后还给大家，一边在附近找了一块草地同大家坐了下来。刚一坐下，边巴就说，格啦，你现在还不能走，带领我们富裕起来后再走吧！我告诉大家我走后还有卓嘎仍会在果列村留一段时间，以后卓嘎走了，还会有别的干部来到果列村，更重要的是，果列村的农会干部已经成长起来了，个个都是好样的，一定能照顾好大家。有党的领导，有他们的带领，果列村一定会快速富起来。随后，白玛卓嘎老阿妈站起来说，格啦在这里带领我们农奴斗争坏人，废除了乌拉差役，给朗生安了家，还给我们分了土地和牲畜，把我们从苦海中拯救出来，是我们的亲人。以后来的干部还会这样亲吗？大家都纷纷点头。我连忙说，我们干部都是按党的指示办事的，是党把我们西藏的农奴和奴隶拉出苦海，党和毛主席教育我们干部，人民群众就是我们的父母兄弟姐妹，全心全意为人民服务是我们的宗旨。我们共产党的每一个干部都是人民群众的公仆，大家可以放心，每个干部来到这里，都会待你们如亲人。次仁多吉的母亲拉珍站起来对我说，次仁多吉当上了农会副主任，为大家办事一直努力很认真，这不是因为他特别聪明或者特别能干，而是因为有格啦和卓嘎教导他、指引他！现在你要走了，让我再一次谢谢你为我们做的一切！而我也站起来对他们说，我在果列村的日子里，果列村的农奴们给了我亲人般的爱护、关心和支持。先在这里给大家鞠个躬。现在要离开你们，我也很难过，但想起大家今天已经翻身做了主人，把命运掌握在自己手里了，今后你们的日子一定会越过越好，我心里也就好过多了。我会想念你们的，有机会一定回果列村看望大家。我今天就回区里，让我们就在这里告别吧！满含泪水的次仁拉姆急忙对大家说，那好，大家就送格啦到村头吧！卓嘎陪我回区里，次仁拉姆和次仁多吉也提出要送我回区里。我对他们说，村里工作很忙，你们俩是村里的当家人。我和卓嘎都不在村里，你们还是去忙村里的工作吧！他俩只得不情愿地答应了。不一会，卓嘎和农会委员彭措将我的马牵来了，也已在马鞍上搭上了被褥。次仁拉姆代表农会和全村翻身农奴向我敬了一碗“羌”，献了哈达，很多群众也将他们带来的哈达挂在我的脖子上。随后，我们就出发向村头走去。次仁拉姆和次仁多吉牵着我和卓嘎的马走在前头，我和卓嘎同几位老人走在送行人们的中间。

也许由于即将到来的离别给大家带来了悲痛，一路上我们都没怎么讲话。到了村头，我回过头深深望了望即将与之告别的果列村的田野、村庄和草场。我向送行的人们做了鞠躬，并对大家说，再见了，我会想念你们，会回来看望你们！之后，在一片“再见”，“祝你一路平安”，“盼你早点回来！”的话语和喊声中，我上马前行。走到转弯处，我勒住马回头看了看，村里为我送行的人们仍站在村头并向我用力挥手，我被深深地感动了。我使劲向他们招手，并自言自语：“我不会忘记你们的！我会为你们，为西藏人民的幸福继续努力奋斗！”

西藏废除封建农奴制度，是中国发展过程中的一件大事，也是世界文明进程中的一个亮点；西藏民主改革是西藏的跨越，中国的跨越，更是人类的跨越。我庆幸自己能亲自参与这场伟大的斗争，至今仍为此感到自豪。

附：我回到亚堆区委后，又见到了同我一起来亚堆参加民主改革工作的巴桑。她告诉我，我去果列村后，她去了另一个村，也是在完成这个村的民主改革工作后回到了区里。我们交流了一些情况，特别是交谈了参加这一工作的体会。她给我留下的记忆是，上进心很强，也很虚心，还颇有思想和见识，特别是对党和毛主席的感情很深，我觉得她是一个很有发展前途的藏族女干部。我在回拉萨前，送给了她一套毛泽东选集。一年后，我从报纸上看到，她已是全西藏学习毛主席著作的积极分子，不久，又听说她已出任山南地区朗县副县长。大约是1968年,她调至拉萨工作,任西藏自治区革命委员会副主任委员。直到1972年,我调离新华社西藏分社,到新华社河南分社工作,我们两家的关系一直甚好。后来,她又陆续担任了中共西藏自治区党委副书记、西藏自治区政协党组书记、副主席的职务。听说,在西藏历次政治事件中,她立场坚定,旗帜鲜明,同党中央保持了高度一致。她是我们党培养出来的优秀藏族干部的一个典型。

令我感到遗憾的是,我离开果列村后,一直未能与同我非常和谐团结地朝夕相处很长的时间、在工作上和生活上都给予我巨大帮助的卓嘎见过面,也没打听到她的任何消息;我更没能抽出时间回到郭列村去看看,再见见那些可亲可敬的人们,特别是见见那心地纯洁得如金子般的次仁拉姆和次仁多吉。因为碌碌繁忙,让我把很多不应该淡漠的珍贵往事也淡漠了,因而许多应该做的事也没能完成。为此我深深自责,并时常对自己说,要是能有机会弥补该多好啊,无奈时过境迁,只能是留下永远的遗憾了。

让变了性的宗教还其本来面目

我是1956年3月调到西藏工作的。在西藏1959年民主改革之前，我一直在思考一个问题：佛教的教义强调普度众生、去恶扬善、大慈大悲。为什么在藏传佛教格鲁派执政的西藏，社会却是那么野蛮、残酷和黑暗，占西藏总人口95%的广大农牧民，也是佛教的信徒，过着不如牛马的极其悲惨的生活。而只占西藏总人口5%的贵族、官家和寺院中的上层僧侣，却占领着西藏的一切，过着穷奢极欲的生活。正如一首民歌所唱："即使雪山变成酥油，也是被领主占有；就是河水变成牛奶，我们也喝不上一口。生命虽由父母所生，身体却为管家占有。"这与佛教的教义不是完全背道而驰吗？

1959年3月下旬，西藏上层反动集团发动的拉萨武装叛乱被人民解放军平息后，西藏寺院同广大农村牧区一样开始了民主改革。藏传佛教格鲁派在拉萨的三大名寺——甘丹寺、哲蚌寺、色拉寺，是西藏第一批进行民主改革的寺院。在民主改革期间，我多次访问了这三大寺院，看到和听到了这三大寺院大量的"很不慈悲之处"。我深刻认识到，在民主改革之前的西藏，藏传佛教已远不是作为一种宗教信仰而存在，而是西藏寺院、贵族、官家等三大领主推行和维护政教合一的封建农奴制度的工具。它已是一种背离其教义的变了性的宗教。

民主改革前的西藏寺院，占有大量的土地、牧场、牲畜和农奴，是西藏的三大领主之一。仅拉萨的哲蚌寺、色拉寺和甘丹寺，就共占有庄园321

个、土地1万多克(克相对于亩)、牧场450个。牲畜11万多头(只)、农牧奴六万多人。寺院对农牧奴的经济剥削是极其残酷的。农奴耕种寺院的土地，每年向寺院上交的粮食，要占全部粮食的70%以上；牧奴放牧寺院的牲畜，每年上交寺院的畜产品，要占全部畜产品的70%左右。同时，农牧奴还要负担寺院的多达100多种的乌拉差役，即无偿劳役，以及向政府和寺院缴纳多种赋税，如人头税和各种念经费等等。寺院还是西藏最大的高利贷主。它们的放债利息，大额的为每年30%-50%，小额的每年高达100%-150%。哲蚌寺占有庄园共175个、牧场151个、农牧奴共两万多人。每年这两万多人的劳动果实绝大部分上交给了寺院。但时至1959年民主改革前，这些被榨干了骨髓的农牧奴，还欠下寺院藏银2000万两，青稞1000万克(每克约28市斤)，平分到每个农牧奴，人均欠藏银1000两，青稞14000市斤。

较比对寺属农牧奴的残酷经济剥削，寺院对寺属农牧奴的精神和人身迫害，则更是令人触目惊心和骇人听闻。寺院上层僧侣对寺属农牧奴滥施刑法和随意杀戮的情况比比皆是。这三大寺都有为惩罚寺属农牧奴和寺内僧侣而设立的监狱、法庭，刑具也是多种多样。1959年8月5日到10日，甘丹寺召开了寺属农牧奴、寺属僧人共3200多人参加的大会，控诉该寺上层反动分子策划和参与叛乱、残酷剥削压迫寺属农牧奴和贫苦僧人的罪行。在这个大会上，我看到了这里展出的甘丹寺的各种刑具。除棍棒、脚镣、手铐外，还有割舌、割鼻、剜眼、挖心，抽筋、剥人皮、火烙等刑具，还看到了从该寺搜出的人的头盖骨、人手、人心、人眼、人喉管、人皮和少女的腿骨，以及用人的头盖骨磨制的念珠。

在这个会上，共有100多人登台呼天喊地地控诉和揭发了被他们称之为“人间地狱”的甘丹寺的上层反动分子的罪行。综合会上控诉和揭发的材料，仅甘丹寺活佛、达赖喇嘛的副经师、叛乱头目赤江在德庆宗的爪牙，就打死打伤当地农牧奴和贫苦僧人300多人，将121人关进监狱，将89人流放外地，1025人被其逼迫逃亡，484名妇女被其强奸。奴隶旺姆在会上面对面控诉甘丹寺寺属庄园的豁本达娃说："我的丈夫被你活活打死后，你对我和我们的孩子也不放过。有一次，我打坏了一个砂锅，你打了我还不算，还给我戴上脚镣手铐关进监狱，我几个孩子都因为你不给口粮而饿死了。"该寺所属若西古庄园一个名叫央金的妇女在会上哭诉说，10年前，寺院派洛桑庆绕当若西庄园的头人。这个人无恶不作，一天，他让央金支差给庄园的自营地里浇水，央金让她儿子前去，结果遭洛桑庆绕痛骂，将其赶了回来，并说必须由央金亲自去浇水。威胁之下，央金万般无奈只好自己去，结果她被强奸了。自此，央金被洛桑庆绕蹂躏长达五年之久。最终，实在无法忍受的央金便告到寺院执法者雪吾那里。不料雪吾反说她诬告，打了她两百皮鞭，险些丧命。此后，洛桑庆绕更是肆无忌惮，干脆将她关进牛棚里，随时进行拷打和奸污。每天丢点糌粑到牛棚供她维持生命。直到洛桑庆绕卸任回寺，她才得以脱身。

在西藏有关部门于1959年举办的"叛乱寺院罪证展览会"上，我看到其实物展品部分有三颗人头。解说员介绍，其中一颗是一个名叫东嘎若的农奴的人头。他是同其他11名农奴一起被甘丹寺诬指为小偷而滥用酷刑活活致死的。随后甘丹寺又割下其头颅并剁其右手，作供品之用。另外两颗是哲蚌寺所属热振牧场牧奴旺果父子的人头。那是1957年的一天，旺果父子偷了哲蚌寺果芒扎仓（寺院的中层机构）在牧场收取的实物中的一颗牛头。这个扎仓的头头立即派五个打手骑马持枪到热振牧场，为首的对旺果父子说，你们偷寺院的牛头，寺院就可以取你们的人头，而且要加倍。随即将旺果父子杀害，并割下这父子俩的人头，带回哲蚌寺掩埋。民主改革中哲蚌寺贫苦僧人揭发了寺院的这一罪行，并同工作组人员一道将旺果父子的人头挖了出来。

在三大寺内部，上层僧侣对下层僧人的剥削压迫也是很残酷的。这三大寺都有大量的剥削收入，但大部分都被上层僧侣私吞。广大僧人靠寺院供给是吃不饱肚子的，有些靠家里补助度日，但贫苦农牧奴家庭出身的僧人由于家里无力补助，就只有长年过着半饱半饥的生活，有的就冒着被寺院惩罚的危险，到寺外找活干得点糌粑，或外出讨要点糌粑填饱肚子。

下层僧人在寺内遭受殴打凌辱也是家常便饭。有的甚至被打死。哲蚌寺僧人洛珠群培在一次打扫寺内庭院卫生时，不小心将一土块扔到了该寺雪吾（寺院执法者）住房的窗子上。洛珠群培就被雪吾罚打两百皮鞭，并禁闭数天；色拉寺僧人才旺顿珠因为路遇拉让强佐（活佛私人财物的管理者）没有低头弯腰和吐舌致敬，就被罚打一百大棍。哲蚌寺小喇嘛格桑，在1954年他14岁时，过藏历新年排队领布施，因年幼力弱被挤出队，寺里的铁棒喇嘛（警僧）就借口他不守纪律，不由分说地用大棒将他毒打一顿，造成他终生脊背隆起，行动困难；哲蚌寺僧人曲培杰布因偷吃了其上司金巴赤美一点糌粑就被金巴赤美活活打死。如此等等，比比皆是。

三大寺的一般僧侣与寺院也是一种人身依附关系。正如僧人们自己所说，他们是披着袈裟的农奴和奴隶。寺院规定僧众不得外出做工，更不得参加农业生产；僧人要还俗，寺院要没收其全部财产，还要在其头上打上火印；未经批准僧人不得私自回家，违者要受处罚，如果逃离寺院，抓住后要断其脚筋，如果回家或逃离时拿了寺院的东西，还要被断手。

拉萨三大寺的上层僧侣势力深受政教合一的西藏封建农奴制度的恩惠。因而当西藏上层反动集团在拉萨发动全面武装叛乱时，三大寺的上层反动分子也操纵三大寺充当了叛乱的急先锋。有的寺院成了叛乱的据点和巢穴，有的寺院派僧人外出攻打党政机关和驻藏人民解放军。甘丹寺80名担任堪苏以上职务的中上层喇嘛中，有63人参加了叛乱，4037名普通僧人中有2895人被逼迫参加叛乱。该寺还曾派出武装僧人到山南地区泽当镇攻打中国共产党西藏山南地区分工委机关，还强迫50名僧人组成所谓敢死队同聚集在罗布林卡的叛乱分子一起，攻打拉萨党政机关和驻藏人民解放军；同时下令所属各分寺、寺属各庄园、牧场，派人烧桥、毁路，袭击党政机关和人民解放军的汽车。

哲蚌寺民主改革工作组长是中国共产党西藏工作委员会宣传部部长方驰辛，副组长是西藏自治区筹备委员会宗教局局长卫璜、办公室主任是西藏日报社编辑部主任马逸峯，我同他们都很熟，特别是马逸峯，我同他是老朋友。甘丹寺民主改革工作组的秘书仉扶汉也是西藏日报社的编辑，也是我的老熟人。我在采访三大寺民主改革的情况时，同他们交谈甚多，认真探讨过不少问题。其中之一是，三大寺作为西藏藏传佛教格鲁派有名的佛门，为什么也能对所属的农牧奴，甚至寺院内部的下层僧人进行残酷和野蛮的压迫剥削？我们的看法是，答案很明显，这就是政教合一的西藏封建农奴制度所使然。

公元13世纪，藏传佛教萨迦派掌握政教大权，西藏政教合一的封建农奴制度开始萌生；公元14世纪，藏传佛教噶举派掌握政教大权，西藏政教合一的封建农奴制度得到强化；公元17世纪，藏传佛教格鲁派夺取西藏政教大权，正式确认了藏传佛教格鲁派创始人宗喀巴的第子——达赖和班禅的宗教领袖地位，西藏政教合一的封建农奴制度进入完备期。达赖喇嘛既是宗教首领又是政府的首脑，集神权和政权于一身，并且他又是大农奴主。在达赖喇嘛的统领之下，西藏各地都是僧侣与贵族联合执政，各级政府由僧官和俗官共同组建，僧官一般都是排在前面，并且规定俗官必须是藏传佛教格鲁派的信徒，也就是僧侣化的贵族。这样，实际上就是僧侣势力控制了政府。1904年英军侵略西藏时，随军到达拉萨的记者埃德蒙·坎德勒也在其《拉萨的真面目》一书中称，在西藏“强大的僧侣势力掌握了一切”。他说得不错，不过旧西藏的普通僧侣同样是掌管不了任何东西的，他们只不过是穿袈裟的农奴和奴隶。掌管一切的是极少数的上层僧侣和僧侣化的贵族。

掌握了一切的僧侣势力，因为其具有了可以为所欲为的条件，就必然不择手段地残酷压迫剥削人民，以满足自己不断膨胀的私欲。他们的手段主要有两种，一是利用手中掌握的神权，麻醉西藏人民，使西藏人认为今生的一切都是命里注定，只有把希望寄托于来生。为了求得来生的幸福与安宁，就必须听达赖喇嘛的安排，忍受今生的一切苦难。从而任凭封建农奴制度的残酷压迫剥削，不思反抗。就像埃德蒙·坎德勒在其《拉萨真面目》一书中所说：“你下辈子是人还是猪，难道对你没有关系吗？达赖喇嘛能使你投胎成人，当大官，或者更好一些……相反，如果你不听他的，会世世代代不得转世。僧侣势力就是采取这种精神恐吓，来维护他们政教合一的统治。”二是利用手中的政权，制定各种法规，设立各种专政机构，对西藏人民进行各种残酷的压迫和剥削，为自己谋取最大的利益。例如，它使西藏三大领主占有了西藏的全部土地、牧场、山川和绝大部分的牲畜。这样，政教合一的西藏封建农奴制度就既为西藏的统治者谋取了最大利益，而又长期没被西藏人民推翻而延续了近千年。直到1959年西藏实施了民主改革，这种欧洲在中世纪就已经废除的封建农奴制度才寿终正寝。美国藏学家梅·戈尔斯坦在其《西藏现代史（1913—1951）——喇嘛王国的覆灭》一书中也深刻地指出：“西藏宗教的权力和特权及大寺院，在阻挠进步方面扮演了主要角色。”“正是由于全民族信教和宗教首脑执掌政教大权这一因素，导致西藏丧失了适应不断变化的环境和形势的能力。”

当然，政教合一的西藏封建农奴制度由于其极端的反人民性，从它诞生的那天起，就注定要为另外的制度所代替。

历史证明，任何一种宗教，不论原旨如何地纯洁，一旦夺取政教合一高度集中而又没有制约的大权，主宰社会，就必然异化，走向反面，危害社会。公元16、17世纪时，藏传佛教格鲁派始祖为何能创立格鲁派，并夺取政教大权，统治西藏，也是由于其掌权的僧侣势力穷奢极欲所致。宗喀巴大师也许不会想到，他的弟子又陷入了权力的陷阱，重蹈失败的轮回。

周恩来总理1959年5月在同当时的班禅额尔德尼谈话时指出："关于宗教问题，就是要打击像喜饶嘉措所说的披着袈裟的豺狼，去掉宗教被封建农奴制度玷污了的东西，恢复宗教的本来面目。现在存在这些被封建农奴制度所玷污的东西，是很不慈悲的。"西藏自治区筹备委员会代理主任委员班禅额尔德尼1959年7月在西藏自治区筹委会第二次会议上说："民主改革时，势必牵涉到宗教、寺院方面。因为寺院本身和寺院中的某些上层喇嘛也有庄园，也是农奴主，不能在社会上改革了，而留着寺院的封建压迫，这是不可能的。贵族，封建政府的农奴都解放了，喇嘛寺庙的农奴没有解放，对宗教本身没有好处的。纯洁而慈善的宗教，绝不能再沾有任何农奴制度的污泥。因此，在喇嘛寺庙中，有许多属于封建的压迫和剥削，也是必须改革的。"

西藏寺院的民主改革，是紧紧围绕"去掉宗教被农奴制度玷污了的东西，让宗教恢复本来面目"的方针进行的，改革的中心内容是废除寺院的封建特权和封建剥削。为此，三大寺在民主改革中，深入地开展了反叛乱、反封建特权、反封建剥削，算政治迫害帐、算等级压迫帐、算经济剥削帐的"三反三算"运动，广大僧人激昂愤怒地控诉了寺院的上层僧侣势力参与叛乱和残酷压迫剥削寺属农奴、奴隶，以及寺内下层僧人的罪行。在此基础上，中共西藏工委出台了《关于三大寺若干问题的处理意见》。这个意见的内容除有关彻底摧毁寺院的叛乱组织、肃清寺院内叛乱分子的部分外，其余内容主要包括：废除寺院委派官员、管理市政和私设法庭、监狱、刑罚，以及干涉诉讼、干涉教育、干涉婚姻自由的特权；废除寺庙向宗（行政组织，相当于内地的县）、庄园、部落摊派强征喇嘛的制度；废除寺院对其所属庄园、部落农牧民实行的各种人身依附、人身奴役和派乌拉差役的制度；废除寺院间的封建隶属关系；废除寺院内部的封建管制、封建等级制度和打罚制度；废除寺院放给农牧奴和贫苦喇嘛的所有高利贷债权；依法没收参加叛乱的三大寺所占有的牧场、庄园及一切生产资料，等等。这些改革措施，实质上就是对藏传佛教的一项重大改革。它切断了宗教干预社会政治、经济生活的一切特权，达到实现政教分离的目的，从根本上改变了西藏政教合一的制度。从而使寺院成为纯宗教活动的场所，还藏传佛教本来面目，深受西藏广大僧俗群众的拥护。

在三大寺，我多次看到寺属农牧奴和僧人们在揭发控诉政教合一的封建农奴制度罪行的大会上，将那体现寺院封建特权和封建剥削的文书字据，如农牧奴的卖身契、高利贷借据等，投入熊熊的烈火化为灰烬。有一天，哲蚌寺正在召开大会，我同哲蚌寺民主改革工作组办公室主任马逸峯来到会场，看到一个喇嘛面对着火堆久久地发呆，眼里还溢满泪水。我拍着他的肩问道，怎么啦？哭啦！他说，我太高兴也太激动了。这烧毁的不是一堆普通的纸，而是浸透了我们西藏穿袈裟与不穿袈裟的农奴和奴隶血迹的纸，烧毁的是西藏政教合一的封建农奴制度。

他告诉我们，他家世世代代是哲蚌寺所属一个庄园的差巴（租种寺院差地的农奴）。哲蚌寺有一种名叫“扎差”的制度，规定其所属庄园和牧场的三个男性农牧奴中必须有一人当喇嘛。他就是这样被强征到哲蚌寺当喇嘛的。来到这里以后，他就成了寺院上层僧侣的穿袈裟的奴隶，不仅劳役繁重，还吃不饱饭，并且要经常挨打挨骂。有一次因为同上司谈话时，没有对上司用敬语，就被罚打了100皮鞭。与此同时，他家里的父母则成天被寺院的地租、差役和高利贷所折磨，一年到头过着饥寒交迫的日子。一年冬天的藏历新年前夕，他父亲被庄园管家派去给寺院支差送酥油和牛羊肉，因为一路忍饥受冻，体力不支，走路显得缓慢，就被管家毒打了一顿，后来掉进了雅鲁藏布江，尸体也不见踪影。母亲因此悲痛过度，也很快去世。边巴次仁禁不住高声喊道："这就是哲蚌寺的大慈大悲。这样的宗教不改革，我们西藏农奴和贫苦僧人哪有活路？"

与此同时，中共西藏工委在《关于西藏地区土地制度改革方案》中指出：宗教信仰是广大群众的思想问题，必须认真地、长期地贯彻执行宗教信仰自由政策，在改革中除了要坚决废除封建特权、封建剥削、人身依附、人身奴役，还特别强调宗教信仰自由、保护爱国守法的寺庙、保护历史文物古迹、安置好僧尼的生活以及上层宗教人士的政治待遇、生活补助等。西藏自治区筹委会出台的《寺庙民主管理试行章程》称，寺庙的管理实行"政治统一，信教自由，政教分离"方针。

在民主改革中，三大寺工作组贯彻党和政府的宗教信仰自由政策，对信教与不信教，信这种教与信那种教，都不加任何干涉。愿意留寺者，继续留寺当喇嘛，愿意还俗者，让其还俗，并妥善安排了有关事宜。在甘丹寺，愿意继续留寺当喇嘛的有339人。政府给寺院留下339克（一克相当于一亩）土地和一定数量的羊和奶牛，让喇嘛们自食其力办农场，解决吃饭、吃肉吃奶和用钱的问题；同时给他们每人每年500市斤以上的粮食补助。该寺共有302名喇嘛要求还俗回家或就地还俗，政府均发给安家费，并根据各人的路途远近给予足够的路费；对要求参加工作的13名年轻喇嘛，则输送到拉萨国营贸易公司当了售货员；对要求上学校读书的15岁以下的小喇嘛，也都送其上了学。这一切使全寺僧人都深为感动，也深受教育。在一次相关座谈会上，我听到僧人们就此谈了很多感想。年过半百的尼玛次仁深有感触地说，这才是真正的宗教信仰自由啊！在政教合一的封建农奴制度下，西藏虽然喇嘛很多，寺院很有权势，但西藏的宗教信仰却是不自由的。比如寺里很多喇嘛，都是被藏政府摊派或者是被寺院派“僧差”进入寺院当喇嘛的。这叫自由吗？僧人们进了寺院就不能还俗，硬要还俗就要受处罚，这叫自由吗?在西藏的绝大多数地方，信教就只能信以达赖喇嘛为首领的藏传佛教黄教，这叫自由吗？僧人平措说，民主改革前的西藏寺院，是很不干净的。其中一种表现是，寺院僧人都是靠农牧奴的血汗养活。嘴里整天念着大慈大悲、去恶从善的人，吃、喝、穿、用，都是苦命的农牧奴的血汗，我们广大僧人心里也很不安静。如今，我们僧人自己办农场，靠自己的劳动养活自己，政府还给补助，不但温饱有余，心里也甚是安静。

在民主改革后期，三大寺都成立了以贫苦僧人为主、中上层爱国守法宗教人士参加的寺院民主管理委员会。其每个成员都由全寺僧人民主选举产生。这个委员会对全寺的宗教、行政、生产、生活实行统一的民主管理。这就保障了全寺僧人的民主权益，从根本上消除了寺院的封建统治，为藏传佛教恢复其本来功能、与人民民主社会主义社会相适应奠定了基础。

由于西藏上层反动集团裹挟了很多寺院的很多僧人参加了叛乱，平息叛乱和民主改革开始时，不少寺院已是庙在人空；民主改革中贯彻宗教信仰自由政策时，很多寺院的很多僧人又主动还俗。因此，至1961年1月，全西藏的留寺僧人已只剩下7000多人，而在平息叛乱前总共是11万多人。人少了，寺内宗教活动的规模不如过去大了，但已是去掉了政教合一的封建农奴制度玷污的宗教活动，恢复了宗教的本来面目。寺庙学经、辩经、受戒、修身和学经考核晋升学位等活动都正常进行。

在封建农奴制度下，西藏的贫苦僧人与格西学位是无缘的。那时，他们来到寺院，大都与群桑一样，整体忙于伺候寺院的上层，哪有时间和精力学经。当上学僧以后，学习期间的生活开支，主要由家庭负担，绝大多数来自农牧奴家庭的学僧因为经济拮据，也只得中途辍学。学僧继续学习到攻读西，根据寺院不成文的习俗，想报考格西者，在考试前需要宴僧，命名后需要献礼致谢，开支巨大，贫苦僧人及其家庭难以负担，也只得放弃申请；同时，授予格西学位与否，也不主要看学识，而是看其对寺院的布施和捐献，那些无力布施和捐献者，也与格西无缘。令我没有想到的是，在当天我与这里将近20个喇嘛的交谈中，他们几乎人人都声称自己要努力学习经典，将来考取格西。我对此深感欣慰。是的，民主改革为他们提供了这个条件，他们可以安心地学经做学问了。

赵慎应的家情与西藏情

解放前我们党的地下工作者、在解放战争中曾参加过睢杞战役、淮海战役、渡江战役的新华社记者赵慎应，1950年随18军进藏，由他执笔的人民解放军进驻西藏首府拉萨的第一篇报道《毛主席的队伍进入拉萨》，引起全世界关注。

1952年2月，部队进驻拉萨的宣传报道任务基本结束，赵慎应奉命回新华总社工作。

1958年，他又在妻子身患癌症，女儿年幼的情况下，第二次进藏，并任新华社西藏分社社长，一度还兼任西藏日报社副总编辑。直到1965年妻子病危时，他才离开西藏回到北京，在妻子的病床前陪着妻子走完最后的时刻。

这七年，新华社西藏分社的报道工作取得了极其突出的成绩，公开报道和内参报道都既有广度又有深度，出色而有力地配合了党在西藏这个极其重要的历史时期的工作，为西藏和西藏人民作出了重大贡献。这期间，新华社西藏分社被新华总社授予红旗分社称号，还被评为1962年召开的全国文教群英会先进集体。这七年，正是西藏发生伟大历史转变的年代。首先，在党的领导下，人民解放军平息了西藏上层反动集团发动的武装叛乱；同时，我们党又领导西藏人民进行了伟大的民主改革，推翻了延续千余年的封建农奴制度的统治，广大农奴和奴隶得以当家做主人；人民解放军还被迫进行了中印边境自卫反击战，保卫了祖国的西南边疆；我国国家登山队登上了世界最高峰——珠穆朗玛峰，开创了从北坡登上这一高峰的历史。期间，新华社西藏分社的报道任务极其繁重。

为解放西藏，建设社会主义新西藏而奋斗，是赵慎应在1950年随18军进藏时就下定的决心和立下的誓言。那时，他随部队翻雪山、过草地、淌冰河，一边行军，一边采访报道，徒步数千里，历尽千辛万苦，终于抵达拉萨。

在这第二次来到西藏的七年里，作为新华社西藏分社社长和西藏日报社副总编辑的赵慎应，肩负重任，每天都是超负荷工作，从早忙到深夜。他的住房和我的住房相邻，经常是我准备睡觉休息了，他房里的灯光还亮着；清晨，我起床一看，他房里的灯光已经亮了。有一天夜晚，我收到北京新华总社发给西藏分社的一份由报。我见慎应同志房里的灯光还亮着，就敲门进去将电报给他。只见他仍在伏案写东西。我说，夜深了，你还在写稿！他回答说，不，这段时间事情多，很久没给家里写信，他们也好久没来信，我有些不放心。这会就写封信问问我爱人的病情和孩子的情况。我说，您想念他们了吗？他说，那当然！我禁不住说，慎应同志，有件事我真不懂，您爱人患那么严重的病，女儿又那么小，这个时候您远远离开他们，在西藏一干就是那么多年，这能行吗？稍许，赵慎应严肃地回答我说，这里有个原则问题，每个共产党员从入党的那一天起，就必须把党和人民的利益放在第一位，只要党和人民利益需要，就可以牺牲个人的一切。况且，我是个老西藏，献身西藏和西藏人民是老西藏的誓言和追求，特别是当前西藏又处于伟大的历史性转变时期，我怎么能因为家庭出现的困难而退缩！再者，家庭的困难，新华总社和我爱人所在单位也会关照和帮助的。这位老共产党员的党性和西藏情怀，使我深受教育，也深为感动。我没有再多说什么，只是说，我懂了！不过，您可千万要保重身体，并尽可能抽个时间回家看看。

在此同时，赵慎应作为西藏分社社长和年龄最大的一位长者，却给了分社各民族干部和职工无尽的关爱，把西藏分社建成了亲如一家、宽容和谐、团结友爱、无往而不胜的战斗集体。

这是西藏分社一种特殊的写稿方式：一天，全分社十多个人坐在一间会议室里，记者们围绕“西藏木犁绝迹”这一主题，各自谈自己了解的有关情况，发表有关意见。这是在集体写作一篇重点稿件。记者们谈完情况和意见后，社长赵慎应综合大家的意见，提出了撰写西藏木犁绝迹这篇稿件的构思，包括主题思想、角度、主要材料、分段等等。然后，请记者们自报当执笔人。记者景家栋首先报了名，大家一致同意。慎应同志说，这篇稿件份量重，这是一个反映西藏民主改革后生产力获得历史性发展的主题，但篇幅不会长，写作的工作量不是太大，大家就一起写吧！由老景执笔，但需要找一个人口述。袁定乾说，那就由我来口述，我一边口述，大家一边提意见进行修改，一段一段地改。不到两个小时，这篇评述性新闻稿件就写完定稿了。稿件由新华社总社向国内外媒体播出后，中央各新闻单位普遍采用，国外也有多家媒体采用，受到总社的表扬。这里所讲的是一个写作工作量不大的例子，写作工作量大的稿件，则不采用当场口述写稿的方式，通常是会后独自去写初稿，再开会集体进行修改后定稿。

西藏分社经常这样写重点稿件，这些稿件经由新华社发布后，可以说是无一例外地被全国各主要媒体采用，有的还被国外媒体采用，如《拉萨的春雷》、《西藏历史前进的脚步声》等稿，便饱享了这种待遇。而采用这种方式写出来的稿件不署记者个人姓名。

这种办法有利于提高重点稿件的质量，有利于提高记者的业务水平，但也要求记者的思想境界要高，不计较个人名利，整个集体要有团结战斗的氛围。在我来到这个集体之前，对新闻业务和记者工作都知之甚少，来到这里后，整天同新闻和记者打交道，特别是记者在一起集体写一篇稿件时，分社规定行政人员也要尽可能参加旁听，耳濡目染，我较快地对新闻业务和记者工作有了一定了解，并慢慢地产生了改行当记者的想法。我没有想到的是，当我把这一想法分别告诉郭超人、宗子度、景家栋等记者时，他们无一例外地表示支持，并多方予以鼓励。后来赵慎应同志也知道了我的想法，并为此专门抽了时间找我谈话，说已和定乾同志交谈过，他们都很支持，并相信我会成功。他又说，当记者要有较高的思想水平和文字写作能力。我们的意见是让几位老记者在业余时间多带你外出做一些采访，并指导你先写一些简单的稿子。你初中毕业后就参了军，文学底子较薄，要特别注意提高自己的文化水平和写作能力。我连忙点头。第二天，景家栋、宗子度、郭超人等几位记者见到我就说，慎应同志已经同他们说过我这件事，他们也很高兴带我这个徒弟。从此，就不时有记者找我说，小刘，有时间吗？我们一起出去采访。有些时候，他们会同我谈某个新闻的主题、角度、材料的取舍和运用，我执笔写稿，再交给他们修改，并告诉我为何要这样修改，当然有时在提出修改意见后，需要我重写。赵慎应和袁定乾有时也亲自带我去采访，并指导我写稿。

这几位记者都是很有经验和能力的优秀记者，他们的共同特点是思想水平高、采访经验丰富、文字写作能力强、对西藏的情况熟悉。他们的言传身教，使我在新闻采访和新闻写作上都进步较快。并最终成为一名正式的记者。

我国经济三年困难时期，赵慎应因系正厅级干部，每月食油供应的标准比大家要高些，还有大家所没有的黄豆和白糖供应。然而，他却将这些额外补给全部交给了分社食堂，让分社全体人员共享。大家知道这一情况后，一致要求食堂给慎应同志单独开伙，以保证他的营养。但慎应同志说，很多同志整天在外采访，体力消耗比他大，更需要加强营养，从而婉拒了大家的要求。遇上节日或分社有什么喜事，他还用自己的工资收入到商店买些高价食品，如猪肉罐头等，交给分社食堂，给大家改善生活。在此期间，景家栋同志曾因公外出时间比较长，他临走时把房间的钥匙交给我说："房子里有些糌粑和白糖，你和大家如有需要，随时可以拿出来吃。"他走后，我看到有些记者，特别是郭超人，经常加班赶写稿件到深夜，又没有什么好吃的，有时就把他们领到老景的房子里，取些糌粑和白糖吃。老景从外地回到分社时，我对他说，对不起啊，你留下的糌粑和白糖都给深夜加班赶写稿件的记者啦！他说，这本来就是留给大家吃的！没有什么对不起的。有一段时间，分社有位同志的妻子从内地来到分社，她又未带多少粮票，两个人吃一个人的口粮，怎么够呢？分社不少同志就给他家送去了自己在食堂的口粮饭票，我爱人羊素芳在外单位工作，还用自己在所在单位的口粮饭票买饭送到这位同志家里，因此他家未曾出现粮荒。

每年春节和中秋节，分社领导还要把出差未归的工作人员的家属，包括尚未结婚的准家属请到分社作客，与他们一起座谈、聚餐，了解他们的困难，以便帮助解决。每参加这种活动，我便不由想起慎应同志和他重病的妻子、年幼的孩子仍然长期分离，天各一方，不禁感到心里说不出的酸楚。

1984年，离休后的赵慎应重返西藏。他笔耕不辍，又创作出版了《西藏风云》《中央驻藏代表张经武》《张国华将军在西藏》等书，并主编出版了《西藏革命史》《中共西藏党史大事记》等著作。

"我后半生的工作，大部分是为西藏而工作。"在其著作的《西藏风云》中，他深情地写道："我揭露的是残酷、野蛮的封建农奴制度，我鞭笞的是燃起叛乱之火的人们，我为被囚在悲惨地狱里的农奴和奴隶而难过，而呼喊；

我赞颂的是西藏悠久的历史和文化，是勤劳、勇敢、聪慧的西藏人民，为西藏人民的新生和他们创造美好生活的业绩而大声欢呼。”

他奋斗的一生，也因为西藏而更添光彩。

“他把魂留在了西藏”

“他把魂丢在了西藏，非去西藏不可！”陈家琎的母亲在谈到儿子陈家琎第二次重返西藏工作时，总忘不了说这样一句话。

1950 年，时年 28 岁的陈家琎作为随军新华社记者，跨入了人民解放军第二野战军 18 军进军西藏的战斗行列，成为“老西藏”中的一员。他随军抵达拉萨后，又留在了在进藏途中组建的新华社西藏分社工作。

陈家琎在进藏途中和进藏后，走访了西藏许许多多的地方，访问了西藏许许多多的农奴、奴隶和一些爱国进步上层人士。他深深为西藏这块高天厚土的无比壮美所吸引，为西藏人民的真诚、善良和和勤劳所感动，为西藏丰富独特的文化所折服。更触动他心灵的是，西藏封建农奴制度的极端野蛮、残酷和黑暗，使他无比震惊，占西藏总人口 90%以上的广大农奴和奴隶所历经的极为悲惨的非人生活，使他深感痛苦和愤恨。他强烈地意识到了自己作为共产党员的责任和使命。他下定决心，在西藏奋斗一辈子。他在一篇日记中这样写道：“伟大壮丽的布达拉宫是人间的玉宇琼楼，集藏族文化的大成，也是中华儿女的骄傲。我从这里看到了藏族人民非凡的毅力和卓越的才能，看到了他们灿烂的过去，也看到了他们辉煌的未来。我决不相信一个能够在几百年前建造布达拉宫的民族，会永远被奴役和贫困所禁锢。帮助这个民族是共产党人的责任，为这个民族做事是进藏战士的光荣。”

出乎他的意料，1957年，他被调到北京新华社总社工作。但他的心却留在了西藏，并时刻渴望着有一天还能回到西藏工作。随着1959年开始的西藏平息叛乱和民主改革的进行，他的这种心情愈来愈迫切。他为西藏发生的历史巨变、西藏人民的新生无比兴奋与激动，也为自己这个“老西藏”未能亲历这场伟大的斗争而深感遗憾。

他再也无法沉住气了。1963年，他毅然向新华总社提出了重返西藏分社工作的申请。此时，他家除他以外的三口人中，母亲已70多岁，儿子只有七岁，他的爱人吴景春时任中共中国医科大学党组副书记，工作非常忙碌。新华总社一再劝他留在总社工作，他谢绝了。朋友们也纷纷劝他安心留在总社工作，他依然没有改变主意。无奈，母亲找他谈话说：“妈不糊涂，当初你参军，妈没拦你。后来你上西藏，妈没拉过后腿。如今家里老的老小的小，可比不得当时，你走了能放心？你不好说，我找你领导说，西藏太远，大家轮班去。妈就你一个儿，再说妈还能活几年，无非想常见到你，一起说说话，三年两载，等妈老了（河南话，老即去世之意），那时再去西藏也不迟。”他非常理解母亲的心事，忙劝告说：“妈不要去找领导，回西藏是我自己要求的。西藏分社的同志等着我去换班。他们也都有父母和儿女，我去替换他们，让他们也过几年全家团圆的日子，求妈再支持我这一回。”母亲见他去意已决，便擦去眼泪，对儿子点了点头。

这样，新华总社也对他的申请予以了批准。

他临行前又向母亲保证，平日多给家里写信，一到休假时间，就回来看望老人家。

陈家琎再次来到西藏，这里已经和正在发生的巨变，深深地鼓舞和激励着他。不顾高山反应，他立即马不停蹄、废寝忘食地投入到采访报道中。他到拉萨时邮发给家里的第一封信尚未到家，内地的人们就陆续在报纸、广播中看到和听到他在西藏草原、高山、村庄和城镇采写的新闻报道了中。这些报道满腔热情地反映了西藏百万翻身农奴建设新生活的热情，传遍了西藏历史大步前进的脚步声。

仅据我的回忆，从1964年至1966文化大革命开始的两年多的时间里，他仅采写反映西藏伟大历史转变的重点报道就多达30余篇，其中大多数都产生了重要影响。

1959年，巴青县格西部落贫苦牧民布德因为反对叛乱，被叛乱分子残忍地挖掉双眼，民主改革后，布德被格西乡牧民推选为格西乡牧民协会主席。多年来，双目失明的布德，在牧民们的帮助下，总是不停地奔走于这片草原，组织牧民发展生产，安排牧民的生活，为牧民排忧解难，全乡人畜兴旺。布德深深地赢得了全乡牧民的敬佩和爱戴。

陈家琎获悉这一情况后的第二天，就同记者格列一起搭车前往位于藏北草原、海拔4148米的巴青县。正当雨季，公路时有塌方，他们冒险闯过塌方区。当晚，他俩在巴青县委客房住了一晚，次日清晨又骑着在附近雇的两匹马往拉西乡奔去。赶到布德家时，布德已去牧场；翻山追到牧场，布德已返乡里；翻山追到乡里，又说他上县里了。前面山高路险，人马疲困，又饥肠辘辘，怎么办？陈家琎说："追！我不信，两个人长着四只眼，追不上一个双目失明的人！"说罢，二人转身上马，翻山越岭而去，终于追上了布德。

他们一直谈至深夜。

随后两天，陈家琎和格列又在拉西乡采访了两天，了解牧民们的生产和生活情况，听取牧民们对布德的看法。牧民们告诉他俩，一年中至少有八个月布德是在牧民家中度过的，全乡100多顶帐篷都留下了他的足迹。牧民们称布德是草原上的雄鹰、共产党的好干部。

陈家琎和格列回到拉萨后，立即连夜写出了《一颗灿烂的珍珠——记巴青县拉西乡牧民协会主席布德》长篇通讯。报道思想性强、材料丰富真实,极具感染力,被首都新闻媒体和全国各省市主要新闻媒体所采用。

1965年,西藏帕里人在历来不长庄稼的喜马拉雅山台地上试种青稞取得巨大成功。这年是他们大面积试种青稞的第二年,尽管遇到了五场酷霜,在庄稼扬花吐穗时节又遇到早雪,两千多克土地,仍然产了二十多万斤粮食。

消息传到拉萨,陈家琎无比激动地说:“这是民主改革后西藏人民的又一伟大创举。它证明被奴役的人民一旦获得解放,就会创造出无数的人间奇迹。”

也是第二天,陈家琎就搭乘便车前往海拔4200米,世界闻名的高原城镇帕里。

陈家琎到达帕里镇后,与镇里的居民住在一起,吃在一起。他每到一家,都要看看这家新收的粮食,表示祝贺。并不辞辛苦地在严重缺氧的高寒地区不停地从这家走到那家,从青稞地走到山腰的水渠,从镇领导机关走到各办事部门和单位,与干部群众亲切交谈,广泛而深入地调查了解了帕里镇发展粮食生产的所有过程等各种情况。

人们告诉他,“帕里自古不产粮”这是西藏千百年来延续的结论。有人甚至说:如果帕里能长出粮食,雪山顶上也能种出鲜花。过去,这里的粮食和蔬菜完全靠外地供应。在民主改革以前,帕里人除了种马草,向过往商队卖马草和牛粪以外,就是给农奴主和大商人赶骡帮,或者给商队背运沉重的货物,整天跋涉在崎岖的山路上。

伟大的民主改革推翻了西藏的封建农奴制度,也解放了西藏人民的思想。帕里的翻身农奴为了建设自己美好幸福的新生活,首先想到的是冲破陈旧结论,在这块自古不种粮的地方试种粮食。党和政府鼓励他们大胆试种,政府部门还给他们送来了青稞种籽和农具。就这样,民主改革后不久,帕里人就开始试种青稞。试种面积逐年扩大。他们战胜了一个又一个困难,终于获得成功。

帕里。地势高寒,年平均气温只有17度左右,最低气温是零下30多度,无霜期极短,一年的绝对无霜期只有30多天,特别是气候多变,这会儿还是万里晴空,不多久就可能满天乌云,狂风呼啸,冰雹如注,或纷纷扬扬地下起大雪。正如帕里人所说,此地的天气像一匹脱缰的野马一样难以捉摸。因此,在帕里种庄稼,首先是一场同大自然的斗争。

帕里人到外地仅换回青稞品种就达20多个,在不同的时间播种试验。经过反复试验,他们渐渐地找出了作物适时的播种期、寻求到了生长期短又耐寒的作物品种。为防止霜冻,帕里还出了个六人观天防霜抗冻小组。组员都是五六十岁以上的老人,有的还过了70岁。他们在作物生长季节,夜夜爬上屋顶观察气象,一发现降霜的征兆,便敲锣打鼓报警。人们听见警报声,立即各就各位,不过多久,几百个防霜烟塔就会一齐喷烟吐火,在帕里的田地上空形成一层厚厚的烟幕,将霜赶走。

他们还豪迈地修建起了从雪山引水灌农田的水渠。时值隆冬,寒风凛冽,地冻得如同混凝土,连着几十镐还劈不出个小坑,几个壮汉苦干一天刨不了半方土,而要修的干渠却长达一万米,有的地方得挖六七米深。顽强的帕里人就在雪山上点起堆堆烈火,层层烤化冻土,烤一段开一段。如今帕里人谈起当时修渠的情景,仍然眉飞色舞,浑身是劲。他们说:"夜晚半山火龙,白天漫坡红旗,到处有人吼着要争头名,人们的劲头真大啊!"经过五六百人苦战40多天,终于从十里远的雪山上引来了雪水。帕里人特地命名这条水渠为"幸福渠"。

帕里人的勤劳和聪慧以及他们建设新生活的热情、决心和勇气,使陈家琎深深为之感动并由衷地崇敬。他又满怀激情地写出了长篇通讯《世界屋脊上的大寨——帕里》,给了广大读者无尽的启示。

哪里艰苦哪里行。1966 年夏秋之交,陳家琎又要去海拔 5300 多米的查果拉边防哨所采访了! 当时我是新华社西藏分社最年轻的记者,随同前往采访。

西藏高原的查果拉山,高高矗立在喜马拉雅山第七峰的冰山雪岭之中,1965 年 12 月被国防部授予"高原红色边防队"荣誉称号的查果拉哨所就驻守在这里。这个哨所从 1960 年建立至此时已经六个年头了。哨所的指战员们不但在这里定居、生存了下来,而且还圆满地完成了所肩负的各项任务,从而有力地否定了生物学家们关于海拔 4500 米以上地区是"生命禁区"和"人不能定居"的论断。

查果拉哨所海拔 5370 米,有三个固定巡逻的山口,还在海拔 5500 米以上。这里空气稀薄,经有关部门测量,含氧量只有海平面的 35%。

陈家琎和我当时在那里住了七天七夜,同哨所指战员们住在一起,吃在一起,有时还一起扛着铁锹去铲雪铲冰,一起站岗放哨,充分领略了这里大自然的严酷,也深深体会到了哨所指战员们的坚韧顽强和所作出的牺牲,深受教育。

我们含着眼泪写出了反映查果拉哨所指战员的崇高牺牲精神和感人事迹的报道。报道见诸全国新闻媒体后,很多来自全国各地的文件涌向了查果拉哨所和新闻媒体,称赞查果拉哨所的指战员就如同抗美援朝的中国人民志愿军指战员,是全国人民心中最可爱的人,纷纷表示要认真向他们学习,并向他们致敬。

这次采访,使我又一次为陈家琎那一不怕苦二不怕死的"老西藏精神"所深深感动,并为他采访作风的扎实、广博的知识、思想的深度和很强的分析综合能力所折服。

陈家琎1947年参加人民解放军，参加了淮海战役、渡江战役、进军大西南。他的西藏情也是他参加革命时立志为解放全中国，建设新中国而奋斗的情怀之延续。

1950年3月4日，人民解放军二野18军在四川省乐山召开进军西藏誓师大会，陈家琎作为新华社随军进藏记者参加了这个大会。他的西藏情，始于人民解放军进军西藏的脚步声。

陈家琎执笔报道了这次誓师大会。这是我国向国内外首次公开了我人民解放军进军西藏的消息。

人民解放军进军西藏被誉为是当年红军二万五千里长征后的我军第二次长征。陈家琎作为这次长征的参与者，他同全军广大指战员一起，身背背包，不畏严寒、缺氧和饥饿，甚至牺牲生命，翻越十多座雪山，淌过无数条冰河，越过一处处泥石流，用双脚丈量5000多里，历尽千辛万苦，实践了自己的誓言，完成了自己神圣的使命。

一路上，陈家琎每天都在劳累中度过：白天行军，到部队采访，深入到当地群众中了解民情；夜晚，就在帐篷一角，在摇曳的烛光下整理当天的采访笔记和写稿。

进军西藏的第一个重大行动是解放昌都战役。其间，陈家琎奔走于横断山脉中崎岖小道的运输线，写出了《西康藏民支援解放昌都》的通讯。

以战促和。昌都解放后，西藏地方政府与中央政府签署了《关于和平解放西藏的十七条协议》。人民解放军加快了向拉萨和喜马拉雅山区进发的步伐，与此同时，当地藏族人民组织的从金沙江和澜沧江两岸集结到进军路上的上万头牦牛和骡马，组成了一支浩浩荡荡的支前队伍，与部队并肩前进。陈家琎立即前往采访这支支前队伍。他说："我要看一看藏族同胞支援人民解放军进军西藏的动人情景，好向全国人民作汇报。”

他一路采访顺利，从中深深感受到了西藏人民渴望解放的迫切心情，也萌发了对西藏人民的爱。但意外也是有的，一次，陈家琎骑着大青马行走在一条山道上。在一路口处，马突然停住脚步，咆哮起来。老陈定睛一看，路旁一群半人高的老秃鹰正围着路旁的一匹马尸疯狂地撕抓尸肉吃，马尸身上血迹淋淋。显然，大青马受惊了。老陈虽紧紧勒住了马缰，但大青马突然又嘶叫着高高举起两条前腿，原地来了个180度的急转弯，接着又把两条后腿往上一掀，老陈被头朝下脚朝上扔下鞍轿。他头部多处受伤，昏了过去。

第二天清晨陈家琎醒来后，发现自己躺在一个藏式小土屋的藏垫床上，坐在他身旁的一个藏族老阿妈正朝着他微笑。他想，这是在什么地方?自己为什么到了这里?因为语言不通，他又无法与老阿妈对话。这时，老阿妈起身，给他拿来了他的手枪和马背套。接着，一个中年男子又来到他身旁，轻轻地把他从藏垫床上拉起来，并不由分说地把他扶到屋外，指着不远处的一匹马，又指指老陈，用不连贯的汉语说，你，马!马! 老陈又看到了自已的大青马。 他终于明白了，是老阿妈和这个中年男子救了他，并把他接到了老阿妈的家里。陈家琎万分激动，大叫了一声“阿妈! ”扑到了老阿妈的怀里，并向中年男子鞠躬致谢。

他们三人回到屋里后，老阿妈让老陈继续躺在藏垫床上，用手指着那中年男子，又指了指自己，藏语中夹着汉语说，儿子! 儿子 !

不一会，老阿妈给陈家琎端来了一杯牛奶。他一口气喝完了。接着又端来一杯酥油茶，他又一口气喝完了，随后又拿来一个装得满满的糌粑袋，将糌粑揉成一坨坨的，在一个个的放到老陈手里，看着老陈慢慢吃。

喝足吃饱，陈家琎感觉自己精神好多了。他想着自己这次尚未完成的采访工作，心里甚是着急，他欲向老阿妈母子告别，尽快继续支前队伍的采访。可是当他收拾起枪支和马背套欲出门时，老阿妈一把拉住了他，指着他头部的伤口，示意不能走，要他还躺到藏垫床上去。老陈只得又住了下来。当天，老阿妈又忙着为他送喝的和吃的。夜晚，担心他的伤口出现新的问题，又陪他至深夜才去睡觉。

第三天，老陈再也按捺不住，便向老阿妈告别。临行前，老陈拿出五块银元给老阿妈，说是生活费用，老阿妈怎么也不肯收。推来推去，老阿妈生气了，示意解放军和藏族人是一家人，不能分彼此。就要离别了，老陈有多少话对老阿妈母讲啊！但语言不通，他无法表述。这个被老阿妈母子从死神里抢救出来的汉族人、共产党员，任凭泪水往下淌，紧紧与老阿妈母子拥抱，然后一个急转身大步离去！却止不住内心的感恩之情不断翻涌。

这次采访结束后，陈家琎连夜写出了这支支前队伍的报道，全篇洋溢着浓浓的汉藏情、军民团结情。他还写了一篇报告文学《阿妈，扎西德勒》。以纪念老阿妈母子那无私的大爱。

在随军进藏途中，陈家琎像这次采访支前队伍时那样独自行军和采访，也是常有的事。1951年深秋，陈家琎和其同事、新华社记者林田，随18军52师155团从昌都西进，行至位于唐古拉山南麓的比如宗后，部队要在这里打柴割草过冬，不能继续前行。陈家琎和林田就扛起背包，独自开始了从比如到拉萨的长途行军。他俩要经过的地方都是地广人稀的荒山野岭或茫茫草原，海拔都在4000米以上，气侯异常寒冷。大雪封山、河流冻结，是经常发生的事;这一带的有些地方，还不时发生一些有政治背景的匪徒劫杀我军掉队和单独行动人员的情况。同时，他俩又无联络工具。如果路上出现什么危险情况，如何应对和解危?

陈家琎和林田心里装着急待解放的西藏和西藏同胞，对这些艰险没有丝毫畏惧，他们战胜一个个艰难险阻，历时23天，于1952年元旦胜利抵达拉萨。

林田事后回首这段往事，在一篇文章中写道："每晚，我们靠了精明的小头人和热情的房东或牧帐主人的细心安排，才得以安全地休息；途中有多少次，在越过雪山、冰坡和深谷时，又是靠了回马人（马主派人跟马，到站后把马牵回）的叮嘱和照料，才使我们避免了冻死在雪峰和坠入间涧底之险。"

陈家琎和林田抵达拉萨后，很快写出了《英雄踏破千里雪》的通讯，热情赞扬了从昌都西进的进藏部队翻越沿途19座大雪山的英雄事迹和豪迈气概。

青藏高原被称为"中华水塔"、"亚洲水塔"。长江、黄河、澜沧江、怒江、雅鲁藏布江、印度河、恒河等我国和亚洲著名的大江大河，均发源于此。随军进藏翻越了青藏高原众多大山的陈家琎和记者林田，在1952年秋至1953年春，又坐牛皮船沿着涛涛的雅鲁藏布江，往返于江岸的村庄和牧场，了解当地的政治经济和群众的生活情况，了解别样的江河大自然情况。一路上，他们与当地群众同吃同住。在村民的小土屋里和牧民的帐篷里，他们听取农牧民诉说自己在封建农奴制度统治下所过的极其悲惨的非人生活和渴望解放的迫切心情；他们对船上水手观其行听其言，明白了雅鲁藏布江上世代水手工作的危险和生活的艰辛。当然，他们也饱享了雅鲁藏布江及其沿岸无比壮美的湖光景色。他们更热爱西藏了，也更强烈地意识到自己的使命和责任所在。

1950年人民解放军进军西藏时，毛主席就高瞻远瞩地提出："一边进藏一边修路。"修筑康藏、青藏公路是一个伟大的创举，对解放西藏、建设西藏和保卫国防都有极其伟大的意义。但地处青藏高原，气候、地形地质都很复杂，工程巨大而艰险。据有关部门提供的资料，修筑 2100 多公里的康藏公路，共牺牲 2000 多名筑路解放军战士、工人，平均每公里牺牲一人。

1953 年底，新华社组建了修筑康藏公路报道组，记者共四人，还配备了电台和报务员、译电员，由陈家琎任组长。

1954 年初，陈家琎率领记者组人员进入康藏公路建筑工地。此时，康藏公路修到了工程最为艰巨的波密地区。在这里，由解放军指战员、地方筑路公司工程技术人员和汉藏族民工组成的数万名的队伍，摆开了 200 多公里的筑路战场。每天这里能听到的似乎只有回旋于山谷中的隆隆开山炮声和奔腾河水的哗哗声，能看到的只是重重的盘山路基上闪动的铁锹十字镐的光亮和猎猎红旗。由于工程特别艰险，几乎每日每夜都有筑路人员伤亡的消息传出。

陈家琎提出了报道组工作的三条原则:一是主动依靠各级党委，即依靠康藏公路修建指挥部的各级党组织;二是拼命学习，即学习筑路队伍的先进事迹，学习公路修建的专业知识;三是拼命工作，即不怕苦不怕累不怕死，抓紧分分秒秒工作。

报道组记者的采访也是历尽艰险的。波密地区山高谷深，道路异常艰险，或莽莽从林，或流沙飞石，时常得爬独木通梯，稍有闪失，后果不堪设想，有些地方巨石如林，古木纵横，根本没有路，只好找当地藏族同胞领着摸索前行。更为严酷的是，这里地质不稳定，雨季又长，容易出现山洪冲袭、流沙坍泄、山崩石裂等情况，甚至暴发冰川泥石流，从而造成人员伤亡。在此进行大规模筑路施工时，尤其如此。有一次，陈家琎和记者宗子度、吕焕祥到一个筑路工地采访，在横渡一条不起眼的小河時，吕焕祥被激流打倒，眼看就要滚进浊浪滔滔的大河，幸亏他一把拉住马尾巴不放，别人急拉一把，才脱了险。

在这里进行采访艰难，写稿也不容易。白天大太阳晒着，帐篷像个蒸笼，闷得人头昏脑胀。夜里点燃蜡烛，蚊子和叫不出名的毒虫便嗡嗡飞来，轮番向你进攻。九月中旬的一天夜晚，陈家琎在帐篷里开夜车赶写通讯《光荣的事业》。帐篷外下着大雨，蚊虫仍不放过他。他被咬急了，便穿上高筒雨靴和雨衣，大面积得到保护，脸部就随它咬去。有一回，宗子度正在摇电机，一只钩嘴的毒虫钻进他的胳膊。他用力一扯，钩嘴留在肉里。他吃了好些苦头，才把那钩嘴从肉里挑出来。

五万多名战士和工人在波密奋战了180多天，牺牲上千人，终于战胜险山恶水把公路修出波密。陈家琎迅速写稿报道了这条重要新闻。他在报道中，怀着感动与崇敬的感情，激动地讲述了英雄的筑路大军历尽千辛万苦、付出巨大牺牲完成这一任务的感天动地的事迹。

1954年11月27日，公路翻过了最后要经过的一座大山——色季拉山，直下巴河桥头，成功地实现了与西路筑路大军从拉萨东进所修路段的连接，康藏公路全线贯通了。

报道组结束了工地采访，又投入了为通车典礼作准备的工作。他们日夜奋战，从各个角度，撰写出了一批修筑康藏公路的总结性的专题报道，如:《新中国的又一伟大工程——康藏公路修建经过》《战斗在康藏高原上的筑路工人》《修建康藏公路的英雄部队》等等，以向全国人民汇报。

随后，青藏公路也全线贯通。

康藏、青藏两条公路通车拉萨的盛典，定于12月25日举行。24日晚，两路报道组的记者们聚在陈家琎住的小土屋里，集体写作《新华社记者评述康藏、青藏公路全线通车的重大意义》稿，大家讨论讲述，陈家琎执笔。述评完稿，窗外已是晨光熹微。节日里的拉萨，人们早已起床，准备去参加通车庆典了。忙碌了一整个通宵的记者们也顾不上休息，赶到了会场。

这天，记者们集体写了一组稿件，陈家琎执笔写了《狂欢的古城拉萨》。

至此，陈家琎率领的修建康藏公路报道组的工作圆满结束。报组发稿达一百篇左右，全面、系统地反映了这一伟大而艰巨的修建工程的概貌，以及公路建成的伟大意义。在这将近一年的时间里，报道组没有节假日，工作日从来不计钟点，白天干不完的事夜里干，有时候干脆日夜连轴转，许许多多个夜晚，还秉烛到天明。临近全线通车时，陈家琎的痔疮发了，医生在帐篷里支起借来的一块案板，为他作了手术。他不能走、不能站、也不能坐、还不能仰卧，就趴在行军床上口述，由记者吕焕祥作记录，坚持写稿，报道组的同志深为感动并深受鼓舞。

悠悠西藏情，历久情更浓。陈家琎两次进藏，为西藏和西藏人民献出了人生最宝贵的青壮年华，他也享受到了西藏人民最真诚的关爱和情谊。1980 年，他又带着浓浓的西藏情进藏了。这是他人生的第三次进藏。此时，他已年过半百。

那是 1978 年，从五七干校回到新华社机关的陈家琎，应邀从新华社到中国社会科学院历史研究所主持编辑《西藏地震历史史料汇编》。他先后从四川、青海、甘肃、陕西、北京等地，组织近 200 名藏、汉族学者和工作人员，从 30 多万件藏文档案中挖掘出 800 余件地震史料，其中包括 1200 多年前唐贞观期间拉萨的地震记载。他们四易其稿，将这些史料整理编辑成近 100 万字的《西藏地震史料汇编》（两卷），系统地反映了公元 642 年（唐贞观 16 年）至 1955 年的近 1300 年里西藏和临近地区地震的宏观情况，把西藏地区的地震史，明确推远到 1200 多年前，具有重要的科学价值和实用价值。同时开创了我国大规模整理藏文史料、使藏文史料更好地服务于西藏社会和西藏人民的先例。这一成果，荣获了国家科委1983年科技进步奖。这以后，联合国教科文组织评价称:“在世界上，以中国的地震史料最丰富、最有价值，其中又以西藏的地震史料最详细、最有价值。”

丰硕的成果，使陈家琎深受鼓舞，也鞭策和激励着他。在一次与林田的谈话中，他说，这次编辑《西藏地震史料汇编》，他接触到了一个世界，这就是一千多年来的历史风云变幻中沉积下来的史料宝藏。他被这令人眩目的宝藏吸引了，迷住了。他深深感到，西藏历史文化悠久，史料宝藏非常丰富，开发和运用这些宝藏，是一项伟大的工程和事业，认真将这些史料收集起来，加以科学的整理、出版和利用，对西藏社会现在和长远的发展、加强各民族的团结和维护祖国的统一，都有极其重大的意义。更何况，叛逃到国外的达赖集团还在勾结外国的反动势力，肆意伪造和歪曲历史，鼓吹西藏独立，分裂中国。因此，我们不能有丝毫懈怠。还有一些手抄密籍、稿本和孤本、古籍善本等，如果现在不动手发掘、整理、出版，也许过些年就永远找不到了，抢救这些珍贵的文化遗产，也是我们的责任。陈家琎并说，他已经上了路，决心走到底，开弓没有回头箭!

为此，1980年，陈家琎又向组织上提出了调到西藏专业从事藏学研究工作的申请。

已是52岁的他，担心自己年高龄难以得到批准，走起了“后门”。一位他很熟悉的老领导听了他的请求，竟哈哈大笑地说:“为离开西藏调到内地工作走后门的人，我倒是见过一些，但从未见到过甚至也没有听说过为能到西藏工作走后门的人，你是头一个呀!你这个后门走通了，我包了!”进藏前，他到派出所转户口，好心的户籍员对他说:“您这么大岁数又去西藏，这户口就别转了吧。”陈家琎回答说:“我不是出差，是去那里长期工作，户口还是要转的。”户籍员被他的言行感动，办完手续后，又再三叮咛:“您这事儿，我放在心上，将来回京转户口，只管找我。”

陈家琎这次到西藏后，首先被安排参与筹建西藏社会科学院的工作，该院建成后，任该院顾问，后又兼任该院西藏学汉文文献编辑室主任，主持该编辑室的工作，直到2004年逝世。此次进藏前后共20余载。

这期间，他创办了全国第一座藏学专业图书馆。该馆内藏从1981年至1985年的短短几年里搜集的藏汉文图书10余万册。其中包括大量的藏文古籍和藏汉文的藏学著作，以及大批边疆史地丛书。还珍藏有《四库全书》、折子本《明南藏》、《四部丛刊》、《四部备要》、几种版本的二十四史。其突出的学科特色和图书质量，曾使各地来访学者大为惊讶。

1981年创办并主编了全国第一个藏学学术刊物《西藏研究》汉、藏文版。这个刊物在组织藏学队伍、促进学术交流、反对分裂、加强民族团结和认识藏情、促进西藏建设等诸多方面都发挥了积极作用。刊物行销国内外，受到藏学界和广大读者的欢迎。在上世纪80年代，美国国会图书馆就将其列入《中国最重要学术刊物四十种》之中。

在这期间，陈家琎带领着一个小小的工作班子，夜以继日、呕心沥血地工作，收集、整理、编辑出版始自汉代、终于民国的西藏历史文献达196种、464本、2000多万字、总印刷数50万册，其中包括《西藏学文献丛书》、《西藏学文献汇刻》、《西藏学文献别辑》、《西藏学参考丛书》等四部藏学重要文献。许多重要的善本、孤本、珍本、稿本，是第一次面世。出版的每本文献，陈家琎都从头至尾阅读过，对其中的有些文献，他还在写序跋文章中加以介绍、分析和评点。这要付出多少心血和劳动啊！

这些文献用史实告诉世界一个真实的西藏，其史料价值之高，世所公认，出版后行销全国和海外20多个国家和地区，深受中外学者欢迎。日本和法国的一些著名藏学家，都曾辗转托人购买这些文献。法国国家科学研究中心第299组(喜马拉雅地区环境、社会和文化研究组)负责人、著名藏学家布尔努瓦夫人在收到我国学者为其代购的部分文献后,如获至宝。她在1998年给为其代购的我国学者致信说:“这些文献不仅仅从科学观点上来看是重要的,而且版本印制也相当精美……《廓尔喀纪略》……没有任何一部存于西欧……至于《巴勒布纪略》,我从未见西欧人于任何地方引用过……这两套书就够一位史学家工作一生了。”

1994年春,丛书在台湾参展,使台湾学术界耳目一新。一些文化名流在该书的展台前久久流连,逐本翻阅,乐此不疲。尽管两岸有约在先,会后互赠展品,会上只展不销,但期间仍有数家科研单位和书商一再要求包购展出的全部丛书。

成功来之不易。期间,出书要钱,而资金短缺,是陈家琎经常最感头疼的事。这正如工作班子同事们所说,出书缺钱,比高原缺氧更让人难受。然而,他带领同事们想方设法挺过来了。人们忘不了这样一件事:陈家琎的一位老朋友,是中央一位高层领导同志的学术顾问。一次陈家琎病重卧床正在为出书没钱发愁的时候,他的这位朋友向领导同志汇报了陈家琎的情况。这位领导同志很快就派人代表他到病房对陈家琎表示慰问,并指示办公室特批15万元给编辑室,说这是办公室权限内仅能做到的,只供解燃眉之急。陈家琎在病床上留下了感动的热泪。

那时,这个编辑室出书,要承担组稿、整理资料、组织翻译、编辑、校对、联系印刷、征订,直至寄书送书等整个过程的全部工作,工作量极大。在这些年里,编辑室编辑出版和销售了那么多书,可想而知,其工作量多么巨大。然而,这个编辑室的人员,一般都只有三、四人,最多时也只有五人。因此,任务重、工作量大,而人手短缺,也一直是困扰陈家琎的一个问题。然而,陈家琎和他的同事,不仅硬扛了下来,还出色地完成了任务。他的办法是，一人身兼数职，带领大家加班加点，甚至白天夜晚连着干，有时还放弃了节假日。一位内行的人曾感慨地说，他们几个人完成的工作量，即使由三四十个人组成的出版社来承担，也不是一件轻松的事。

由于长期在缺氧的高原生活和超负荷的工作，加之生活无规律，陈家琎的健康每况愈下。1998 年，也就是他进入 70 岁高龄之时，终于病倒了。开始，他照常参与文献丛书的编辑出版工作。但日后病情又发展为双侧脑干梗塞，自此，他在病床上一躺就是四年多。在被转到重症监护室之前，他虽然卧床不能手写，但仍采取由自己口述别人记录的办法，顽强地坚持工作。2000 年，他已出现一定的语言障碍。但西藏社会科学院的领导来医院看望他时，他还借着其家属的帮助，兴奋而吃力地谈了他有关如何把西藏文献丛书出好出全的想法。他的心里依然澎湃着一种不可遏止的完成未竟事业的热情。

陈家琎为西藏人民献了青春献终身，与妻子和儿女却聚少离多。他一生陪伴妻子唯一一次外出休闲是到承德避暑山庄，那还是他去收集西藏史料附带的。他常深感内疚地说："我欠妻子和儿女的情太多了！"庆幸的是，曾任国家计划生育委员会副主任的妻子吴景春，也是 1951 年随 18 军独立支队从西北进藏的"老西藏"。他们的爱情和家庭亦是在解放和建设西藏中萌发与建立起来的。吴景春对西藏和西藏人民也有深厚的感情。因此，她很理解陈家琎的西藏情，对陈家琎献身西藏的决心和行动总是给予热情支持，并尽心抚养和教育好两个孩子，让陈家琎在西藏无后顾之忧，放心工作。2016 年 6 月，已是 84 岁的她，还来到西藏参加中国中西医结合协会妇产科专业委员会组织的"生殖健康中国行"的活动，向西藏人民普及医药卫生知识。在中国科技馆工作的女儿陈燕也传承了父母的西藏情怀，先后四次去西藏，拍摄了《走进藏医药》、《神奇的藏药浴》两部科普片。

林田在惊悉陈家琎去世后写了这样一幅挽联：

秉笔念苍生，农奴悲欢，高原风雪，妙手文章书生泪

刊书昭后生，寒窗更鼓，病榻春秋，铁肩道义西藏情

这是对陈家琎浓浓的西藏情怀的赞歌，也是对一名共产党员为西藏人民奋斗一生的事迹的凝炼与总结。

打开“老西藏”们英勇奋斗、流血牺牲的史诗般的历史画卷，人们无处不会感到中国共产党人以人民为中心的一种大爱，并为之深受感动与震撼，令人刻骨铭心。这种大爱是一种忘我的崇高，为了广大人民的利益，可以牺牲个人的一切，当人民利益需要的时候，原本属于自己的生命权、健康权，乃至情感权，都可以无条件地割舍。这也告诉我们，为了这种大爱去奋斗牺牲是值得的，而为了这种爱去奋斗牺牲的历史与岁月，是最值得留恋的，也最具有令人魂牵梦萦的永恒魅力。但愿我们的后生们能够理解这份情怀。

昂旺丁增和他的一家

“阿那(藏语意为黑胡子)叔叔!可想死我们了!”白玛玉珍没等我说话,就抱住了我,又继续说:“太好了,我们终于又见面了!”白玛玉珍的父亲、我在新华社西藏分社的老同事和老朋友昂旺丁增说:“是啊!算来我们已经分别24年了,今日重逢,真是我们全家人的大喜事啊!”在场的白玛玉珍的母亲扎西卓玛、妹妹白玛娜珍也都对我们的这次相聚表现得极为兴奋……

这是1995年1月的一天中午,在成都新华社四川分社招待所我的住房里,我与昂旺丁增一家见面的情景。那时我在新华社河南分社工作,这次是从郑州来成都出差。我到成都后给昂旺打电话告知了这一情况。当天他们全家就来住地看我了。与我一同来此出差的陈瞧哥看到我们见面的情景后,也深有感触地说,昂旺一家可真热情,看来他们全家对你都很有感情啊!

昂旺,高高的个子,鼻梁也略高,面容呈高原人特有的古铜色,显得健壮而潇洒,接照如今年轻人的说法,是个帅哥。他的妻子扎西卓玛,在女人堆中个儿算高、圆形脸、面色较白、双眼明亮而有神,可称美女。他俩于1962年结婚。婚后有乐同享、风雨同舟,家庭生活美满幸福,先后育有三个孩子。老大白玛玉珍,女,出生于1963年;老二白玛娜珍,女,出生于1966年;老三计美旺扎,男,出生于1970年。

只有亲临其境才能动之以情。长期生活在藏族人民中,我充分感受到了藏族广大人民群众的热情、善良和豁达。正如一位作家在她的一本著作中所描绘的：假如你学会一句简单的藏话，一经出口，就会获得周围陌生藏族人赞赏的目光；假如你对藏族文化略知皮毛，含笑的鼓励也会接踵而至；假如你漫游雪域，不畏艰难，浪漫又坚韧，对你的敬意与爱慕将充满温情；假如你喜欢喝酥油茶、喜欢沐浴阳光，喜欢把自己变得健康强壮，藏族同胞就会牵起你的手，带你走进自己的空间……善良、豁达被藏民族视为智慧，远远超越了美德的范畴。它是一种坦荡无畏的心理素质，是一种热情开放的气质。因此虽生活在严酷的自然环境中，在风雪弥漫的山头，在清简的佛家哲学体系中，藏族人总是能露出皓齿，微笑着迎接每一位远道而来的人。他们那眸子里闪动的阳光，那般明净和温暖，怎能不感动自己又感染别人呢？来西藏出差、旅游，总不会空手而归。藏民族展现给你的除了广阔的开发前景，还有关于心灵关于灵魂的馈赠。

这种善良、智慧、豁达极具感召力，在昂旺和他的家人身上有着集中的表现。

昂旺丁增是我一生中所见最善良豁达和最不计较个人得失的人之一，或谓最大公无私的人之一。他是原西康省理塘人，从小亲历了旧社会藏族劳动人民的苦难，有深厚的藏民族感情，1949 年，他结识了平措旺杰等藏族精英，与其频繁交往；同时开始学习马列著作，如列宁的《论民族自决权》。他领悟到藏民族觉醒和新生的时刻来到了，他对民族的未来充满了憧憬，毅然参加了平措旺杰组建的共产党的外围组织——“东藏民主青年同盟”，成为其中最小的一员，年仅十六岁。后随平措旺杰等参加人民解放军 18 军，随先遣部队徒步进入拉萨。期间，他担任军长张国华将军的藏语翻译和随行警卫员。他能吃苦又聪明伶俐，令将军对他甚是怜爱与欣赏，甚至把押送 18 军金条的任务，交给了那时还稚气未脱的他。当然他也出色地完成了任务。

昂旺的藏语和汉语都很流利，且词汇丰富，表达准确，藏汉语翻译水平在当时的西藏是当之无愧的佼佼者。西藏和平解放后，昂旺虽仍在部队工作，但因其具有多方面的优势，常被西藏党政领导点名借用陪同西藏高层参观团去内地参观访问。期间，他先后给毛主席、周总理、董必武、习仲勋等党和国家领导人当过藏语翻译，并得到赞扬。

1957年，昂旺前往北京中央民族学院就读，1959年毕业后调任新华社西藏分社当记者。时值西藏轰轰烈烈的民主改革开始之际，昂旺以最大的热情和忘我的工作精神，投入到了这场对西藏社会的发展进步具有划时代意义的伟大斗争中。他马不停蹄地深入农村、牧区和寺院的民主改革现场，进行采访报道。他参与了新华社报道西藏民主改革一些有重大影响的重点稿件的采写，如《索康凯松谿卡的调查报告》、《西藏历史前进的脚步声》、《四年和四百年》、《拉萨的春雷》，等等。其中，他与资深记者林田合作采写的《索康凯松谿卡的调查报告》，全面剖析了西藏封建农奴制庄园的政治、经济和文化特征，是当时西藏首篇最全面系统的有关西藏封建农奴制度庄园的调查报告。中共西藏山南分工委将其印发，作为全地区干部认识和了解西藏封建农奴制庄园的学习材料。50多年过去了，至今，这篇调查报告，仍不时出现在全国一些新编的史料中。与此同时，他还在林芝县德木村和强内村 ，与农民同吃同住同劳动，带领农民开展民主改革 ，历时长达一年。他至今还保存有这样一张照片：像一处从林旁，村里的藏族农民身体挺得笔直、神情肃穆地站在昂旺面前，昂旺双手捧着土地证书，郑重地将其颁发给他们。在那影像里，昂旺双目炯炯，清瘦的面孔显露着开心的笑容。

西藏民主改革后，大批藏族干部的职务迅速得到提拔，但昂旺的职务晋升问题却长期无人问津。然而，昂旺却从未对此表示过丝毫不满。遇到有人提及此事时，他总是说，这很正常。干部提拔，首先是要看工作是否需要，再就是要看干部的德才。我在新闻单位还是个新手啊！我想得通。1974年，昂旺终于被提拔担任新华社西藏分社副社长。

昂旺的豁达与大度，也表现在他身处各种大大小小的逆境之时。文化大革命期间的1969年，新华总社军管会将西藏分社两派群众组织的人员召集到北京办学习班。期间进入所谓斗私批修阶段时，有人从派性出发，竟然毫无根据地提出了一个涉及质疑他爱国立场的问题。当时大多数同志都认为，提出这个问题的人是在搞派性，昂旺可以不予理睬，同时也担心昂旺能否承受住这一压力。但昂旺倒是颇不以为然。有一天我对他说，那个问题可以不予回答，不要有什么压力。昂旺说，那显然也只是闹闹派性，胡说一通，别人也不会有什么其它目的。我没有也不会有压力，不过我还是要在一定的场合，实事求是地对那个问题作出回答。我深为他的大度所折服。他女儿白玛娜珍在自己写的一篇文章中说；"也许我无论到了什么年纪都不能与爸爸相比。因为爸爸谈起自己生平里苦痛的经历时，嘴角流露出的也不过是淡然的微笑。在许多知识分子、老一辈革命家惨遭不幸的年代里，他虽然被迫又握起了羊鞭，却找到了与牲畜周旋的乐趣，熬过了在五七干校的艰苦岁月。当他重又回到我们生活中的时候，年幼的弟弟望着爸爸古铜色的脸膛和一脸的胡须，惊恐地叫了声爷爷，而体质端姐姐牵着爸爸的衣襟一个劲儿地抽泣，妈妈更是扑上前去搂着爸爸的脖子，泪流满面。记得当时，我只是呆呆地望着眼前的一切，望着我亲爱的父亲，茫然不知所措。此时爸爸却突然对我作了个鬼脸。后来我和爸爸就开怀大笑了，笑得那么开心。这笑声便成了我永久的记忆。"

昂旺的善心和胸怀似宽广无际。他出国旅游，作为一名布尔什维克，曾出现在莱茵河畔的马克思故居，满怀敬仰，久久颔首。作为一个来自藏传佛教圣地的藏人，他又曾带着藏人的心愿，在佛祖的菩提树下，为所有善良的人们祈愿。

昂旺的妻子和三个儿女也个个热情、善良和豁达。这突出表现在他们对人对事都极具爱心。对人，不仅仅是对自己的亲人、朋友，而是对所有善良的人们；对事，不仅仅是对人类的事，还包括对大自然。他的妻子扎西卓玛，拉萨人，西藏和平解放时，刚满六岁，是在我们党办的学校成长起来的。我在西藏工作期间，她是西藏人民广播电台的藏语播音员。她心里涌动着爱，播出的声音清沏而极富感情，深受广大听众的喜爱。我那时只能听懂很少的藏语，但也不时打开收音机听听她的播音。应该说她是当年西藏的红人，前途似锦。可那是一个变化难测的年代，后来仅因为其母亲在一尼泊尔商人家当佣人，就被调离广播电台，到一个公路管理单位收取过往车辆费。开始，她甚为不解和深感委屈。但她没有气馁，仍然如同往日一样努力工作，在新的单位又连年被评为先进工作者。

几年后，扎西卓玛被调至西藏人民出版社担任少儿编辑部主任一职。她想，是应该给孩子们做点事了。至今，在我们这个星球上，尚未有一本反映西藏少年儿童生活的少儿出版物，实在太有愧于孩子们了。于是她满怀对孩子们的爱心，满腔热情地投入到新的工作中。很快，由她选题策划并任责任编辑的《看一看，记一记》，于 1992 年问世，实现了反映西藏少儿生活出版物为“零”的突破。扎西卓玛和她的同事们创造了历史。1993 年，在全国第二届当代少数民族文学评奖中获“园丁奖”。接着，由她选题并担任责任编辑的《看一看，读一读》、《尼曲桑布的故事》、《诚实的孩子人人爱》等反映西藏少儿生活的出版物又相继问世，有的还获少儿优秀读物等奖。这期间，扎西卓玛曾荣获西藏幼儿、少儿先进工作者称号，并获西藏十年文学成就奖，年年荣获出版社先进工作者称号。

昂旺丁增和扎西卓玛的大女儿叫白玉(我们都习惯把白玛玉珍叫作白玉)。我因为平日里不修边幅,经常许久不刮胡须,所以白玉在她刚学会说话不久,就给了我一个雅号“阿那叔叔”。我每每听到她这样的喊声,心里就倍感亲切和甜蜜,禁不住将她抱起来亲亲,或者是让她骑在我的脖子上,随我四处看看。

1976年,白玉14岁,初中毕业,下一步理所当然是读高中。

这时,新建长沙卫生学校招生。这是一所中等专业技术学校,招收初中毕业生,培养护士。白玉获知此情况,高兴得跳了起来。

她找到爸爸妈妈说,我要报考长沙卫校,毕业后当护士,给乡亲们治病。妈妈说,你还小,还是读高中吧,将来再读大学,大学毕业后再工作也不晚。白玉说,那要等到何年何月?西藏现在不是到处缺少医生护士,病人看病难吗?你们有没有同情心?爸爸说,那就尊重孩子的意见吧!

白玉从长沙卫校毕业后,分配到拉萨市人民医院工作。在这里,她数十年如一日地努力工作,既是技术高超的护士,又是病人的亲人。

她穿梭于病房,脚步是那么轻,笑容是那么亲切,话语又是那么温柔。她给病人送药打针,又不时给病人买饭洗衣,陪病人散步聊天。患者称她是“自家的‘门巴’(藏语中意为医生)”。

白玛娜珍,西藏作家协会副主席,倍受我国读者关注和喜爱的藏族青年女作家。她的成功,我以为首要和根本之点,也是源于她的善良、豁达。她真正懂得西藏,她的心里浸满了对西藏和西藏人民的爱。早些年,一首叫《走进西藏》的歌曾在我国广为传唱。歌中唱道:“走进西藏,也许能发现理想,也许能看见天堂”。你会发现怎样的理想,又将看到怎样的天堂?或许只有用心走进,你才会知道。可爱的白玛娜珍的成长与成功,就正如这歌中所唱。翻开白玛娜珍的作品,你会看到她的作品,包括诗歌、散文和小说,绝大多数都是描写她熟悉和最为热爱的西藏的大自然和西藏的人们。作品真实、生动、细腻而天然，从而极能引起读者的共鸣，为读者所喜爱。这正如有位作家在其文章中所说，白玛娜珍十分在乎她给予了感情的人和地方。具体来说，就是她的亲人，她的朋友，她的家乡。她爱他们、赞美他们，对他们坦露一切。她为他们苦痛和喜悦，也为他们冥思苦想。她的敏感机智和热情都是因为他们也为他们而产生。无论走到哪里，她都会想起家乡，想起她所爱的人。她的乡情如梦如幻，但又如此生动具体。我读着这样的散文，也会想起自己的家乡、自己的亲人、自己家乡小时候的伙伴、自己家乡的加饭酒。

白玛娜珍在一篇篇写人记事述怀的文字里，从不同侧面淋漓尽致地赞美了西藏和生养在这块土地上的藏族儿女。她在《光河里的女儿鱼——回忆我的外婆》一文中，这样追述了她外婆历经坎坷而无比美好的一生："前半生像一场爱情的传奇，后半生在孤独等待中，生命却并没有枯萎，而是那么灿烂，像一株朝向太阳的向日葵。""外婆干净、豁达、善良、乐善好施，众多的邻居、馋嘴的孩子、过路的陌生人，都是外婆热情接待的座上客。" "外婆身上从没有那种年老妇人的沧桑和悲苦， 一切喜怒哀乐像高原的天气，转瞬即逝，不留痕迹。""她 80 多岁时，依然爱美，弥留之际说的是'瞧，我的脸色太难看了，我想要涂点口红和胭脂。'"这是白玛娜珍用心灵的文字镌刻的外婆形象，这也是西藏的土地、西藏的文化滋养的"西藏女儿"。这样"阳光明媚"的形象，在白玛娜珍的笔下屡屡出现。这样的作品怎能不感动读者而又为读者所喜爱呢?

白玛娜珍在谈到她对西藏和西藏人民的爱心时说，在我的心中，美好而宽阔的地方就是家乡，微笑的人们就是亲人。藏族人对血亲关系、血缘关系并不执着，所以对自家的祖宗、家族姓氏也不过于重视。一个目不识丁的藏族人，在日常的祈祷中，都在力求消除唯我，所有的祝福和祈祷是为一切生命的，所有的幸福与喜悦也希望能和一切生命分享。在优雅、幽默并具有恭敬心的言行中，您可以感受到特有的民族文化带给每个藏族人的自我意识。我也一样。我的孩子，是西藏的每个孩子；我感念着今生的父母，也时刻不忘累世中的一切父母——我散文中赞美的家和亲人，强调的不是血亲，不是家庭伦理之爱，而是爱本身，希望从最小的单位家庭作为一个展示的窗口，再现藏地人们爱的细节和爱的情景。

对西藏的山，西藏的水，西藏的大自然，白玛娜珍深有体会地说，我的家园感来自于与自然的亲近，记得当记者的时候下乡采访，每当路过一个个在大自然的怀抱中，被阳光笼罩的安详的村庄，我内心就感到分外感动和向往。在村庄里，有一种慈悲、和谐与亲善，如村前的河流缓缓地永恒地流淌着。村里的山沟里，有个牧人也许是一位有智障的人，但村民们信任他，把多家放牛的工作交给他来完成，他也许口眼乱眨，口吃不伶俐，但他流着鼻涕赶着牛群，一天到晚在阳光中、山坡上乐呵呵地咿咿呀呀唱着歌，非常满足。他的智障并没有令他感到不幸和失去尊严，这就是西藏的乡村特有的文明的给予——后来，我带着儿子终于如愿以偿在乡里住了十三年，尝到了溪水的滋味，有时间在冬季仔细看水面上结的冰，冰层里奇异的世界以及草丛和树林里生机四伏的昆虫、黑夜里山野中繁华的生命——还有就是人们，邻里乡亲屋顶袅袅的炊烟、青稞地里飘着酒香的劳动的歌。

但白玛娜珍并不拒绝西藏以外的世界。当大多数孩子还依偎在父母身边撒娇的时候，白玛娜珍 11 岁就离开了家，由西藏军区文工团选送到北京解放军艺术学院学习。她在这个与西藏文化差异甚大、语言不同、令她感到十分陌生的地方，顽强地学习了三年舞蹈表演艺术后，又到中国新闻学院学习了两年新闻学，毕业后回到西藏工作，并经常来往于藏汉两地 。她还广览中外名著。她在回答有人向她提出的这种经历对她的文学创作影响如何时，她说，藏族传统文化养育了一个具有和谐心灵的善良、幽默、智慧的民族，这个民族在人类生命的最高地，创造出独特的人类文明，然而，当我离开我的族人，在其它地域不断地穿梭往返，就感到被众多的文化冲突包围。当我一次次陷入不同的社会人群，不同的价值取向，不同的生活追求，不同的生命境界，令我倍感孤独。从这个视角，我仿佛感受到我的族人，在历史的变迁中心灵的裂变和丧失尊严的痛苦——所以，我的写作一直在这样的路上辗转倾诉。也许以后，我还会在这条路上深入，但我明白，藏族文学应该从这样的处境和窄缝中，去往世界文学那充满人性光明的丛林。

我相信，善良、聪慧、豁达的白玛娜珍，定会有更大的成功。

昂旺的儿子计美旺扎，对雪域高原也情有独钟。高考时，为便于大学毕业后留在西藏工作，他选择了西藏大学。现在是西藏人民出版社总编辑助理兼汉文编辑部主任。他多年被出版社评为优秀工作人员和先进工作者；2012年，又被国家新闻出版广电总局评为“全国出版界21世纪领军人才”和“全国优秀编辑”。

雪域——连绵的雪峰波动在云海之中。昂旺具有的康巴人爽朗的个性，以及我们思想感情的相通，使我们相处十分融洽。我们常在一起喝酒、喝酥油茶聊天，天南海北，无所不谈，我们的喜怒哀乐也随之飘至无际的天空。我特别难以忘记的是，我在遭受不顺心的事情倍受折磨时，总是不由自主地走到他家。每次刚跨进他的家门，他和他爱人以及孩子们满脸的笑容、亲切的问候，顿时就使我不解的心事开始消融，忧郁的脸上也禁不住露出了笑容。我刚落座，那香喷喷的酥油茶又端到了我面前。一阵开怀交谈后，我从他家告别走出来时，心里不觉轻松了许多。如今，昂旺已年逾八旬，我也很快将进入八旬，我们还能重逢吗？我多么盼望，能够再次有这么一天，我们又坐在一起，思绪飘至那雪城高原神奇而美丽的高山、草地、江河湖泊和蓝天白云，深情地追寻我们满怀爱意，在那里度过的艰苦、快乐又令人自豪的岁月。那是我们人生的辉煌与慰藉。我期待着，天堂更加美丽，理想终成现实。

一位蒙古族藏学学者的西藏情

1964 年,刚从中央民族学院毕业分配到西藏日报社任记者的王璐,在西藏山南地区札囊县一个村里调查采访。一天,王璐和同村的姐妹们正亲热地挤在一块儿拉家常的时候,西藏日报社的一位老记者突然来到她面前,将她叫到一边,劈头盖脸地对她喊道:"你不知道身边那个妇女是个麻疯病人吗?你和她还靠得那么近!"王璐听到"麻风病"三个字,脑袋嗡地一声响起来。她连忙往旁边一看,之前坐在自己身旁的那位藏族妇女,确实是村里大家都知道的眉毛掉光、鼻子红肿、说话声音也怪怪的疑似麻疯病人。她对这位老记者说,她确实可能是麻疯病人。我了解过这位妇女的情况。她出身很苦,过去是一个身无分文的农奴。如今,好不容易过上了好日子,可又被怀疑患上了可怕的麻风病。现在她孤身一人,过着孤独苦闷的生活。平日里,村里的人都不忍心冷落她。我想,我们这些被她看成是救她出苦海的共产党派来的亲人,就更加不能伤她的心了。这位老记者听后禁不住对她说,你真是为藏族人民勇于牺牲的大好人。王璐说:"你若是处在我此时的情况,也会这样做,因为某种爱。"在后来的日子里,王璐和乡亲们也一如既往地与这位麻风病人友爱相处。直到后来人民政府专门为麻风病人建起疗养院将她收容到那里,她才与其分开。

好在至今几十年过去了,王璐依然健康生活着。

王璐,1940 年出生,蒙古族人,祖籍内蒙古自治区伊克昭盟,解放前家境赤贫。1959 年，她高中毕业，时值西藏正在进行伟大的民主改革，延续千百年的封建农奴制度被推翻，百万翻身农牧民正以空前的热情建设新的生活。贫苦出身的王璐深知这一历史巨变的伟大意义，她为此欢欣鼓舞。于是，这个在新中国红旗下成长起来的热血青年，满怀报效祖国的激情和远大的抱负，报考了中央民族学院，学习藏语文专业。从此，她与西藏和藏民族结下了不解之缘。她为西藏和藏民族付出了大爱，也收获了大爱，更收获了丰富多彩的人生。

常言说得好：只有经过漫漫黑夜的人，才最能体会到阳光的温暖；也只有经历了太多苦难的人，才最懂得爱的珍贵。正因为如此，我们的藏族同胞，也是最富有爱心的同胞。

王璐在西藏工作的十年里，由于经常下乡住在藏族群众家里，她便有了许多藏族群众房东。王璐深有体会地说："这些房东，特别是房东老阿妈对我深厚的关爱，是令我刻骨铭心的，也深深地教育和激励着我前行。"

1962 年，她从中央民族学院来到西藏达孜县纳木区实习。她决心吃住在最贫穷的翻身农奴家里，不怕苦不怕脏，真正体味贫苦的农奴生活。她好不容易选中了一家"四同（同吃同住同劳动同商量）"户——该乡贫苦农奴帕卓阿妈家。但是当她在村干部的带领下，兴冲冲地搬进这家农户时，刚进门便遭到这家人的坚决拒绝。王璐只见一位衣衫褴褛的老阿妈横站在过道里，说什么也不让她把行李搬进去。老阿妈这一反常的举动，着实把王璐弄懵了。她站在那里好半天回不过神来，一时没弄明白老阿妈为何会有如此举动。

后来王璐才恍然大悟，这并非帕卓阿妈无情，而是因这户人家实在太穷，连一块可以让她栖身的睡觉之地都很难找到。

进入院门，是一间狭小简陋的草屋，里面圈着鸡、猪等家中所有的畜禽，算是牲口棚吧！穿过牲口棚往里走，便是一个巴掌大的天井，天井两侧各有一个三面有墙、一面敞着朝天井、约六平方米左右的长方形廊；再往里走，是一间没有窗户、伸手不见五指的黑屋子。待了许久，待到眼睛适应了那暗得不能再暗的光线之后，方才看清那是一间被炊烟熏得梁柱和四壁几乎都在往下滴黑油的破旧灶房。

王璐好奇地问阿妈："你们一家人住在哪里？"阿妈用手指了指灶房门外一旁的廊。王璐看着那无床无被、空空荡荡、倍觉寒冷的廊，顿觉一种极其酸楚的感觉向心头袭来。她想，是啊！民主改革虽然使西藏广大农奴翻身做了主人，但要摆脱世世代代的贫困，还得有个过程啊，这还是要看我们干部的工作。

王璐更坚定了住在这家的决心。她指着天井另一侧的那个小廊，对阿妈说，"你们能住，我也能住，我就住在这里了！"

阿妈见王璐丝毫不嫌弃她家的窘迫，十分感动。她立马指挥家人把民主改革时分到的一块一直没舍得用的唯一的厚垫子搬到天井一侧的廊里，给王璐当床。王璐铺上了自带的被子，放上自带的书，甚觉温馨。

第一天晚上，王璐睡在一边敞着通天井的廊里，那近在咫尺的低垂的夜空，似乎伸手可触的月亮和星星，以及从天井不时吹来的阵风，使她久久无法入睡。凌晨，她终于睡着了。但不久，她又迷迷糊糊地听到床边不断响起哼哧哼哧的声音，并伴有一股热乎乎的粗气。她一轱辘爬起来睁眼一看，发现竟是一头猪。王璐定定神，抚摸着猪说，谢谢你给我叫早，看来我今后早上不用上闹钟了！大家早上在一起吃饭谈起此事时，阿妈说，猪是从牲口草棚里跑出来的。它饿了，找人要东西吃。以后睡觉前我一定注意关好牲口草棚。王璐急忙说："不，阿妈，这小事由我来做就行啦！"

房东家的孩子不少，可老阿妈对王璐却有一份特殊的关爱，让这个早年丧父、后来又离开母亲的蒙族女孩，在遥远的西藏又深深感受到了母爱。

这是阿妈夜晚为她回家等着开门的故事：

当时，为不影响生产，村里经常利用晚上时间开会，王璐因参加会议，常常回家很晚。王璐回忆说，在那又黑又冷的夜晚，走在陌生的乡间小道，她特别害怕，恨不得能一步跨进家门。所以她总是一路小跑地往家里奔。可越是这样，村里的狗就叫得越凶，吓得她每次都是离家老远就大声地喊“阿妈”。每次她脚到门边，那门就会不敲自开，绝不会让她在门外多滞留片刻。原来阿妈知道她害怕而早早地就守在门口等着为她开门的。那扇门一打开，阿妈就会把她拉到自己的怀里，嘴里不停地抚慰说：“不要怕，不要怕！”然后又从自己身上穿着的藏袍里掏出些带着其体温的、在这个穷家里十分稀罕的藏面饼、奶渣、青稞粒、炒豌豆等，塞到她的手里和衣服口袋里。王璐说，每当她在阿妈的催促下，把这些东西塞进嘴里时，强忍的泪水总是顺着她的嗓子眼儿，伴着那些东西咽到肚里，心中感到有一种说不出的幸福。

一次王璐患了重感冒，躺在床上动弹不得。这急坏了房东一家人，全都围在她的床边。但他们却怎么也不让王璐再睡下去，非让她起来不可。见她不动，全家人就不停地说“咕叽！咕叽！(藏语，意为求求你)”。王璐无奈，只得勉强披衣起床。这时，人家又非要她到房顶的平台上去晒太阳。她连动都动不了，哪儿还有力气爬梯子呢？于是，全家人都上阵，拉的拉，拽的拽，总算把她弄到了房顶平台上。王璐躺在一垛柔软干燥的青稞麦秸上。沐浴着高原特有的明媚阳光，慢慢睡着了。一觉醒来，她顿觉身子像卸下了千斤铁甲，轻松了许多。她为房东一家的良苦用心而深深感动。

王璐全身心融入在这个温馨的家里，忘记了有朝一日终会离开。一天，她所在单位来车来人要接她回去，车就等在门口，马上得走。这情况使她和房东一家人都愣怔了好一会儿。稍候他们才如梦初醒，里里外外忙碌了起来。王璐手忙脚乱地收拾行李，阿妈也急急忙忙地把家里好不容易攒下来舍不得吃的土鸡蛋，全部都扔进锅里煮了。待王璐搭乘的汽车即将开动的时候，老阿妈才上气不接下气地匆匆赶来。她把那些滚烫的、还未来得及擦干的土鸡蛋，全倒进了王璐的提包里。他们没有来得及多说一句告别的话，汽车就急驶而去。

汽车走远了，王璐看见哈卓阿妈依然站在村口向她张望，并不时抹着眼泪。王璐也再无法控制自己的心绪，任由泪水流了一路……

王璐调到北京工作一年多后，收到了哈卓阿妈家寄来的一封“家书”。那是由这个家唯一的知识分子——一个读小学的男孩受全家人之托而写的。信中告诉王璐，她走后不久，家里就动手盖新房了，现在新房已落成。全家人商量着要在新房最明亮的正屋中央，恭恭敬敬地贴上一张毛主席像，因为幸福全是托毛主席、共产党的福。阿妈要她从北京这个毛主席居住的地方，给家里买一张最好的毛主席像寄去。往事历历在目。王璐立即上街奔往新华出店，选购了一张彩色的毛主席像，当天就寄往她那遥远的第二故乡的家中。

王璐还有第二个藏族阿妈、第三个藏族阿妈。

“唐古”，是藏族人用皮子做的一种装糌粑的小口袋，出远门时，他们便会带上它，装上拨好的糌粑，什么时候饿了，拿出来就可以吃，很方便。王璐在西藏日报社驻山南地区记者站工作时，一天，一位来山南地委开会的藏族老乡，拿着“唐古”糌粑到处找王璐，说是她乡下的藏族阿妈捎给她的。打开“唐古”的口，那扑鼻的香气便招来一大群围观的人，大家七嘴八舌问个不停。有的说，王璐不是从北京来的吗，怎么会有个藏族阿妈呀？有的把脖子伸得老长，围着“唐古”，一边往里看，一边啧啧地称赞说，你们快瞧哟，她阿妈还很疼她的，这糌粑里的内容可真多！什么青油、白糖、奶渣，简直就跟点心似的。

王璐的这位藏族阿妈，是山南地区琼结县前仁松乡幼儿园的园长。王璐在琼结县采访时，常住在她家。每次王璐一到她家里，就和阿妈的家人一起干活，并且同他们一起谈天说地，深得老阿妈喜爱。王璐则喜欢老阿妈开朗、热情，充满爱心的性情。夏季的每天中午，阿妈总爱用一根细软的柳条赶着一群刚刚蹒跚学步、光着屁股的可爱孩子，在绿树掩映的小溪中，沐浴着和煦的阳光洗澡，让人感到犹如置身仙境。老人忙着照看这个孩子，又忙着照看那个孩子，累得一身都是汗，但脸上依然满是笑容。王璐深为这位阿妈博大的母爱情怀所感动。

王璐的西藏情结也深深地影响了她的后代。她家的西藏情结已延续到了第二代、第三代。

“老西藏”，是人们对上世纪五六十年代从内地进藏的人民解放军指战员和地方工作人员的称呼。这些人对西藏有一种特殊的爱，那是一种“惊天地，泣鬼神”的大爱。王璐的大女儿杨阳在四岁的时候，就因种种原因被妈妈和当时也在西藏工作的爸爸带进了西藏，周围的叔叔阿姨戏称她为“小老西藏”。

几十年前的西藏，同现在大不一样。不仅物质生活极为艰苦，气候也似乎比现在更为严酷。所以，内地进藏女干部怀孕后，大多是回内地生孩子，孩子生下后通常留在内地抚养。因此在当时的西藏机关单位里，内地干部的小孩很少。王璐的女儿到西藏后，使受到了人们更多的关爱，但也经受了考验。

首先是强烈的高原反应。刚下飞机，杨阳就吐了。经过一阵折腾到家之后，她已筋疲力尽。然而躺在床上的她，对围在她周围的叔叔阿姨和医生说的一句话，却使大家都笑了起来。她说：“我会死吗？”真是让人又爱又怜。

文化大革命中，王璐和她当时所在的西藏日报社很多同志被驱逐至远离拉萨的设在深山老林的林芝五七干校，王璐只好把杨阳也带到这里。从物质到精神的匮乏，人们在此每天都过得异常艰难。杨阳也经受了更为严峻的考验。一次，因为长时间没有像样的伙食，校里的一个好心人用猪肉罐头炖野蘑菇专门犒劳老弱病幼，不料食者纷纷蘑菇中毒，杨阳由于年幼，反应更为强烈，经紧急抢救才脱离生命危险。但这孩子天性、乐观。学校领导去看望大家，问她以后还敢不敢吃蘑菇时，刚开始她还一边摇着头，一边十分坚定地说：“不吃了！”但话音未落，马上又补充说：“不过，如果有大肉罐头炖好蘑菇，还是要吃的！”人们禁不住大笑，可眼角却噙满泪水。

岁月荏苒。又过了20多年，王璐的二女儿杨光也长大成人要结婚了。王璐夫妇没有想到的是，小俩口又选择西藏作为他们度新婚蜜月之地，并邀请王璐与他们同行。女儿深情地对亲人们说，我的父母在西藏恋爱、结婚、生子，为建设新西藏不倦奋斗，西藏是他们心爱的第二故乡；西藏也是孕育我生命的地方，那里留下了我童年所有的回忆与印迹，那里的一切，对我更为亲切和有意义。在西藏度过新婚蜜月，我会更加深刻地体会到生命和婚姻的意义，也会收获更多的爱。

王璐常对人说：“我这个家与西藏有缘。”是的，他们家所有成员的言谈举止，都透露出一种“西藏情结”。王璐告诉我，她的外孙女刚刚呀呀学语的时候，就学会了一句话：“姥姥去西藏。”后来在电视上看到西藏的画面，看到人们跳西藏的长袖舞，又总是反反复复地嘟囔着这句话。这么大点儿，就会唸叨西藏。这是遗传，或是耳濡目染？

王璐这位名叫王天爱的外孙女上学后，竟然与姥姥王璐有这样一个约定：只要藏族聚居区有了大的灾害，他们祖孙二人就要去邮局给灾区所在的学校写信和寄去救灾钱物，表示慰问。前不久，西藏樟木口岸发生地震，她们俩及时给樟木小学寄去了钱，并设法同该校的校长拉巴取得了联系，不时打电话了解该校的情况，叙述想念与安慰之情。天爱从电视上看到西藏吉隆县地震后，该县的幼儿园空空荡荡，什么玩具也没有了，她便将自己心爱的玩具装了一大包，委托姥姥给这个幼儿园寄去。青海省玉树藏族自治州发生大地震后，祖孙俩在第一时间通过互联网寻找到了玉树第三小学的电话，立即与该校校长尼玛通了电话，向全校师生表示慰问，并寄去救灾钱物。在他们的带动和影响下，天爱所在的北京市海淀区中关村三小的其他同学也纷纷为玉树三小捐钱捐物。后来尼玛校长来北京时，还专程到该校表示感谢。两个学校进而成为友好学校，不时互访交流。

1972年，一直与王璐在西藏同甘共苦的爱人杨渭滨，因病无法继续留在西藏，被调往北京工作，王璐也随调至北京。时值文化大革命期间，中央民族学院正停课闹"革命"，王璐被安排到北京一所中学教书，一晃就是七年。这期间，王璐的心也从不曾离开过雪域高原，也不曾停止过为西藏和藏民族办事。她在认真做好本职工作的同时，将汉文版的《毛泽东选集》第五卷和科普著作《十万个为什么》翻译成了藏文。同时，她又在藏语文研究上进一步下功夫。令人难以想象的是，她竟然将西藏大学者格西曲扎编著的藏汉大词典从头至尾一字不落地抄写了一遍，并装订成册。她说："这样，这部词典的内容，我就记得特别牢。"

1979年，王璐终于归队，被调至中央民族学院从事藏学研究。从此，她的足迹又遍及内地各省市的藏区。她在继续对西藏进行考察和研究的同时，对藏文化在藏区之外的祖国内地的传播和影响，进行了广泛的考察。在年过半百之际，她还不辞辛劳，前往世界佛教圣地印度和尼泊尔，用近一年的时间，对那里的藏文化影响，进行了细致的实地考察和研究。

王璐用她充满激情的笔端，写出了大量藏学著作。这些作品充满了她对西藏和藏民族的爱,体现了她绵延数十载的西藏和藏民族情怀。翻阅她的这些作品，如同看一本西藏和藏民族的古今导读。我们随着她的描述，走过那千百年的岁月,饱览青藏高原的壮丽山川,领略藏民族的淳朴风情，感受藏民族博大精深的文化,深悟藏汉民族以及各兄弟民族之间不可分割的血肉渊源。

《雪域痴情》,这是王璐用真情描述西藏的一个文集。王璐在这一文集的“前言”中说:“如今,无论是去过青藏高原几天的人,还是在那里生活了几十年的人,都在用不同的笔法讲述着青藏高原的美丽,我也一直执著地写着它。这绝非凑热闹、赶时髦,而是因为我对那里实在有很多话要说,不吐不快。再说,我笔下的雪域高原,是仅仅属于我一个人的真实情结,有其与众不同的特点。所以,我写了这本书,并命名为《雪域痴情》。”

王璐写有这样一组文章:《藏族,一个爱花的民族》、《藏族,一个美德与礼貌并存的民族》、《藏族,一个能歌善舞的民族》、《特别爱笑的藏族同胞》、《注重情谊的藏族同胞》。这些文章以火一样的激情讴歌了藏族人民纯朴、善良、乐观、热情、豪爽、追求美与热爱生活的品格和风情,在出版社将其纳入王璐的《雪域痴情》文集刊出后,又被《人民日报》海外版连载,并深受海外读者的喜爱。有的读者说,这些文章使他们认识了一个美丽的民族,他们更加热爱西藏和可爱的西藏人民了!

王璐的《走出雪域——藏传佛教圣迹录》文集,是她走出西藏,从一个独特的角度,展示藏文化的传播和影响的作品。这部文集分上下篇,上篇是祖国内地的藏传佛教文化名胜录,下篇是尼泊尔、印度的藏传佛教文化名胜古迹考录。

文集图文并茂。它以图片和类似于讲故事的叙述方式,展示当地所存有的藏文化文物与名胜古迹、藏文化在当地的传播情况和所产生的影响。有画面，有人物，有故事情节，有新颖理念，生动而深刻。作为历史见证，它充分表达了藏文化的博大精深，深刻地阐明了藏文化是伟大的中华文化的重要组成部分，西藏与祖国、藏族与汉族和祖国各兄弟民族不可分离的关系，以及国家有界，文化无边……等等。

人们说，王璐的这一藏学研究的新途径、新角度和所取得的成果，开辟了藏学研究的新领域，是一个创举。

王璐历尽艰辛进行考察，并废寝忘食写出这本书，乃强烈的“责任感”在驱使。她对我说：“由于工作关系，我一生走遍大江南北、长城内外，以及异国他乡。我惊奇地发现，在我们伟大的祖国，除西藏地区以外的内地的许多地方，至今依然保存着大量精美的藏族文物古迹；在邻国尼泊尔、印度等信奉佛教的国家和地区，也处处可见可闻神奇的藏传佛教和藏族文化的影响。可以毫不夸张地说，别看藏族同胞居住在遥远的世界屋脊青藏高原，可在全国的各少数民族中，再也没有哪一个民族，能像它那样，在全国各地以及世界一些国家，流布有如此众多的文物古迹。作为一个藏学工作者，我越发强烈地感到，自己有责任也完全应该把所见所闻和所感的这一切告诉人家。否则，我会不安和痛苦。”

祁礼法和他的女儿祁爱群

因突发脑溢血而去世的原中共班戈县委常委、县委组织部部长祁爱群，出身在江苏靖江。他的父亲祁礼法于1960年进藏工作，在18年后的1977年，祁礼法把远在江苏靖江的妻子和儿女接到西藏。从此，祁爱群开始了在西藏的生活、学习、工作，用“老西藏精神”谱写了自己短暂而光辉的一生。1980年，中学刚毕业的她参加了高考，以她的考试成绩，本可选择内地一所大学就读，毕业后分配在内地工作。但她却把自己的志愿定在了西藏农牧学院。她对父亲说：“爸，我像你年轻时一样，现在已经爱上了西藏这块神奇的土地，我更愿意在这里放飞我的青春。考虑到西藏最有特色的是那辽阔的草原，牧业生产大有发展前途。因此，我要上西藏农牧学院。”父亲支持了女儿的决定，祁爱群如愿以偿。

西藏农牧学院位于被称为“西藏江南”的林芝。这里海拔不到3000米，气候宜人。1984年7月，祁爱群从西藏农牧学院毕业了。由于她在学校表现优秀，校里有意留她在母校任教。但祁爱群说，我是学畜牧专业的，当然应该到草原上去实现理想，而那曲地区是西藏最大的牧区，那里有辽阔无垠的藏北草原，我的岗位应该在那里，为那里的牧民做点事，为那里牧业生产的发展做份贡献。一个平日十分关心她的老师告诉她，那曲地区平均海拔在4500米以上，空气中的含氧量太低，睡觉能把人憋醒，水质也不好，喝了胀肚子，每年九月便开始下雪，一直下到第二年五月。祁爱群听后笑笑说：“越是艰苦的地方，不是越能磨砺意志，增长才干吗？”她父亲问她的想法时，她也说：“爸，那曲肯定是苦，但那曲也是祖国的一块宝地，再苦也得有人去建设啊！我是共产党员，共产党员不吃苦，谁来吃苦？”父亲听后既欣慰又心疼。他望着女儿那严肃的表情，心想，这孩子已有了吃大苦的准备，看来她能扛得住。父亲又一次支持了女儿的选择。于是，祁爱群来到了那曲，这个全地区平均海拔高达4500米的地方工作。她在这里同样表现优秀，足迹遍布藏北草原，后被提拔为担任那曲地区畜牧局政工科科长。但她也患上了高血压、高原性心脏病和肾病。几种病经常发作，使她长期离不开打针吃药。

2001年底，那曲地委考虑调祁爱群到藏北草原腹地、全县平均海拔高达4700多米的班戈县工作，任县委常委、县委组织部部长。自己身患各种疾病，如调班戈，又要与在那曲工作的丈夫分开，祁爱群开始有些犹豫。但地委做出决定后，她又爽快地答应了。消息传开，祁爱群的一个朋友对她说，你患的那些病早就不适合再在高海拔的那曲地区工作了，如今你还要到那曲地区海拔最高的县去工作，这不是去送死吗？赶快同地委领导解释清楚，说明你不能去班戈。祁爱群的丈夫袁勇更是为此焦急万分。他对妻子说：“你不要命了？班戈是你一个病人能去的地方吗？”说完就要去找组织。祁爱群拉住丈夫说：“这是组织的安排，我们不能讲条件，再说进藏干部里有几个身上没落下高原病的？如果大家都不愿往艰苦的地方去，那这些地方的工作谁去干呢？！”

1965年，我曾在班戈县采访一个多月，跨马扬鞭走过这里的许多草场和部落，领略了这里气候的严酷。正是由于这里海拔太高，极度严寒缺氧，生活和工作条件极为艰苦，导致这里的干部调出容易调进难，全县干部编制长期不满员，严重影响各项工作的开展。当时，我曾就此写过一篇内参，供中央参考。祁爱群来到这里不久就深刻认识到这一点，觉得稳定干部队伍，调整和充实各单位各部门的领导班子是班戈县发展的头等大事，也是班戈县委、县政府领导班子首先要抓的事，更是县委组织部门首先要做的最重要的工作。对工作有着高度责任感的她，立即马不停蹄地深入各单位各部门，把组织的关怀和耐心细致的思想政治工作送到每一名干部的心里，并对全县干部队伍的现状进行全面的调查摸底。四月，班戈依旧大雪纷飞，草原白茫茫一片，根本分不清哪里是路。祁爱群和她组织部的同事颠簸四个多小时，行程100多公里，来到了青龙乡。一下车，她就逐个找乡干部谈心。副乡长强巴是从地区粮食局调来的干部，远离妻子、儿女，来到这里后情绪一直不稳定，工作沉不下心。祁爱群就耐心做工作说："年轻时到基层锻炼，是组织想让你尽快成长起来，这样的机会你可要珍惜呀！这里的条件是苦了点，回去后我给你捎点羊肉、牛肉过来。家里有什么事，你就直接给我打电话，我会想办法帮你解决的。"强巴听了，既惭愧又感动，此后像换了个人，工作积极主动多了。乡里条件有限，没有什么吃的，为了不给乡里添麻烦，祁爱群和同事们每天的主食都是自己带来的方便面，晚上就和同事们一起睡在乡会议室的沙发上。每天早上醒来，他们的头上都结了一层白霜。祁爱群的嘴唇也越来越紫，脸色越来越苍白。乡里的同志对她说，部长，乡里条件差，你本来身体就不好，在这里又吃不好睡不好，明天我们陪你到县城再向你汇报吧！祁爱群哈哈一笑："你们一年四季都在这，我才住几天？"就这样一连五天，祁爱群每天加班加点，完成了青龙乡的干部考察工作，人也瘦了五斤多。她回到县城时，县委领导关切地要她注意身体，她却淡淡一笑："完成了任务，还减了肥，一举两得，值！"

祁爱群从来到班戈县直到在这里去世的三年时间里，走遍了班戈的所有乡镇，行程上万公里，记了三十多本调查、考察干部队伍的笔记。在此期间，班戈县先后有45名藏汉族干部走上科级领导岗位，成为班戈县事业发展的中坚力量。

在人们的心目中，组织部长应该是整天同干部打交道的人。可在班戈草原牧民的心中，祁爱群却是时刻把牧民的快乐与痛苦放在自己心中的组织部长。牧民白玛拉姆是班戈县普保镇的贫困户，丈夫去世得早，留下她和两个未成年的孩子，全家一年到头靠吃政府的救济粮度日，生活很艰难。一天，祁爱群来了。她把白玛拉姆确定为自己的扶贫联系对象，常来白玛拉姆的帐篷，并且每次来都要带些酥油、糌粑、大米和白面给白玛拉姆。为了白玛拉姆家能彻底脱贫，2003 年 5 月，祁爱群联系县里的其他单位，为白玛拉姆家买了 70 多只羊，并教白玛拉姆学会短期育肥和反季节销售的办法。2003 年底，白玛拉姆有生以来第一次走进市场，出售了 10 只羊，收入 2000 多元。当白玛拉姆备好酥油茶要好好感谢祁部长时，她们的好部长却永远地失约了。白玛拉姆在帐篷里摆上了祁爱群的相片，见人就说，这是我们家的救命恩人，共产党的好干部，希望她永远活在我们家里。

在班戈的三年间里，高原反应让祁爱群的多种疾病经常发作，头晕、流鼻血等更是家常便饭，但她始终咬牙坚持着，从没有离开过工作岗位。谁能想到，她唯一的一次离开竟成为了永远的离别！2003 年 12 月 13 日下午，祁爱群突发大面积脑溢血，昏倒在工作岗位上，从此就再也没有醒来。

2003 年 12 月 15 日，祁爱群出殡那天，班戈县城的人们，附近普保镇的牧民，纷纷从四面八方赶来，向为他们献出年轻生命和为他们所衷心热爱的祁部长作最后告别。他们看到，这位来自祖国江南的“老西藏”后代，又与她无数的“老西藏”先辈一样，将自己的整个心身与他们所魂牵梦萦的西藏这片高天厚土融合为一体。

祁爱群逝世后，中共中央组织部发出通知，要求全国各级党委组织部门要认真学习祁爱群的先进事迹，并召开了学习祁爱群先进事迹座谈会。

彭光、汪琦夫妇与他们的儿子

西藏海拔高，空气中含氧量低，很多外地人若是在西藏怀孕，高山反应容易加重，并且普遍认为在西藏生孩子将不利于孩子的心脑发育。因此，从内地进藏的部队指战员和地方工作人员怀孕后，一般都不得不回内地父母或亲戚家待产和生育，有的人冒险在西藏生了孩子，随后也不得不历尽艰辛将孩子送回内地，请父母亲或保育单位代养。

“老西藏”彭光和汪琦夫妇，都是1950年徒步进藏的18军老战士。此后，彭光一直在西藏军区工作，汪琦于1956年转业地方工作。1952年，汪琦怀孕，由于缺氧和营养不良，妊娠反应异常强烈，并因此一度住进医院。1953年小孩出生后，夫妇俩高兴地将小孩取名为“西原”，意寓生于西藏。汪琦产后身体不适，小孩发育也不甚如意。1954年7月，组织批准由汪琦将小孩送至成都，交由西藏军区驻四川办事处所属的保育院代养。一天，汪琦将小孩放在事先做好的一个小木箱内，并将一块纱布蒙在小孩脸上，由请来的一位藏族阿姨背着，就从拉萨出发了。在工布地区过河的那天，藏族阿姨背着小孩先过桥，汪琦快走过这座桥时，桥忽然塌了。汪琦掉入河里，在冲向下游时被一块大石头挡住，才幸免遇难。祸不单行，随后汪琦的胆结石病发作，疼痛难忍，无法行走，只得靠当地的筑路部队抬着走。两天后，病情缓解，可以自己行走了。此时，藏族阿姨又因其家中有事，辞别汪琦回家了。真是多灾多难。汪琦只得把小孩绑在自己身上行走。路是依山傍水又坎坷不平的小道，马是无鞍的马，一路颠簸坐在马上甚是危险，但也无可奈何，只有听天由命。就这样吃尽苦头，历时两个半月，终于抵达成都。汪琦把孩子送到保育院交给老师时，双眼紧紧注视着刚满一周岁的儿子，心想，儿子好可怜啊！这么小就要与父母分隔那么远，母子何时才能相见？想到这儿，她的眼泪大滴大滴地往下掉……

第二年，汪琦夫妇俩到内地出差，时间较长。他俩一到成都，就急不可耐地来到保育院看望儿子。保育员指着这夫妇俩对孩子说，西原，快喊爸爸、妈妈。孩子不吭声，只是抱着保育员的大腿，躲在其身后，用好奇的眼光看着这夫妇俩。在保育员的再三诱导下，他才勉强叫了声“叔叔，阿姨”。夫妇俩把儿子接到他们所住的西藏军区成都招待所。一家三口终于在一起生活了一段时间。但没过多久，夫妇俩返藏的日子就来到了，临上车时，汪琦把孩子抱在怀里，孩子也紧紧地抱住妈妈，并不断地喊“妈妈”。孩子越叫“妈妈”，汪琦哭得越厉害。彭光站在一旁也禁不住流下了泪水。同车的乘客见此情景，也非常同情，没有一个人催促发车。“还要赶路，不能让大家久等。”彭光示意保育员把孩子抱走。此时孩子大哭起来，汪琦更是泣不成声。

西原离开父母 12 年后，也就是 1966 年，在成都读完了小学，需要报考初中。按当时西藏军区四川办事处规定，父母在西藏部队的由川办代管的在成都读书的小孩，读完小学报考初中后，川办就不再代养了，由家长负责管理。怎么办？此时让西原回西藏读初中，他年岁又太小，不利于他的发育成长。夫妇俩考虑再三，需要在内地安个家，让孩子在内地读初中。这样，汪琦就必须内调。西藏有关部门也同意汪琦内调。但调往何地呢？这又是个难题。彭光想到了自己入伍的引路人、当时在江苏省委工作的历国桢同志。通过联系，江苏省委组织部同意汪琦调到江苏工作，并安排到省直机关。这样，他们就在南京安了家，西原在南京读中学。

1970年,西原初中毕业后,夫妇俩又把儿子安排到驻藏的52师部队当兵,时年16岁,西原在西藏边防部队服役六年后退伍。

汪琦回忆起这些经历,每每都会深有感触地说:“那时要在西藏生养一个孩子可真是艰难啊!”

冰峰雪岭间的国土守卫者

西藏高原的查果拉山，高高矗立在喜马拉雅山第七峰的冰山雪岭之中，闻名全军全国的高原红色边防队查果拉哨所就驻守在这里。1966年的夏秋之交，我和新华社西藏分社的资深记者陈家琎来到这里住了七天七夜，同哨所指战员们生活在一起，充分领略了这里自然环境的严酷，也充分体会到了哨所指战员们的坚韧顽强和所作出的牺牲。

西藏的秋天，正是田野里菜花飘香、青稞成熟、草原上牧草碧绿的季节。在一个大太阳的晴朗日子，我们来到查果拉山脚下的一个部队营地。我们在山脚下抬头向上望去，这里却遍地是茫茫冰雪，查果拉哨所那几间铁皮房顶的矮小房子在阳光辉映下放射出的光芒，也寒光闪闪。靠近哨所一百来米的坡地，更全部是一片白茫茫的冰原。这情景使我大吃一惊。我对部队营地的负责人说，从这里上查果拉哨所，看来只有登山队员依托冰镐和冰爪才能办到，可我们不是登山队员，怎么上去呢?营地负责人却不以为然地说，请记者们不要着急，哨所会有人来接你们，他们会把你们拉上去的。过了一会，高原红色边防队队长果然带着一名战士来到了营地，他俩接过我和老陈的行李，就领着我们上山了。接近冰原前，我和老陈虽然气喘吁吁，但还算顺利。快到冰原时，我们发现有两名战士牵着两匹马在等着我们。我们还看到，在我们将要经过的冰原通往哨所的一路上有不少小坑。我问队长，这里怎么会有这些小坑？队长说，这是战士们刚挖的，我们踏着坑走，就不容易滑倒，如果没有这些坑，人一走到冰上就会滑倒，那还怎么走啊！我说，看来你们是学了登山队员攀登冰雪之路的办法啊！队长吩咐我们，他和一位战士牵着马走前面，两位记者跟着马走在中间。另两名战士跟着两位记者走在后面。他并对我和老陈说，你们走时，最好拽着马尾巴，这样更安全些，两匹马都很老实，你们不用担心出什么事。就这样，在哨所指战员的多方关照下，我们终于登上了查果拉哨所。

查果拉哨所，海拔 5370 米，有三个固定巡逻的山口，还在海拔 5500 米以上。对这里的自然环境，战士们的描述是："查果拉，查果拉，伸手把天抓。天上无飞鸟，地上不长草。风吹石头跑，氧气吃不饱，六月雪花飘，四季穿棉袄。"这的确是对这里的真实写照。

英国利物浦大学的生物学家在他们编写的《人在高原》一书中曾断言："人到了海拔 4500 米的地区将无法定居。"为此，生物学家们把海拔 4500 以上地区称为"生命禁区"。有的人还说，在查果拉哨所待一年寿命就会减短两年。

查果拉哨所于 1961 年组建，从那时起算到 1966 年，已经六个年头了。哨所的指战员们不但在这里定居、生存了下来，而且还圆满地完成了所肩负的各项任务，1965 年 12 月获得了国防部授予的"高原红色边防队"的荣誉称号，从而有力地否定了生物学家们关于海拔 4500 米以上地区是"生命禁区"和"人不能定居"的论断。

显然，在这场与查果拉极其恶劣的自然条件的斗争中，我们查果拉哨所的指战员是当之无愧的胜利者。然而，指战员们在这场斗争中所付出的代价也是沉重的。

一次，老陈和我召开座谈会进行采访，除正在站岗和外出巡逻的指战员无法参加外，其他人都来了。待大家坐定后，我仔细地看了看每个指战员，看着他们那一张张黝黑而有些发紫的脸庞，还有同样发紫，一开口就渗出血丝的嘴唇、那微肿的手上也少不了冻疮和裂口、深陷的指甲、异常粗糙的皮肤以及憨憨的笑容，联想到他们一个个在冰天雪地里与严寒、缺氧苦拼苦斗的情景，我忍不住哭了，眼泪哗哗地往下流，甚至哭出了声音。指战员们一时间不知所措。有的劝慰我说，这里气候不好，你们刚来这里，可能不太适应，过两天就会好起来的；有的提议座谈会改期，让我们先好好休息，有的急忙跑到厨房给我端来了冰雪化冻后烧开的水。我无言以答，只有连声对大家表示谢意，并说明自己不需要休息，希望继续会议。在发言中，这些朴实的战士很少谈到自己的英勇事迹，也很少谈到这里恶劣的自然条件，更多的是谈自己来到查果拉后的感受，自己在这里受到的锻炼和教育。当我在插话中对战士们在这里表现出的崇高精神表示赞叹时，一位战士忽然站起来大声朗诵："唯有牺牲多壮志，敢叫日月换新天！"他接着说。"毛主席的这句诗给了我无穷的力量，只要能'换新天'，牺牲算什么！"此情此景，使老陈很激动。他也站起来说，是的，在查果拉哨所，我们每时每刻都感受到了一种"牺牲"，不过，这是有别于大家平常所讲的"牺牲"。这种"牺牲"，牺牲的是身体的健康、青春的年华、生活的乐趣，等等，这与在战场上搏杀的牺牲、在刑场上就义的牺牲、同犯罪分子斗争的牺牲、在自然灾害中抢险救人的牺牲一样壮烈，却又默默无闻。

查果拉哨所指战员们这种崇高的牺牲精神，来源于解放军的光荣传统，更来源于现实的理想和爱国主义的思想教育。哨所党支部组织委员赵升洪回忆说，1962 年，部队一进入查果拉，他就同队长吕德贵、指导员周文均商量后，带领一个班的战士在驻地周围收集了数百块大小各异的鹅卵石（大的像脸盆），在查果拉山坡上排成了一个长约 70 米、宽约 8 米的长方形石框，中间用石头垒出"长期建藏、边疆为家"八个字。这八个字把建设新西藏、保卫祖国边防联在一起，长期地激励着查果拉边防战士长期戍边的决心与意志。他说，边防战士们不管遇到什么困难，只要想到和看到这八个字，就有了战胜困难的勇气和力量，再苦再累再难，也无怨无悔。

严重缺氧和极度的寒冷，是查果拉恶劣的大自然摧残查果拉哨所指战员身体和生命的两个主要手段，据有关部门检测，这里空气稀薄，含氧量只有内地的35%。由于缺氧，这里很多指战员的心脏、血液功能都出现了异常。有些人连坐在这里都喘不过气来。

查果拉的气温年平均在摄氏零下十度，最低在摄氏零下三四十度。有一位部队领导在视察查果拉哨所后曾说，在这样的地方，不说别的，只要能正常生活下去就是英雄。可是查果拉哨所的指战员们何止是只有生存下来的任务啊！我和老陈抵达这里的当天就从指导员那里得知，哨所明天将有一支巡逻队去砾果拉和俄果拉山口巡逻。这两个山口都在海拔5700米以上，途中要跨越五条冰河、六座冰峰，来回一趟要四、五天，期间都得露宿冰雪荒原。第二天一早，我和老陈就来到巡逻队即将出发的地方，我们看到战士们穿着毛皮大衣和大头毛皮鞋、戴着护耳毛皮帽，身上背着枪支弹药、背包、雨衣、水壶、干粮，大约有十五、六公斤重。随着队长喊出“出发”的口令声，战士们就迈向了通往砾果拉和俄果拉山口的冰雪覆盖的道路。我看着他们在摄氏零下二十多度的严寒里顶着风、冒着雪、踩着冰前进的身影，心里很不是滋味。反复想着他们这一路不会发生什么意外的事情吧？他们会平安回来吗？他们何时才能归来？我一遍遍地向他们大声说，祝你们一路平安！我和陈记者等着你们回来！他们出发后，我每天都要向队长打听他们的行踪，了解他们的情况。队长总是说，没有什么意外，挺顺利的！你放心吧！他们走后的第五天早上，我听说他们大约中午就可回到哨所。吃罢午饭，我和老陈又赶到巡逻队出发的地方迎接他们凯旋归来。不一会，巡逻队就出现在我们的视野中。看着战士们个个满身都是雪，连眉毛上也结了冰，脸庞、嘴唇和双手更加乌紫了，我又一次忍不住流下了眼泪。我没有同队长打招呼，就自个儿走上前去与战士们一个个拥抱，有的战士似乎有些不好意思，抱一下就轻轻地把我推开了。我一个劲地说，你们辛苦了，你们是全国人民最可爱的人！我还急不可待地问大家，一路顺利吗？大家身体还好吗？有一位战士回答我说，你看，我们不都平安回来了嘛！一路上还算顺利，只是有两个战士在途中吐了几口血，有一个战士晕倒了一次，但很快就恢复了正常。巡逻队的战士返回营房后，我对队长说，你知道这次巡逻有战士吐血和晕倒的事吗？队长说，我知道这个情况，这是缺氧、劳累和寒冷交织在一起导致的，不过，这里不时都发生这样的事，队里除了想办法提高战士们对这里气候的适应能力外，没有其他的办法，总不能让战士背着氧气瓶巡逻。我脱口而出说，这里气候如此恶劣，特殊情况下为什么不能这样做？队长说，难道还能让战士背着氧气瓶、戴着氧气面罩打仗吗？我们战胜这里恶劣自然条件的主要办法，只能是不怕苦、不怕累、不怕牺牲、苦斗硬扛！他说得句句在理，也是那里的实际情况。我连忙说，对不起，我说错了。他说，这没有什么，我知道记者同志是看到我们战士太苦了，心疼。我们带兵的又何尝不是和你一样却又无可奈何啊！

这里的严寒是可怕的。有一天晚上，我找到指导员提出想陪一个战士站一班岗。指导员开始不同意，怕我冻坏了身子。在我的坚持下，后来才勉强同意了。凌晨一点，我与同住一间房子的一名战士一同起床，穿上与战士一样的防寒装备，走出了房间。顿时，呼呼嚎叫的大风就向我们扑了过来，我感到几乎要被风吹倒。那位战士挽着我的手，把我拉到设在壕沟里的哨位。但这壕沟似乎对这骄狂的风没有任何抵抗力，我感到自己身上穿的毛皮大衣仅仅是一张薄薄的纸片，冻得我瑟瑟发抖。那位战士劝我回房间休息，我婉拒了。后来，指导员来到我们哨位查岗，他惊讶地对我说，你怎么还在这里，不是说只是体验一下嘛！快回房间休息吧。我说，战士们不也是在这样恶劣的环境下站岗吗？他说，你刚来到这里，对这里的气候根本不适应，同我们的战士不一样。说着便硬是把我拉回了房间。我对他说，东北长春在我国也算很冷的地区之一吧，五十年代我在那里当兵时也在夜晚穿着大衣站过岗，可从来没有如此煎熬的感觉，这次在这里站岗的感觉就大不一样了，查果拉的战士在如此极寒的地方站岗，可真够受的唉。指导员说，再冷也得坚持啊！就是快冻死在哨位上了，也得坚持。这应该就是查果拉人的牺牲精神。

一年四季的严寒，使查果拉漫山遍野都是冰雪，天上落下的雨水，地上的小溪、湖泊都冻成了冰。一天，我跑到厨房，看到这里也堆满了一筐筐的冰块。我问炊事员战士，怎么我们哨所的厨房也成了冰雪世界了？炊事员说，没有这里的冰块，我们连活下去都很难啊！他接着告诉我说，在这查果拉山上，除了冰雪，几乎什么东西都没有，要找到生活用水，比登天还难。战士们找来找去，才在离查果拉山五公里以外的山下找到一条小河，可以破冰取水。开始，上级给了我们哨所两匹骡子到这条小河去驮水，不久这两匹骡子就活活累死了。哨所每天派几个战士，甚至十几个战士在这高寒缺氧的山上走十公里去取水，真是辛苦却又难以满足所需，特别是在秋冬季节，战士们要踏着冰雪，来回跋涉十公里去破冰取水，更是费力又无法彻底解决问题，于是哨所就干脆不到山下取水了。做饭、喝水、洗漱都用冰雪水。我说，长期吃喝冰雪水恐怕对身体影响很大，有可能引起肠胃病。这位炊事员战士说，在查果拉这个地方，同大自然的斗争就是这么残酷，没有一点牺牲，是什么事也办不成的，所以也只能接受啦。

一位哲人曾说过：孤独和寂寞比死亡更折磨人。

查果拉及其周围，一年四季看不到鸟飞、一年四季见不到草和树木，没有一丝绿意，连号称“岁寒之友”的松柏也在这里无法生长；除驻守边防哨所的指战员外，这里一年四季见不到人，连放牧的藏族牧民也不会在这里出没，除了哨所几间矮小的房子外，也没有其他建筑物。每到大雪封山，这里便完全与外界隔绝，哨所的指战员们连续几个月看不到报纸和来信。这里所拥有的除了冰雪，还是冰雪。无疑是一处最孤独而寂寞的地方。

查果拉有的战士对我说，他们来到这里后很快就可以做到不怕苦、不怕累，甚至不怕牺牲，但对久居这里的孤独感却久久难以适应，有时甚至会产生某种窒息感。因此，他们很想念远方的家人和朋友，想念家乡那美丽而富饶的山山水水，以及那宽阔的街道、繁华的商店和高耸的大厦。

当时在查果拉的山坡上，有这样一幅醒目的鲜红色标语：“不恋故乡景色艳，愿与哨所共百年。”这是第一批进驻查果拉的指战员向查果拉的与世隔绝发起挑战的誓言。

五年过去了，查果拉的指战员用自己的行动，脚踏实地地兑现了自己的誓言；

第一批来到这里的指战员们，在这地无三尺平的冰山雪岭中，用炸药炸开冻土层，修起简陋的地堡和土窝子，干部们首先搬了进去，带头在这里安了家；

很多指战员写信告诉自己的亲人，表达自己决心长期驻守查果拉，在这冰天雪地中实现自己人生价值的愿望，拜托自己的兄弟姐妹们照顾年迈的父母，让自己安心戍边；

有的指战员看到自己已快到转业和复员的年限，就提前向组织打报告，要求留在查果拉继续同大家一起战斗，很多人一干就是四、五年；

有的指战员为了长期留在查果拉，不惜同自己心爱的女朋友分了手；

有的指战员在退伍时给哨所领导留下自己的通讯地址说，如果哨所需要，请给我打电报。

有的指战员在即将退伍时，主动给自己加大站岗和巡逻的任务。他们说，人生难得此一举，在查果拉的岁月，将是自己档案里记录下的最光辉和最有意义的一页。

在离开查果拉的前一天，我和老陈在指导员的陪同下，一路攀援来到了查果拉主峰。此时，呼呼的狂风卷起大雪，在主峰上空盘旋。我看到，在这狂风中，站在刻有"查果拉主峰"字样的硕大的界碑旁的两名战士，用他们乌紫而布满冻疮的手紧紧端着枪，纹丝不动，双眸紧盯前方。他们的庄严神情，使我感到不便打扰他们，一时竟没有上前同他们握手。我站在主峰的界碑上，眺望祖国雪峰林立的领土，不胜感慨地说，祖国，你是美丽的，以后还将更加美丽，因为你拥有像进驻查果拉的指战员们这样忠诚的儿女，你应该为此而感到骄傲与自豪。临走时，我们一行与这里的战士们一一在界碑前合影留念。我至今都为留下了这份珍贵的纪念而感到无限喜悦。

告别查果拉的这一天来到了，哨所指战员们来到大门口，列队为我和老陈送行。随着指导员发出的"敬礼"的口令声，战士们整齐地举起了手，望着我和老陈，向我们敬了一个军礼，并齐声说："祝记者同志一路平安！"面对此情此景，我又一次哭了，老陈也哭了。我们一遍一遍地声音哽咽着说，谢谢大家！谢谢查果拉的指战员们，我们永远不会忘记你们！随后，指导员又带领几个战士，牵着马，把我们送出了冰原。我回头深情地望着送行的指战员们，心想，我们是离开了这个缺氧、缺水和寒冷异常、寂寞异常的雪山了，可这些可爱而可敬的战士们，还将在这里度过、扛过、熬过每一天、每一个小时、每一分钟、每一秒钟，继续着牺牲，并将这种牺牲一批又一批地传承下去。我深深感到，我们的边防战士比人们平日里了解的更加高尚和伟大。真是自古边防多良将，自古忠臣守边防。他们理所当然地应该得到祖国和人民更多的关心和照顾。

记忆的冰川在岁月的侵蚀下渐渐地冰塌消融，然而50年过去了，查果拉哨所的一切在我心中却依然鲜活如初，常常带着高原凛冽的寒气，走入我的月夜。

明年，是西藏平叛和民主改革60周年，这是一个令人无比激动和值得我们这一代人及我们的子孙后代永远高歌和纪念的伟大日子。作为曾在这片高原大地上留下青春印记，生活过，工作过，奋斗过的一员，谨以此书作为一份绵薄的献礼。